孔子

加地伸行

孔子

目次

野望

不遇

権力

はじめに

人間はだれでも、人に認められたいと思っている。何歳になっても、どのような地位にあっても、なおかつ自分の才能や能力を人に認められたいと思って生きている。あるいは、そこまでとは言わない者も、せめて、自分はこの世に役立っており、生きる価値のある人間であることを、他人に認めてほしいと切に願って生きている。

金銭、地位、健康、男女の愛、家庭の平和――これらは、もとより人間だれしもが望むものであり、人間の幸福度を示す尺度でさえある。

けれども、それらは実は不安定なものである。自分から、いつ逃げ出してゆくのか、いつ失ってしまうのか、だれにもわからない不安定なものであって、確かな幸福を与えてくれるわけではない。

しかし、他人から認められること、それもとりわけ、力のある人から自分が認められたとき、人間は生きる喜びに震える。その喜びは誇りとなって、人間をしっかと支え、生きる意味を与える。

それだけに、逆に言えば、自分が認められないとき、怒りとなり、悲しみとなり、絶望となり、無気力となってゆく。この世には、そういうつらい思いに生きている人間がどれほど多いことであろうか、また多かったことであろうか。

孔子《こうし》は、人に認められたいと強く願って生きた人物である。しかし、或る数年の期間を除いては、彼をとりまく政治の波に翻弄《ほんろう》され、人に認められなかった人間である。孔子の生涯とは、自分の才能を、自分の能力を認めてほしいと悲痛に叫びつづけた七十数年であった。その〈生の世界〉は、人に認められない苦悩そのものであった。しかし孔子は、それをどのようにして耐えるべきかと、自戒のことばを自分に説きつづけ、不遇の運命と闘いつづけたのである。

だが、孔子の闘いはそれだけに終わらなかった。自分の生きた生涯、不遇の〈生の世界〉の末期、近づく〈死の世界〉と対決してゆく。人間の〈生の世界〉のあらゆる苦悩にまさって、死は人間にとって最大の苦痛である。どのように死に立ち向かうべきか、人間だれしも自信などありはしない。死を前にして、人間はうろたえ、救いをしきりに他者に求めようとする。

その他者とは何か。医師か、神か、仏か、定めようもない迷いの中で、人間は苦悩をただ深めるばかりである。どこにも正しい答えはない。

老年の孔子は、懸命に〈死の世界〉について考えた。しかしそれは、突然の変貌《へんぼう》ではない。孔子は、死者と交わる者たちの宗教集団と関《かか》わりつつ、その少年期を送り、そして、成長した。孔子は若いときから、しかと死を見ていたのである。そういう背景の下、孔子は〈死の世界〉を人々にどのように説明できるのかと、ぎりぎりまで考え、〈死〉への深い思いを述べるのであった。

孔子は、人に認められないつらい〈生の世界〉を生き、それにどのように耐えるべきか自戒のことばを述べた。それは同じ苦しみにある人々を勇気づけることばとなった。そしてまた、人々に対して、不安な〈死の世界〉について心安まる解釈を説いたのである。

それがどのようなものであったかを、本書は孔子の伝記を追って述べてゆきたいと思う。その際、孔子の多くの名言に出会うこととなる。それらのことばは、二千五百年前のものとは思えない深い響きをもってわれわれに迫ってくる。今も新しく生きていることばである。思えば、孔子自身が、当時の名言についてすでに同じようなことを言っている。「温《おん》故知新《こちしん》——故《ふる》きを温《あたた》めて、新しきを知る」と。

しかし、孔子は、けっして名言ばかりを吐いたいわゆるりっぱな人ではない。孔子の一生とは、事実に即して言えば、われわれ凡人と同じく、世俗的欲望にふくらみ、その欲望に圧《お》されてもがきつづけた生涯でもあった。のみならず、その周辺に起こった事件や問題は、現代社会の状況と、驚くほどよく似ている。われわれ現代人や現代社会が、ひいては、いつの世、いつの人にも通じて抱えている問題を映し出す普遍性を持っている。

人に認められたいという願い、不遇に耐える自戒のことば、死の不安を解消しようとする努力、世俗的欲望の悩み、そして、その生涯において順を追って現われてくることがら、いや、ドラマと言っていい——大国の圧力を受ける中級国、差別、政争、嫉妬《しっと》、クーデター、謀殺、失脚、不信、密通、節約か消費か、道徳か法か——とどまることなく現代の事件や問題の類型を孔子伝に見ることとなる。孔子の生涯とそのことばとは、「故《ふる》きを温《あたた》めて、新しきを知る」——すなわち「時を越えて新しく」、考えるべき多くのことを、今も新しくわれわれ現代人に語りかけてくる。

時代

落日の王者――周王《しゅうおう》

孔子は、今から約二千五百年ほど前に生きていた実在の人物である。

そのころの王朝を周《しゅう》という。周王朝は、中国各地を分割し、各地それぞれに責任ある統治者を定めていた。これら統治者を諸侯といい、その上に立っていたのが、天子の周王であった。

この周王朝が建てられたときは、西暦前一一二二年とされている。ヨーロッパでは、その七十年ほど前、トロイア戦争が起こっている。ギリシア軍が、巨大な木馬の中に兵士を隠してトロイアの城内に潜入して奇襲し、相手を打ち破った、ホメロスの詩に歌われたトロイア戦争である。

そのころ、周王朝は、主として中国北方の黄河《こうが》流域を中心として、全国的統一に成功していた。しかし周王は、同じく天子といっても、のちの中国の皇帝のような強い支配力を持っていなかったのである。実情は、諸侯の連合体の上に、比較的に力の大きい周王が乗っかっていたにすぎなかった。だから、王朝を建てたはじめのころから、諸侯は周王の言うことをあまり聞かなかったのである。なるほど名義の上では、天子（王）とその下の諸侯という関係ではあったが、周王はしだいに天子としての実質を失い、時代が下って孔子のころになると、もう単なる一地方の権力者、ありていに言えば、小国クラスの諸侯の地位へとなりさがってしまっていたのである。

その没落の歴史を、初代から数えて九代目の夷王《いおう》（在位は前九二四—前八七九年）あたりから、物語風にまずスケッチしてみることにする。

夷王は、諸侯のおかげでやっと王位につくことができたため、てんで諸侯に頭が上がらず、天子としての権威が保てなかった。ついには、諸侯と公式に接見するとき、本来なら、諸侯が立つ床よりも高く作られた堂という建物に置かれている椅子——玉座に坐《すわ》って応対するのであるが、なんと堂を降りて、上下がない同じ高さの床で会ったといわれる。

十代目の厲王《れいおう》（在位は前八七八—前八二八年）は、欲ばりで酒と女とが好きであったため、国じゅうの非難を受けた。そこで、秘密警察によって（衛国《えいこく》の巫《ふ》〔祈禱師《きとうし》〕を使ったという）弾圧した。すると人々は、黙ってしまったものの、道で出会うとたがいに目くばせして非難しあった。そのため、重臣の召公《しょうこう》は「民の〔非難の〕口を防ぐ〔の〕は、水〔の流れ〕を防ぐより〔もそのむつかしさの程度が〕はなはだし」（以下、〔　〕記号は訳の補いを、（　）記号は同じ意味を示し、両記号内のことばを除いたものが原文）と言って厲王をいさめた。しかし、その忠告を王は聞かなかったので反乱が起こり、その名も彘《てい》（こぶた）という土地へ逃げていってしまい、そこで死んだという。

その逃げて死ぬまでの十四年間（前八四一―前八二八年）、王はいなくて、さきほど述べた重臣の召公ともう一人の周公とで共和制をしき、行政を行ない、当座をしのいだ。「共和」ということばはここに始まる。

そのあと、十一代目の宣王《せんおう》（在位は前八二七―前七八二年）は復興に努力したが、晩年は臣下の言うことを聞かなくなり、その善政は中断した。ついで十二代目の幽王《ゆうおう》（在位は前七八一―前七七一年）は、褒姒《ほうじ》という美人の女性を寵愛《ちょうあい》したため、后《きさき》を廃し、皇太子を廃し、褒姒を新たに后とした。また、この幽王は、宮中の女性をはだかにして、「譟《そう》（はしゃぐ）した」という。

ところで、新しく后となった褒似は笑わぬ王妃であった。幽王はなんとか笑わせようとあれこれ工夫《くふう》したけれども笑わない。そこで、わざとのろしをあげてみた。のろしは、外敵の侵入をしらせるのが役目であり、こののろしを見ると、諸侯は軍備をととのえて朝廷に大急ぎで集まることになっている。日本の「いざ鎌倉」である。だから、めったなことには使えない重大な連絡方法であるにもかかわらず、幽王は理由もないのに軽々しくのろしをあげた。

そのしらせを受け、諸侯はすわとみな集まって都へきてみたら、外敵などどこにもいなかった。諸侯はわけがわからないで右往左往している。そのようすを見たとき、褒姒は

「大笑」したという。幽王は「褒姒が笑った」と喜び、その後、何度ものろしをあげて褒姒を楽しませた。しかし、そのうちに諸侯は信用しなくなり、集まらなくなってしまった。その後、前の廃された后の実家の申侯《しんこう》が、中国の周辺異民族と連合して幽王を攻めてきた。幽王はあわててのろしをあげ、「兵を徴《め》す」。すなわち、「徴兵」したが、だれも救いに来なかった。「狼《おおかみ》少年」と同じ話である。結局、幽王は驪《り》山《ざん》のふもとで殺されてしまったのである。

この驪山というところは、あまり縁起のよくない土地である。ずっとのち、秦《しん》王朝の第一代皇帝の始《し》皇帝《こうてい》は、その没後（前二一〇年）にここに葬られたが秦はまもなく滅んだ。また、唐代の玄宗《げんそう》（六八五—七六二年）は、ここに温泉つきの別宮を造り、寵愛していた楊貴妃《ようきひ》と日を送り、のちに安禄山《あんろくざん》による反乱をまねくこととなった因縁のある土地である。

さて、幽王の次の十三代目、平王《へいおう》（在位は前七七〇—前七二〇年）は、異民族や外敵の侵入がこわくて、都をそれまでの鎬《こう》（いわゆる長安《ちょうあん》の付近。今日の西安《せいあん》あたり）から東にある洛陽《らくよう》に移した。そこで、この時をもって周王朝の時代を二分し、これ以前を西周、これ以後を東周ともいう。

この遷都は、主として異民族の外圧によって行なわれたわけで、周王の力は外圧に耐えられないほど弱っていたことを示している。このあたりから、周王は、もう実質的には、中国全体を統治する天子でなくて、一地方勢力にすぎなくなってしまったのである。

以上、スケッチしてきた周王についての物語は、実はかなり割り引いて見るべきだろう。なぜなら、周は滅びた王朝である。その物語は、いわば滅びに至る歴史である。その滅びゆく歴史の一段階、一段階をおもしろおかしく物語るための後世の脚色がかなりあるわけである。

たとえば、幽王がうそののろしをあげた話も、考えようによっては、統治能力はなかったものの、周王の力を見せたかった幽王の、諸侯に対する悲しい虚勢と抵抗との姿と見ることもできよう。褒姒《ほうじ》も、個性的な有能な女性であり、ひそかに幽王とともに周王朝の権威復興の秘策を練っていたとも考えられよう。しかし、そうしたことを示す文献はなにもどこにも残っていない。歴史の真実は闇《やみ》の中であり、あとは、遠い古代の小説的物語が残っているだけである。

さて、周王朝の十三代目の平王のときから、東周といわれるが、このとき、つぎのようなもう一つの大きな区切りができる。

平王が即位してから四十九年目の年、すなわち、前七二二年（没するのがその二年後の前七二〇年）に、孔子の祖国である魯《ろ》という伝統のある国で、隠公《いんこう》という人が、開国以来、十三代目の君主として即位した。魯国自身の歴史で言えば、隠公元年（前七二二年）にあたる。

この隠公元年から、ずっとつづいて二十四代目の哀公《あいこう》十四年（あるいは二十七年）の時代に至るまでの二百四十数年間の魯国の歴史記録が、故意か偶然か、そのあたりははっきりしないのであるが、ともかく周王朝滅亡後も残ったのである。その歴史記録の書名を『春秋《しゅんじゅう》』という。そこで、だいたい年代的に一致するので、この東周の始まりあたりから春秋時代ともいう。

それでは春秋時代はどこまでかと言えば、『春秋』の記録が前四八一年（哀公十四年）で終わっているのでそこまでにしたい。ところが、もうすこしあとに周王朝始まって以来の大事件が起こる。

すなわち、約三十年後の前四五三年、諸侯の中でも強国であった晋《しん》という国が、実力者であった三人の家老によって三つに分割され奪われてしまい、晋はつぶされたのである。ところが、天子はこの反逆を征伐できないのみならず、反逆者三人をそれぞれ韓《かん》・魏《ぎ》・趙《ちょう》という諸侯として公認したのである。つまり、下剋上《げこくじょう》を天子自身が認めたわけで、もはや乱世というほかない。

そこで、東周の始まりから、晋国の三分割までの三百十八年間を、『春秋』の記録と時代がほぼ一致するので、春秋時代といい、晋の三分割から、秦の始皇帝による全国統一（前二二一年）までの二百三十三年間を戦国時代という。つまり、東周時代は、別に春秋・戦国時代ともいわれる乱世の時代なのである。

孔子は、まさにこの春秋時代の中期から後期にかけて（前五五一—前四七九年）を生きた人物である。周王朝没落の日々、少数の諸侯が強大となってゆく日々、そして力の劣る祖国の魯国が内紛で苦しんでいる日々、そのころを孔子は生きたのである。

さて、そののちの周王朝について、もう少し述べ、その結末を話しておこう。

東周時代を開いた十三代目の平王のころ、斉《せい》・楚《そ》・晋・秦といった諸侯が強大な国となり、公然と弱小国を攻めて土地を奪いとるというふうになってきた。周王は、もう名前ばかりであって、実際には宋《そう》といった二流国、杞《き》といった弱小国なみの扱いであった。つぎの十四代目の桓王《かんおう》（在位は前七一九—前六九七年）などは、仲が悪かった鄭国《ていこく》を天子みずから征伐に行ったのはいいが、かえって大敗した上、肩を負傷して逃げ帰ってくるありさまであった。

そのあとの周王朝の歴史は、文字どおり、坂を転がる石のようであった。ついに西暦前二五六年、西方の大強国となった秦国の昭襄王《しょうじょうおう》に攻められる。そのころ、もう諸侯は勝手に王と自称していた。恐れおののいた周の最後の天子、赧王《たんおう》は秦国に行き、「頓首《とんしゅ》して罪を受けます」と言い、自国のすべての土地と人民とを献上することを誓い命乞《いのちご》いした。やっと許されて帰国して亡くなり、周王朝は滅びた。周を倒した秦のこの昭襄王から四代目が、有名な秦の始皇帝である。

ちなみに、周の赧王が献上した人民は、わずか三万人にすぎなかった。また、天子の位に在ったものの、諸侯に使われ、あるいは民からの借金に追われたため、逃げまわり、誃《い》台《だい》というところに隠れ住んでいたともいう。殷《いん》王朝を倒して周王朝を建国した八百五十年前の華々しさはまったく見る影もなかった。

このように、ある王朝が衰えて滅亡し、代わって力のある者が登場して新しい王朝を建てるという歴史の現実を、中国人はまざまざと目にし、それをしっかりと記録することとなった。周王朝がその前の殷王朝を倒した栄光の進撃は、遠い昔のことであって、後の人々にとっては、なんの実感もなかったのである。

諸侯の覇者

周王《しゅうおう》の下にあった諸侯はどういう状態であったか。

諸侯と言えば、日本人は江戸時代の大名を思い浮かべるかもしれないが、それはすこし異なる。周王朝が建国されたころ、約千八百の諸侯があったと伝えられている（那珂通世《なかみちよ》『支那通史』）。この数に信頼を置くことはできないが、ある実情を伝えている。

すなわち、大名は少なく、大名でなくて小名が多かったという実情である。周王朝はこれらを整理して七十一国にしたが、そのうち五十三国は、周王朝と同じ姓の一族であった

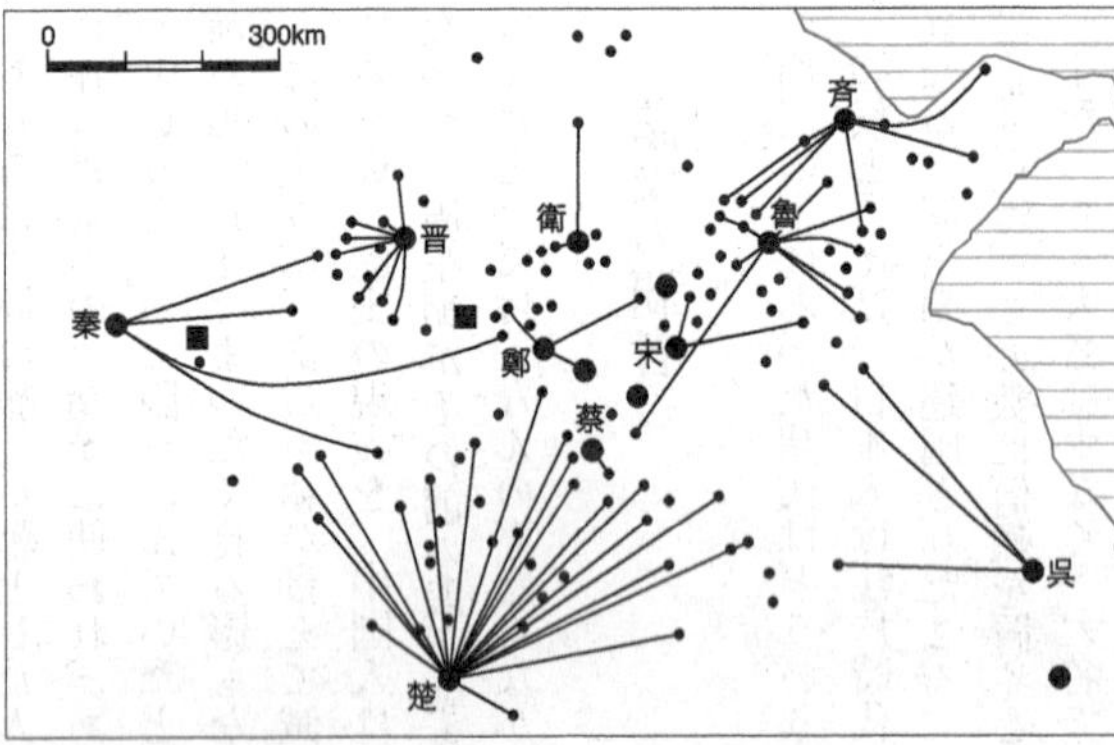

春秋時代の主要国の勢力圏図(張光直『中国青銅時代』より)

(『荀子《じゅんし》』儒効)。あるいは同姓の国は四十(『春《しゅん》秋左氏《じゅうさし》伝《でん》』昭公《しょうこう》二十八年)ともいう。たしかに、周王朝は、自分の一族をたくさん諸侯にしたが、そんなに一族が多かったとは思えない。それに、なるほど国を受けて建国するとき、姓は周王と同じく「姫《き》」であっても、「氏」として「斉《せい》」とか「魯《ろ》」とかと名のるから、血縁といっても、それほど強いきずなではなかった。

いずれにしても、小部族が各地で小名となり、それらがしだいに整理され(つまりは戦争その他の方法によって併合され)てきたということである。この傾向は、周王朝建国後もつづいた。つまり、理論的には、周王朝の下、諸侯のたがいの戦争などあってはならないのだが、実際には、諸侯の間では、常に他国に併合されるという危険性があったのである。これが各国間に緊張を生み、しだいに、力ある者が武力でことを運ぼうとするようになってきた。つまりは、大国が生き残っていったのである。

　春秋時代、文献に見える列国は、大小あわせて百四十余といわれているが、孔子のころ、実際に歴史を動かしていたのは、つぎの十四の諸侯であった。そのうち、「晋《しん》・呉《ご》・越《えつ》（以上は周と一族）・斉・楚《そ》・秦《しん》」の六国が強大国であり、「魯（孔子の祖国）・衛《えい》・鄭《てい》・曹《そう》・蔡《さい》・燕《えん》（以上は周と一族）・宋《そう》（周が倒した殷王朝の後身）・陳《ちん》」の八国が、力の劣る中級国という形勢であった。

　孔子がその一生において関《かか》わった強国は、三十代に訪れ、後に隣国として政治的に交渉をもった斉国だけであった。晩年、楚国が孔子を迎えようとしたが、結局その話ははじめからつぶれたので、実際には関わりはなかった。孔子が実際に訪れた国は斉・楚・衛・鄭・曹・蔡・宋・陳であり、斉・楚を除くと二流国、あるいは葉《しょう》（楚国の一地方）などそれ以下の零細地域であった。このことは記憶するに足る。富国強兵、弱肉強食と強力な国家をめざす一流国から、孔子は相手にされなかったのである。というよりも、孔子自身、そういう強国には、自分の生きる場所がないことを知っていたからこそ、訪れなかったのである。

　さて、こうした諸侯は、祖先の霊魂を安置した廟《びょう》（みたまや。祖先の位牌《いはい》を安置し、諸祭《さい》祀《し》を行なうところ）を中心にして、一定の場所に住む。そこが政権の所在地であり、国都という。この国都や、人口の多い主要なところのまわりには土で築いた壁がある。こうして囲まれた地域が「城《じょう》」である。中国では、この「城《じょう》」が同時に「街《まち》」なのである。この城内に、国君の住む内城《ないじょう》がある。日本の近世の「城《しろ》」では「城」の外に「街」があるが、中国では、「城《じょう》」の中に「街」がある。だから、「城」は同時に「街」を意味している（中国の内城が日本の城《しろ》にあたるといえよう）。国都の人々は、この城壁によって外敵から守られつつ生活している。城壁の上には絶えず見張りがいて外敵に備えている。城壁の上の垣を「陴《ひ》」といい、その穴からあちこち見張ることを「俾倪《へいげい》（睥睨《へいげい》）する」という。ちなみに、現代中国語において都市のことを「城市」という。

この国都の規模は、各国によって異なるのでいちがいに言えない。そこで、形式的には最高の位にある天子の王城、洛陽《らくよう》について見てみると、「東西六里十一歩、南北九里一百歩」（『帝王世紀』）とある。すなわち、東西が約二・四キロメートル（一里は当時約四〇〇メートル）、南北が約三・六キロメートルの長方形、面積八六四万平方メートルである。現在、わが国の皇居は一一五万平方メートルであるから、その約七・五倍にあたる。ただし、わが国の現在の皇居と異なり、前記のように、人々もそこにいっしょに住んでいるわけである。

戦国時代の例で言えば、斉という強国の国都であった臨淄《りんし》（今の山東《さんとう》省内にある）という、当時、天下にその名を知られた都城の場合、ほぼ正方形で、東西、南北ともに約四キロメートルである（関野雄「斉都臨淄の調査（三）」『考古学雑誌』三二巻一一号・昭和十七年)。これは規模雄大で、西暦前四世紀ごろ、七万戸(『戦国策』斉語上)の戸数を数えたという。もっとも一戸あたり何人かをきめるのは、いろいろ説があってむつかしいが、仮に平均五人とすれば、約三十五万人くらいは住んでいたであろう。二〇一六年代の現代日本でいえば、静岡市の約半分ぐらい、あるいは高槻《たかつき》市(大阪府)ぐらいの人口である。

　孔子の祖国である魯国の国都の場合、左図に示すように、臨淄の面積の四〇パーセントぐらいの規模であった。とすれば、比例的にいって人口十四、五万人、青森市や明石《あかし》市(兵庫県)の人口の約半分、あるいは今の多摩《たま》市(東京都)ぐらいの街であろうか。ここで孔子が活動することになる。

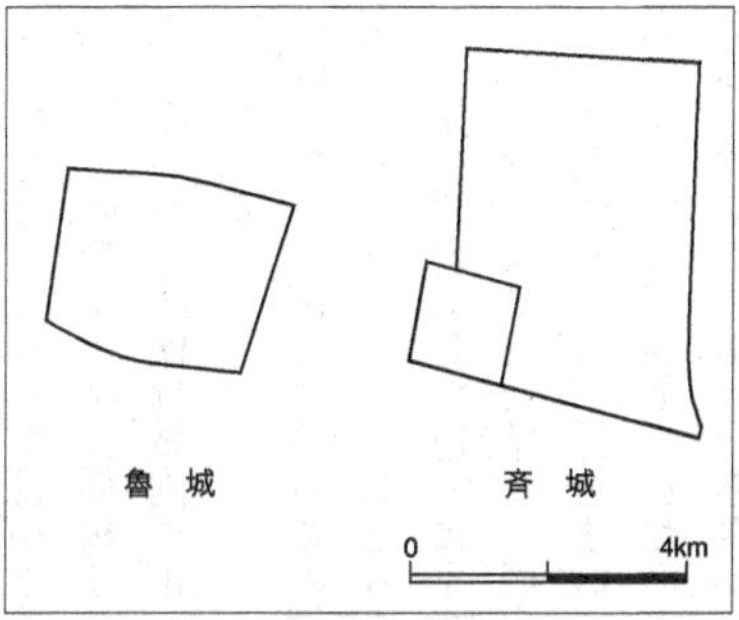

(関野 雄「斉都臨淄の調査」より)

　さて、諸侯は、こうした国都に住み、その周辺の農業を支配し管理する。現代の中国大陸でも、農業人口はまだ五〇パーセントを超えている(日本はすでに二パーセント以下)。だから、当時の農業人口の比率はもっと高い。就業人口のほとんどがまず農業といっていいだろう。

　しかし、農産品を生産しているばかりではしかたがない。それを消費することが必要であり、都市へ運ぶことになる。こうして都市と農村との経済交流がしだいに激しくなり、やがて、都市を中心にして商業や工業に従事する人口が増えてきた。こういう商・工業者のことを「貨殖《かしょく》の民」という。諸侯は城内に市《いち》を設けて商人に貸し、営業させた。もちろんその一部に対して税をとる。

城《じょう》すなわち都会に住むこの貨殖の民は、国内にとどまらず、他国にまで出かけて盛んに交換貿易を行なった。ちょうど、同じころの古代ギリシアで、都市国家（ポリス）の商人が、海を舞台にして遠くにまで出かけて交易したように。そこで、その類比から、中国のこれら壁で囲まれた城《まち》を、城市国家、城邑《じょうゆう》国家、あるいは都市国家と呼ぶ人もいる。

いずれにしても、種をまいて大きくし、それを取り入れする定着的な農業と異なり、数は少なくても、商業がしだいに社会の重要な位置をしめるようになってきたのである。しかし、農業の仕事のつらさから言えば、商業は物を右から左に動かすだけに見える口先だけの楽な仕事ということになり、農業中心のたてまえ上、賤《いや》しめられた。農業は「本《もと》」であり、商業は「末《すえ》」とされ、「本末」をさかさにすること、すなわち、「本末顚倒《ほんまつてんとう》」は、たてまえ上、あやまりとされた。

しかし、実際には、この商業活動をとうてい無視することはできなかった。しかも、「賈《か》（売買）の三倍〔のもうけを〕するがごとき、君子これを識《し》る」（『詩経』瞻卬《せんぎょう》）というほどである。春秋・戦国時代には、いろいろな金持ちの話がある。たとえば、孔子の弟子の中心人物であった子貢《しこう》は財政的才能があり、口も達者であった。孔子集団は、おそらく財政上は子貢のおかげを蒙《こうむ》ったと考えられる。子貢は、魯と曹との両国間の交易で「家に千金を累《かさ》ね」て豪商となり、その実力によってか、のちに魯や衛の国の大臣にまでなっているからである（『史記』仲尼《ちゅうじ》弟子列伝・以下〈弟子〉と略記）。ちなみに、中国人の間で、この子貢は今も商売の神様として崇《あが》められているという。

こうした商工業の発達に伴って、商工業を敵視している農業も、実は技術的に発達したのである。灌漑《かんがい》用土木工事、深く耕す農法や施肥も普及し、鉄製農具の使用も広まってきた。こうして、人口をも含めてなにもかもが、量的に増加してきたことによって、自給自足のそれまでの農業中心の生活のしかたがだんだん時代に合わなくなってきたのである。

孔子の生まれたころは、周王朝が建国されてから、もう六百年近くたっている。古代社会の変化がどんなに遅々とした歩みであっても、六百年もたった以上、周王朝建国のころのいろいろな約束ごとが時代に合わなくなってきたのは当然である。

この状況を一言でいえば、〈点から面へ〉の変化である。周王朝建国期は、〈点の支配〉であった。広大な領土といっても、王や国君の支配できるところは〈点〉であった。都市国家という〈点〉であった。しかし、農業生産があがり、遠くまでの交易が盛んとなってきた以上、あらゆる問題は、〈面〉として考えざるをえないという発想になってきたのである。

だから、それまでの、周王の下の封建制、周王に直接つながる諸侯というふうに、王と諸侯との間に縦の結びつきこそあるものの、横の諸侯間はばらばらの関係であったという構造が、この時代になると、諸侯中の強力なリーダーに従う諸侯という集団化となり、王に対するよりも、むしろ、自国周辺の他の諸侯という横の関係に対するほうを重視するように変わってきたのである。極端に言えば、もはや、王などどうでもよくて、むしろ、他の諸侯との横の関係が大切となったのである。

この状況を最もよく表わすのが、春秋時代における「覇者《はしゃ》」の登場である。「覇者」の「覇」とは旗頭のことである。王が存在する以上、理論的には、自分が代わって王になることはできないものの、諸侯の旗頭になるということはできる。もちろん、話し合いで旗頭になれるわけがない。武力を背景にして、諸国の代表者を力で集め、自分はいわば議長役をつとめて国際間の問題を王に代わって解決しようとしたのである。

この覇者の氏名については、いろいろ説があり一定しないが、斉国の桓公《かんこう》、晋国の文公《ぶんこう》、楚国の荘王《そうおう》という三人はまず動かない。わけても、斉国の桓公の覇業はのちのちまでの語り草となった。ふつう、五覇といって五人の覇者を挙げるが、斉の桓公はそのナンバーワンである。

西暦前六五一年（孔子が生まれる百年前）、桓公は葵丘《ききゅう》（今の河南省《かなん》）というところで、諸侯と会盟した。会盟とは、覇者が集めた諸侯と条約の取りきめをし、犠牲（動物）の血を歃《すす》って（あるいは血を唇にぬって）守ることを誓いあう神聖な儀式である。この会盟には、実は影の演出者がいた。斉の桓公の謀臣であった管仲《かんちゅう》という大戦略家・大政治家である。彼は、この会盟の誓約書中、多くの道徳的誓約をもりこみ、見かけや聞こえをよくして、ナンバーワンになろうとした桓公の露骨な意図をたくみに隠してしまった。

もっとも、諸侯間の連合を図って漢民族の団結を図り、異民族に対する大きな圧力を形成したという功績はあった。だからであろうか、孔子は、この管仲を褒《ほ》めているのである。

管仲《かんちゅう》、桓公《かんこう》を相《たす》けて諸侯に〔対して〕覇たらしめ、天下を一匡《いっきょう》す（正しくす）。〔天下の〕民、今に到《いた》るまでその賜《し》（恩恵）を受く。〔もし〕管仲なかりせば、吾《われ》それ〔異民族に支配され〕被髪（ざんばらがみ）し、左衽《さじん》せん（着物の襟《えり》を異民族の習慣のように左前《ひだりまえ》にすることになっていただろう）（『論語』憲問《けんもん》篇。以下、引用のときはその書物の篇名だけを挙げ、〈 〉記号で示す。この場合ならば、〈憲問〉）。

この管仲は謀略家であり、なかなかのしたたか者である。こうしたしたたか者を孔子が高く評価しているのは、孔子の祖国、魯国の内情が複雑であり、正義一筋ではとても解決できそうにない現実を孔子はしっかと見すえており、政治を担当するには、相当の謀略が必要であることを認めていたからではないかと考える。

さてそれでは、その魯国とはどのような国であったか。それを説明することにしよう。

魯《ろ》の国

孔子が生まれた魯国が統治していたところは、今の山東省《さんとう》の西部にあたる。

山東省は、人口約九千七百万人、面積約一五・七万平方キロメートルである。日本の北海道が七・八万、韓国が九・九万、バングラディシュ一四・四万それぞれ平方キロメートルである。山東省は、ふつう大きく三つの地域に分ける。一つは三方が海に囲まれた東部の山東半島である。この山東半島を除いた部分のだいたい中央部に、ほぼ逆三角形の形で、山地・丘陵地がある。そして、そのまわりに平原区域があるので、中央部（山地・丘陵地帯）と周辺部（平原地帯）との両者に分けられる（巻末地図参照）。

この中央部を境にして、だいたいその西南部を魯国が、その東北部から山東半島にかけてを斉国《せいこく》が支配した。だから、魯国は、だいたい北海道の、西南部につき出ている渡島《おしま》半島を除いた地域ぐらいを支配していたと考えていいだろう。図のように、魯国の西北部は、済水《せいすい》（黄河の下流）で境がだいたい区切られており、河向かいに、衛国《えいこく》がある。西部は、国境線は短いが曹国《そうこく》と接している。また、西南部は、泗水《しすい》という川で区切られ、川向かいに宋国《そうこく》があった。この宋国は、周《しゅう》王朝の前王朝、すなわち、周王朝によって倒された殷《いん》王朝の後身である。

注意すべきことは、さらにこの西北部に強大な晋国《しんこく》がある。東の斉国も強大であり、この両大国にはさまれていた魯国は、同じ状態の中級国である衛国・鄭国《ていこく》などとともに、両大国の圧力を受け、その力に引きずられる悲哀をかこっていたのである。

もちろん、こうした大国がすべてではなくて、その間に小国が点在していた。わけても、魯国の東部から東南部にかけ泗水《しすい》・沂水《ぎすい》に沿って、多くの弱小国があった。そこで、これら小国を一括して「泗上《しじょう》（泗水のほとり）の諸侯」ともいう。

山東省で言えば、魯国は、東部から東北部にかけての山脈、西北部・西南部における川に守られており、また、泗水が山東半島中央部から流れ出て南へ曲がり、回りこんでいるその内側に国都（今の山東省の曲阜《きょくふ》）があったので、非常にいい場所であった。場所的には丘陵地帯というべきであろう。北緯三六度よりすこし南、日本でいえば、東京都あたりの緯度に位置する。

ただ、東南部は地続きであり、そのあたりに多い弱小国との関係がかえってむつかしい。たとえば、孔子の晩年には、すぐ南の邾国《ちゅこく》との争いが連年絶えなかった。あるときなどは邾国を攻めてその君主を囚《とら》えて帰り、魯の亳社《はくしゃ》（殷王朝が滅んだのち、その亡国を戒めようとするため、各国は亡国の象徴として亳社を建て、気持ちをひきしめることにしていた）の前で罵倒《ばとう》するといういやがらせなどをしている（『春秋左氏伝《しゅんじゅうさしでん》』哀公《あいこう》七年）。

　さて、この魯国は、もちろん、周王朝成立のときに建てられ、周王朝との関係から言えば、格式の高い国であった。というのは、周王朝を建てた武王《ぶおう》の弟であり、抜群の政治的力量があって武王を補佐していた旦《たん》という人物が受けた国であったからである。旦は、武王の曾祖父《そうそふ》であった亶父《たんほ》がいたところのまわり（周）を、采邑《さいゆう》（自分の費用のために徴収していい租税収入地）としていたので周公という（『史記』集解《しっかい》・譙周《しょうしゅう》）。あるいは、王城の周囲の管理者を指すので周公というなど、いくつかの説がある。いずれにしても、周公は官職名である。だから、歴史上、周公という名称は何度も出てくる。たとえば、すでに一六ページに出てきたように共和制をしいた周公もまた、それである。しかし、旦は、非常に有名であるので、周公といえば、この旦のことを指すといってよい。日本で大師の称号を与えられた僧は何人かいるが、「大師《だいし》」と言えばまず空海《くうかい》を意味するのと同じように。

　さて、周公旦は、魯国を受けたものの、中央政府から魯国という地方へ出るわけにはいかなかった。というのは、周王朝ができてわずか二年目で武王は病に倒れ、七年後に没してしまう。もちろん、政権として周王朝はまだ安定していない。建国以来、反乱者の討伐をするなど、安定政権をつくるため、周公は、ずっと中央政府にいて、実質的には政権を担当したのである。武王の没後も、二代目の成王《せいおう》が幼かったので、摂政となった。のちに成王に譲って摂政をやめ、都で没する。

　そういう事情があったので、成王は、魯国に対して、武王や周公たちの父である文王《ぶんおう》

（成王の祖父）を祭ることを特に許したのである。これは異例である。ふつう、諸侯は天子であった人を祖先として祭ることはできなかったし、もちろん許されなかったからである（『礼記《らいき》』郊特牲《こうとくせい》）。また、魯の君主は、代々、周公を祭るとき、天子に対して行なう礼楽の形式をとることを命じたという（『礼記』明堂位《めいどうい》）。

だから、魯国の君主は、意識の上では「天子の模擬者」という感じがあった。その結果、礼楽が他の諸国に比べて、より伝統的となったのである。その根本は、それらを生みだすもととなった周公の功績にあった。

孔子は、魯国に生まれ、のちに伝統的礼楽一般を習った。今日でいえば、古典音楽、あるいは音楽の基本を積んだということになろうか。だから、この正調を崩した新しい音楽が作られ、演奏されるなどということは、孔子にとってたえがたかった。

孔子のころ、鄭国《ていこく》に新しい音楽が生まれていた。しかし、孔子は「鄭声（鄭の音楽）は淫《いん》」〈衛霊公《えいれいこう》〉と批評した。「淫」とは、度を越しているということである。だから、「鄭声の雅楽（正統音楽）を乱るを悪《にく》む」〈陽貨《ようか》〉と言って、そうした新しい音楽の存在を否定さえしている。

孔子の周公に対する崇拝の気持ちは異常に強かった。その結果、よく夢にまで周公を見たようである。また、その憧憬《しょうけい》が孔子の活力でもあった。しかし、晩年になって疲れた孔子は、若いときほど周公を夢に見なくなってしまう。それを孔子は、「はなはだしいかな、吾《わ》が衰えたるや。久しいかな、吾《われ》、復《ま》た夢に周公を見ず」〈述而《じゅつじ》〉と言っている。

さて、周公は王城にいたので、周公に代わって魯の国都には長男の伯禽《はくきん》が赴任した。以後、その子孫が魯の君位を受け継いでゆく。ちなみに、周公の次男は、都に留《とど》まって、周公の職を継ぎ、王の補佐役となる。その他の男子は、凡《はん》・蔣《しょう》・邢《けい》・茅《ぼう》・胙《そ》・祭《さい》といった無名の零細な諸侯となっていった。

さて、魯国の歴史は、他国に比べてかなり詳しくわかっている。それというのも、前述したように、『春秋』という記録が残っているからである。

この『春秋』は、もともとは、魯国の公式記録、「魯の年代記」であるので、仮に『魯春秋』と言っておこう。この『魯春秋』は、おそらく魯国が建国されたときに始まり、西暦前二四九年に秦国《しんこく》によって滅ぼされるまで書き継がれていたと思われる。そんなに古い時代に歴史がきちんと書き継がれていたというのは、信じがたいような話であるが、中国人の歴史記録好きと、完全ではないながらも今日に残っている記録の形態から言えば、まずそう推測して誤りはない。

それでは、何を記録していたのかと言えば、自国の状況だけではなくて、王や他国について得た情報も記しているのである。また、国際間の通知（たとえば諸侯の死没や即位など）がよく行なわれていたので、その記録もとどめられている。要するに、魯国を中心とした世界史と言っていいくらいの重要な史料である。

ところが、この『魯春秋』全部は残らないで、〔前述したように〕初代の伯禽《はくきん》以来、〔途中でクーデターがあり、数えかたはむつかしいが、公式的には〕十三代目の隠公《いんこう》が即位した西暦前七二二年から、二十四代目の哀公が即位して十四年目（あるいは二十七年目）まで、すなわち、前四八一年までの二百四十数年間分が残ったのである。なぜこの部分だけが残ったのか、あるいは残っていたのか、いろいろと解釈があり、その専門的解釈学（これを春秋学という）も生まれるが、結局のところ、その真相はよくわからない。

いずれにしても、いま残っている『魯春秋』の大筋は〔細かいところは、種々手が加えられてしまっているとしても〕、単に魯国の歴史を語るだけではなくて、まさに春秋時代全体について物語る当時の世界史である。

孔子の生涯やその背景を見てゆく上では、孔子やその弟子たちの言動を記した『論語』を根本に、この『魯春秋』や、その解釈の文献（たとえば、『春秋左氏伝』）が根本的史料となることはいうまでもない。その孔子の生涯について、最初に体系的に書かれた文献は、孔子から三百年ほどのちの、漢《かん》代の司馬遷《しばせん》による『史記』「孔子世家《せいか》」（以下、〈世家〉と略記）である。その後、おびただしい量の孔子伝が中国をはじめとして日本でも書かれるが、その中で史料を体系的に整理したすぐれた本として、蟹江義丸《かにえよしまる》『孔子研究』（金港堂・明治三十七年）がある。以下、主として〈世家〉と『孔子研究』とを年譜的に参考文献としながら、孔子の生涯を述べてゆくことにする。

出生

出生の秘密

自分はいったいどこから来たのであろうか。自分は今どうしてここにいるのであろうか。この問いに答えることは、人間は死後どこにゆくのか、という問いに答えるのと同じくらいむつかしい。

であるならば、神《しん》が存在することは当然のこととされ、神と人間とは交流しあうと信じていた古代社会の奇怪な出生譚《たん》を、単に神話として嗤《わら》うことはできない。それはそれなりに、その当時において、やはり、一つの真実として認められていた有効な説明であった。

たとえば、殷《いん》王朝の祖先の契《せつ》という人物の場合、その母親が河で水浴していたとき、玄《げん》鳥《ちょう》（つばめ）が卵を生んだので、それを取って呑《の》んで妊娠したという。あるいは、周《しゅう》王朝の祖先の后稷《こうしょく》という人物の場合、母親は野原で巨人の足跡を踏んで妊娠したという。子どもが大天才として、のちに大きな仕事をしたとき、その異能や鬼才に対して、この世のものと思えぬ畏怖《いふ》の念を持つのは当然である。そこで、その子どもを神の化身と考え、その出生前の母親の特殊な行為や事実を妊娠に結びつけ神の子を妊娠していたと説明してきたのである。

孔子もその例に洩《も》れなかった。この大天才の出生について、たとえば、五、六百年もたったのちの後漢《ごかん》王朝時代、「黒竜の精に感ず」（『礼記《らいき》』檀弓《だんぐう》疏引く『論語撰考讖《せんこうしん》』）、「夢に黒帝に感じて生む」（『演孔図』）というような説明が行なわれた。これはこれで、英雄や天才の誕生譚として珍しいものではない。たとい、これらの文献が後漢時代に起こった孔子を神秘化する〈緯学《いがく》〉という学派のものであったとしても。

しかし、孔子の出生については、早くから奇妙な話がまとわりついている。孔子の母は、孔子の父と「野合して孔子を生む」〈世家《せいか》〉とあり、しかも「尼丘《じきゅう》〔という山〕に禱《いの》って〔妊娠し〕孔子を得たり」〈世家〉とある。こうして生まれた子を丘《きゅう》と名づけた。頭のいただきがすこし凹《へこ》んでいたという。それは子授けを禱った尼丘山の山頂に似ていたからともいう。

さて「野合」とは何か。「野《フリー》」・「合《セックス》」のように見える。もっとも「野」の意味にはいくつかの説がある。たとえば、男子の場合、十六歳から六十四歳まで、女子は、十四歳から四十九歳までの間が婚期であり、この期間を〔男女の片一方でも〕過ぎた者の結婚は正しくない。そこで、孔子の父は、六十四歳を越えていて、礼（習俗）に合わなかったという「野」の意味とする（『史記正義』等）。あるいは、前引の、殷《いん》の契《せつ》や周の后稷《こうしょく》のように、孔子の母は尼丘山の野外に祭壇を作り、子授けを禱って感じ妊娠したのであるから、その「野」の意味とする（『史記探源』）。

いずれにしても、特殊な「合《セックス》」であった。右の両説が与えるイメージから言えば、孔子の父と母との婚姻は、周囲から祝福されたものではなかったようである。また、玄鳥（つばめ）の来る二月（旧暦）に、子授けを禱ることは、ごくふつうの儀礼（『礼記』月令・仲《ちゅう》春《しゅん》）ではあったが、母は自分から禱る行事を起こし、神秘的なことを扱うことができた人であったようである。そこで、白川静『孔子伝』（中央公論社・昭和四十七年）は、孔子の母を祈禱《きとう》師《し》的な身分の女性と解釈し、そこへ孔子の父が通《かよ》い婚《こん》的に関《かか》わったとする。

孔子は、児童のとき、いつも〈儀式の遊び〉をしていたという。これは、親あるいはその家の雰囲気を伝えているとされる。また、父の祖先は、魯《ろ》の隣国である宗教的雰囲気の濃かった殷王朝の後身である宋国《そうこく》出身であり、孔子の父の家は、系統的に宗教者であったとするのが、ほぼ定説となっている。しかし、白川説のように、母の家の系統に、より宗教的雰囲気があったとするのが真実に近いであろう。

孔子の父は、孔紇《こうこつ》、母は顔徴在《がんちょうざい》という。〈野合〉して孔子を生んだのち、母が孔家でいっしょに住んだのかどうか、そのことを示す信頼できる記録はない。「野合」〈世家〉といわれる以上、それにはなにか根拠があったのだろう。とすれば、母の顔徴在は、はたして孔家に来ることができたのかどうか、私には疑問である。

孔子の字《あざな》（成人式のときにつけてもらう第二の名で、ふつうはこの字を使う）は仲尼《ちゅうじ》という。通称として、生まれた順につける伯・仲・叔《しゅく》・季あるいは孟《もう》・仲・季という文字から言えば、すくなくとも「仲」は次男以下につけられる記号である。つまり、孔子には確実に異母兄がいた。『孔子家語《こうしけご》』という、孔子よりも七、八百年あとの書物（ただし、なにか孔子に近い時代にその原形があったのかもしれない）では、この異母兄は孟皮《もうひ》といったという。しかし、妾《めかけ》の子であって足が不自由だった（「皮《ひ》」は「跛《ひ(は)》」を表わす）。父の孔紇は、その妻との間に九人の子どもができたが、みな女であったので、男子が欲しくて顔徴在と〈野合〉したという。しかし、この『孔子家語』の話はどこまで信用できるかわからない。第一、老人が若い妻を持っても、それが礼にもとっていると言えない（『史記』褚《ちょ》先生曰）。とすれば、「野合」という以上、やはり、正式に結婚できないなにかの理由があったのだろう。また、妾でもなかったようだ。

推測でしかないが、私は、母の徴在は、要するに、孔家に住むことができなかったのではないかと考える。孔子を生んだが、孔家に入ることを許されなかったがゆえに、野合とされたのではないであろうか。孔子を生む原因が野合であったのではなくて、孔子を生んだのちの状況という結果から言って野合であったのではないかと考える。

なぜ孔家に入れなかったのか、その理由はわからない。ごく常識的には、当時における身分差ということが挙げられようが、孔家がそれほど高い身分の家であったわけではないと考える。

いちばん早く孔子の伝記を書いた、漢代の大歴史家、司馬遷《しばせん》は、孔子の家系の叙述において、ただ「その〔祖〕先は、宋人なり」〈世家〉と言うだけであり、曾祖父《そうそふ》の孔防叔《こうぼうしゅく》、祖父の伯夏《はくか》、父の叔梁紇《しゅくりょうこつ》（叔梁は通称）の名を連ねるだけである。

孔子の父の孔紇は、武人として著名であった。諸侯連合軍が偪陽《ふくよう》という城を攻めたときのことである。『春秋左氏伝《しゅんじゅうさしでん》』（襄公《じょうこう》十年）は、魯軍の戦いぶりについてこう述べている。城はなかなか落ちなかった。やっと攻めこんで門内に入ったところ（あるいは、敵がわざと内側から門をあけたのを知らずに入ったところ）、しかけ戸が落ちて、攻めこんだ軍勢は外と遮断され閉じこめられてしまった。わなに落ちたわけである。ところがそのとき、そのしかけ戸をぐっと持ち上げた豪の者がいて、みなが助かった。この豪の者の名を「郰《すう》（もとは郰《しゅう》）の紇」と言うとある。

杜預《どよ》という注釈家は、この「郰の紇」は、孔紇すなわち孔子の父であろうと言う。おそらくこの推定は正しいであろう。しかし、『春秋左氏伝』の記事は、なにも孔紇の武勇伝を語るためのものではない。そのときの魯軍の奮戦ぶりをいろいろと書いている。それによれば、このときの魯軍の司令官は、孟献子《もうけんし》である。孟献子の家は、つぎに述べるように、魯国の名門である。

『魯春秋』は、隠公《いんこう》に始まり、君位が桓公《かんこう》、荘公《そうこう》と継承されてゆくことを伝えているが、この荘公の弟たち三人、慶父《けいほ》・叔牙《しゅくが》・季友《きゆう》が、別家を立てて独立し、それぞれ孟孫氏・叔孫氏・季孫氏と称して、魯国の権門となる。桓公から分かれて生まれたので、この三家を三桓《さんかん》ともいい、このあとの魯国の歴史は、魯の君主、すなわち本家と、この三桓、すなわち三つの別家とのバランスオブパワーの下に政治が行なわれてゆく。

そういう名門であり、実力もある孟孫氏の四代目の当主が孟献子である。ちなみに、この孟献子から四代目の孟懿子《もういし》、五代目の孟武伯《もうぶはく》は孔子の弟子となったとされているが、それはずっとのちのことである。

この司令官、孟献子に秦堇父《しんとうほ》という家臣がいた。「重車」を管理とあるから、軍需物資担当、いわゆる輜重《しちょう》隊長であったのだろう。さきほどのしかけ戸を孔紇が持ち上げて出たあと、狄虒弥《てきしび》という男は、「大車の輪」、おそらく秦堇父が管理する輜重車の車輪であろう、それを横倒しにして、よろいをかけて大きな盾《たて》とした。そして左手でそれを持ち、右手で戟《げき》（ほこ）をかざし、百人もの命知らずを率いて奮戦した。このすさまじさに感嘆して、司令官の孟献子は、古典のことば「力あること、虎《とら》のごとし」（『詩経』邶風《はいふう》）を引いてほめそやした。

孔紇《こうこつ》・狄虒弥《てきしび》という部下だけではない。隊長の秦堇父の武勇伝もつぎのように語られる。

相手の偪陽軍は、城壁から布を垂らした。勇気があれば、それを伝って上ってこいという意味である。挑発である。すると、秦堇父はそれに応じてよじのぼった。しかし、上にたどりつこうとしたとき、敵軍はその布を切ってしまった。あっというまに墜落して悶絶《もんぜつ》する。ところが息を吹きかえすと、またよじのぼった。それが三回。これにはさすがの敵軍もこのよじのぼりゲームは自分の負けだと認めたという。そこで秦堇父は、切られた布を腰に巻きつけて、軍中、その武勇談をば三日間触れ歩いたという。

武勇談を自分で触れ歩くというのは滑稽《こっけい》なようだが、軍隊では傍系の輜重隊長としては、武勲をたてて売りこめるチャンスであったからであろう。ましてその部下の孔紇などにとっては功名を上げうるめったにない機会であり、認めてもらおうと必死の働きをしたにちがいない。

すると、孔紇のイメージもだいたいつかめそうである。魯国の重臣であった孟孫氏の家臣、いわゆる陪臣《またざむらい》の、しかも武勇談を自分で触れ歩き売りこむ程度の、あまりぱっとしない輜重隊長の下で働く屈強な男というイメージである。しかけ戸をぐっと持ち上げる孔紇、車を盾に動かしながら戦う狄虒弥、ここに共通するものは、武術家としての活躍というよりは、力ずくの戦闘のものすごさである。それはそうである。彼らは力持ちであるからこそ、重い大きな車を引く輜重隊員にやっと雇ってもらったのであろう。力仕事が得意で、やっと輜重隊員に雇ってもらい、戦陣での武功をねらっていた武骨な若者、戦争でもなければ、食べてゆくのがやっとの農村の青年、そこらあたりが孔紇の実像であると私は考える。孔紇を大夫《たいふ》（高級官僚）とする解釈は、のちに作られた話であろう。私はその説をとらない。

この武功のおかげか、その七年後（孔子の生まれる五年前）、魯国が隣国の斉国《せいこく》に攻められたとき、孔紇は、臧疇《ぞうちゅう》・臧賈《ぞうか》という二人の男と三人で、ある人物を送りとどけるため三百の兵を率いて強行突破に成功し、また帰ってきたという。このときには、秦堇父の部下から格があがって、孟献子の家来ぐらいにはなっていたかもしれないが、強行突破隊の隊長の一人という、言ってみれば腕っぷしを買われただけの感じである。事実、孔紇については、以上の二つの武勇譚《たん》以外に、これという記録はない。あとは野合して孔子が生まれた話だけである。

そういう孔家であるから、別に名家でもなんでもない。孔紇がすこしは有名になり、生活もすこしはましになったかもしれないが、まずはふつうの農家といったところであろう。その程度の家でも、母の徴在《ちょうざい》は結婚を正式に認められなかったのである。そして、やがて孔子が生まれたのち、まだ幼児のうちに孔紇は亡くなる。『孔子家語』が言うようであれば、足の不自由な兄やたくさんの姉がおり、父のいない家ということになる。一言でいえば、貧窮の家で幼少年期を送ったわけである。そして母は、おそらく孔子の誕生を禱った尼山のふもとであいかわらず別居していたのであろう。

後年、孔子はこう述懐している。ある人が、孔子がいろいろなことができるので、その多能ぶりについて弟子にたずねたことがあった。その話を聞いて、孔子はこう言っている。「吾《われ》、少《わか》くして賤《いや》し、故《ゆえ》に鄙《ひ》事に多能なり」〈子罕《しかん》〉と。「鄙事」とは、食べてゆくために選んだ仕事のことであろう。幼少期から青年期にかけて、孔子は必死で働いたにちがいない。まずなによりも貧窮との闘いがあった。そして、「賤し」とは、父方の貧窮のことである。これはまちがいない。しかし、私には、暗にもう一つの意味がこめられているように思われる。それは、母方の祈禱師《きとうし》としての身分のことを指していたのではないかという思いである。『史記』は「孔子、貧しくして、かつ賤し」〈世家〉と言う。それはいったいどういう意味なのであろうか。

儒——死者と交わる者たち

孔子と言えば儒教、儒教と言えば孔子、この結びつきは、もはや人々の常識となっている。それはそれでまちがいのないことであるが、儒教のすべてが孔子から始まったわけではない。孔子が生まれるころ、すでに古くから〈儒〉といわれる階層が存在していたのである。彼らはある職業に従事しており、その職業上必要な知識や教義を持っていたが、孔子は、それらを再編成し、実践した人物である。だから、大きく分けると、孔子以前の儒、孔子以後の儒ということになる。この孔子以前の儒のことを、一括して仮に「原儒」と言っておこう。原儒とは、神と人とを結ぶ、あるいは死者の魂と交流する役目をするシャーマン、葬礼担当者、祈禱師といった、大ざっぱに言って〈土俗宗教〉者のことである（胡《こ》適《てき》『説儒』など）。こうした土俗宗教者は古今東西を問わず存在していた。歴史上、さまざまな種類の土俗宗教者がいたのである。

ところで、周《しゅう》王朝下の中国の場合、別に特殊な条件があった。それは、周王朝が滅ぼした殷《いん》王朝は、周王朝に比べて、土俗宗教の度合いが強かったらしいということである。

もちろん、周王朝も宗教色が強かった。周王朝は〈合理的〉で殷代の宗教色を一掃したなどと言う人がよくいるが、それは昔の説であり、現在では通用しない。周王朝の治める土地は殷王朝に比べて広くなり、人間も増える。神を祭るにしても、土俗的なものだけでは説得力に乏しい。広い土地に応じての一般化のためには、より抽象的な神（たとえば天）による普遍的な国家宗教が必要となる。そうした抽象的な神を意識し思惟《しい》することは、つまりは人間の思惟の深化となる。こうして土俗的宗教は、一般性を失い、より個人的な宗教へとなっていっただけのことであって、土俗的宗教は民間にしぶとく生き残りつづけ、今日もなお生きているのである。

しかし、殷王朝が倒れたとき、すくなくとも土俗宗教が社会全体を先導してゆく役目は終わった。周王朝という新しい時代の到来が、より抽象的、より一般的な国家宗教にその役目を与えたからである。そして、周王朝の時代が下るにつれて、土俗宗教は、社会的にはいわゆる〈淫祠《いんし》邪教〉的な地位となり、それとともに土俗宗教者の社会的地位が下落してゆく。

また一方、死者の魂と交流するシャーマンは、葬礼の担当者でもあった。死、そして、死者というこの無気味なことがらを扱う人々に対して、人々は畏怖《いふ》と敬遠の念とをいだいてきた。これは偽りのない通常の心理と意識とである。

原儒は、こうした種類の宗教行為に従う人々であったようだ。だから、一定の社会的機能を果たしていたわけである。しかし、死を直接に知らない日常生活を送っている一般人は、死者と関《かか》わりあう原儒に対してかえって残酷である。原儒に対して身分的差別を意識するとともに、前時代の敗北した殷王朝においてならばともかく、現在の周王朝下では落ちこぼれだという蔑視《べっし》まで加わるようになったのである。

この原儒は、もちろん、いわゆる生産者でない。祈禱や葬儀の謝礼によって生活していた。それを伝える史料がある。葬儀の終わった夜になると、「大儒」(親分)に指揮された「小儒」(子分)どもは、死体をあばき、死者の口にかませてあった蟬《せみ》の形をした珠《たま》を盗んでいる。しかし、死後硬直で、死者がしっかりかんでいて取り出しにくいので、金づちであごの骨をはずして珠を奪っている(『荘子《そうじ》』外物《がいぶつ》)。あるいは、金持ちの家に葬式があると、非常に喜んで、「もうけた、もうけた」(「これ衣食の端なり」)と言ったという(『墨《ぼく》子《し》』非儒)。

『荘子』も『墨子』も、儒教に対する批判者であるから、この話は極端な例であるかもしれないが、原儒の生活は、だいたいこれに類したものであっただろう。彼らの大半は、貧しい生活であった。古代中国の貧しい社会に寄生している以上、それは想像を絶する状態であっただろう。社会的身分的蔑視と貧窮との中で、原儒はからくも生きていた階層であった。しかし、この原儒には武器があった。それは、知識という武器である。

古代国家には、巫覡《ふげき》といわれる宗教者の階層があり、いろいろな方面を担当していた。そのうち或るものは天文・医術・記録など非常に高度な知識を要することがらにたずさわっていた（狩野直喜《かのうなおき》『支那学文藪《ぶんそう》』「説巫」等）。こうした方面の巫覡は、たとい時代が殷王朝から周王朝に代わろうと、社会が必要とする知識人であったから、依然として政治的社会的需要があった。

これに対して、原儒は主として喪礼方面を担当する巫覡の系統であったと考えられる。彼らの知識は、第一に、喪礼における規則・法則・典規とでもいうべき一定の手順である。その任務を果たす上で必要な手順があり、それは訓練による彼らしか知らない独占的知識である。これは、広く〈礼〉と言っていいだろう。そこには原則性がある。第二は、文字の使用である。大半は口誦《こうしょう》であっただろうが、しかし、文字が必要であった。なぜなら、ある仕事をするとき、神々やあるいは悪魔に対して、祈禱を行なう呪符《じゅふ》が必要である。あるいは、その祈禱の結果の記録も必要である。すなわち、記号の活用である。

この二つ、すなわち、原則性（体系性）と記号というこの二つは、学術の最小限の要素であるが、原儒はこれを備えていたのである。これが彼らの武器であった。知識というこの武器によって、原儒は生きていたのである。

孔子の母の徴在はどうであっただろうか。もとより詳細な記録はない。しかし、孔子がのちに儒教という或る体系を組織したこと、その儒教の教義の中心が喪礼であったことを考えると、孔子が原儒と深い関わりがあったというほかない。そのことを白川静（前引書）がいち早く喝破している。

ところで、原儒たちの生きてゆくための武器である（喪礼を含めて）原儒の知識は、公開されたものでない。公開は、孔子の儒教あたりに始まる。だから、原儒の教義は、一種の〈密教〉であった。その原儒の学術を学びうるには、原儒と同身分的なものでなくてはなるまい。とすると、孔子の父のような、力だけがとりえの孔家の系統よりも、尼丘山《じきゅうざん》に子授けを禱《いの》った顔徴在の系統にそれがあった。すなわち、白川静の意見に沿いつつ言えば、孔子の母の家は、原儒の系統であったと考える。

顔徴在は子どもを生めたのであるから、常識的に言って若かったであろう。とすれば、顔徴在の実の父親、すなわち外祖父はまだ健在であったのではないか。すると、幼くして父親を失った孔子という外孫に対して、外祖父は、正式に結婚できなかった不幸な娘への思いもあって、不憫《ふびん》に思ったことであろう。

この外祖父の家と孔家とはそう離れていなかったのではないかと考える。というのは、孔家のあった闕里《けつり》というところは、泗水《しすい》という街から南へ約三三・六キロにある（『史記正義』）。今の曲阜《きょくふ》の東南約三三キロの地点。仮に母の顔家が尼丘山のふもとにあったとすると、地図で見ると尼丘山は、泗水の街から南へ約二二キロのところにある。

もちろん、山のふもとといっても漠然としているが、以上の単純計算に従っても、両者はせいぜい一二、三キロ前後以内の距離であったようだ。とすると、大人の足で強行すれば、歩いて約二、三時間程度の距離である。たとえば、清《しん》代の孟衍泰《もうえんたい》（孟子の子孫）は、孟子の墓とその母の墓との距離が約一四キロ（清代の二十五里）であることに対して、「はなはだしくは遠からず」（『三遷志』）と言っている。現代人のふやけた脚力とちがい、歩くほかなかった古代人の脚力はしっかりしていたはずだ。だからそれほど遠い距離でなかろう。まぶたを閉じると、私には、少年孔子が懸命に歩いている姿が浮かぶ。

幼少年期の孔子は、その外祖父の家を何度も訪れたのではなかろうか。あるいは、幼児のころ母と同居していたのかもしれない。幼年期の孔子は「嬉戯《きぎ》」するとき、いつも「俎《そ》豆《とう》」（お供えを入れる器）をならべ、「礼容《マナー》」を練習していたという。そのころ、父はすでに亡くなっていた。父のいない家で、だれがそういう祭式を主宰していたのであろうか。家族が祭式を行なってはいたであろうが、それは通例のものにすぎなかったであろう。天才であったとはいえ、幼年期の者が影響を受けるには、その祭式が習慣的に絶えずあるか、あるいは本格的なものか、いずれにしても、相当に衝撃的なものを見たことであっただろう。私は、祖父の家で原儒の荘厳な本格的祭式を見た衝撃が孔子にあったと見たい。私は、孔子に対して、外祖父ならびにその一族が大きな影響を与えたのではないかと考える。

以下、想像談。孔子の古くからの弟子に顔回《がんかい》という人物がいた。彼は陋巷《ろうこう》に住み、貧しい生活をして平気だった。人格はすぐれており、孔子は愛していた。この顔回が死を迎えたとき、孔子は真に歎《なげ》き悲しんだ。孔子の母親の姓が「顔」であるところからの想像であるが、顔回は母方の縁者ではなかったであろうか。顔回の質素な生活は、原儒の質素な生活と重なる。孔子が外祖父と関わったころからの縁があったのかもしれない。

もっとも、たいせつな点が一つある。仮に孔子が母方の原儒から影響を受けたとしても、あるいは、彼が原儒との混血ではあったとしても、原儒出身そのものではなかった。いわば、原儒の血そのものを受け継いだのではなかった。父方は農民である。農民と原儒(祈《き》禱師《とうし》など宗教者)との混血である。すると、意識の上においても、実際においても、原儒に対して、距離を置いて見ることができたのではないかと考える。この点が重要である。

後述するように、後年、孔子は儒の教義を再編成し、儒教をおこすが、原儒のある部分を決然と切りすてている。儒の上澄み(清)の部分は取っても、濁った部分は切りすてている。顕《けん》・密《みつ》のうち、顕を取り密を捨てている。これは、純粋の原儒出身であるならば、なかなかできることでない。孔子は原儒を客観的に冷静に知ることのできる立場にあったのではなかろうか。

後年、大教師となった孔子であるが、青年期まで、礼楽などの知識をどこでだれに教わったのか、いまだによくわかっていない。私は、農閑期を利用して、母方の原儒集団の下でいろいろと学んだのではなかろうかと考える。一方では食べるために必死に働きつつも、一方ではものを学ぶ。これは一般社会人と原儒との混血児においてのみなしうることであった。孔子は、労働するだけで学問や知識に関心のない人間、逆に学問や知識はあってもそこに安住して労働に関心のない人間、この両者と異なった新しいタイプの人間であった。こうした新しいタイプの人間を生みだした生活環境に注目すべきである。

異形《いぎょう》の子

孔子の生まれた年について、西暦前五五二年説と前五五一年説との二つがある。その議論に、決定的な説はない。そこで、本書では便宜的にいちおう前五五一年十月二十一日誕生説（たとえば、『史記』）をとっておく。

母の顔徴在《がんちょうざい》が尼丘山《じきゅうざん》に対して子授けを祈願したためであろうか、尼丘山のように孔子の頭のてっぺんのようすが「圩頂《うてい》」であったという。「圩頂」とは、中央がくぼんでおり、そのまわりが高くなっていたことを意味する。そこで、尼丘山の姿に似ているところから、本名を「丘《きゅう》」とつけ、字《あざな》も「仲尼《ちゅうじ》」とつけ、尼丘山にあやかったという。

子どもの命名は、なにか、その子と関わりのあることの因縁でつけられる場合が多いので、この命名に不自然さはない。私は、むしろ、この命名は、孔子の容貌《ようぼう》の異相を早くから示していたものと考える。

「仲尼の状、面《おもて》（は）蒙倛《もうき》のごとし（倛を蒙《かぶ》るがごとし）」（『荀子《じゅんし》』非相）といわれる。

「倛」というのは、神の姿をして厄病神《やくびょうがみ》を追いはらう役目をする人がつける面《マスク》のことである。熊《くま》の皮で作った面（あるいは毛皮つきか）をかぶり、そこに黄金の四つ目がついており、赤色の裳《もすそ》、黒色の衣《うわぎ》をつけ手に戈《ほこ》と盾とを持つのを「方相《ほうそう》」、二つ目を「倛」という。

「蒙」はかぶるという意味と思われるが、あるいは、そのようすが「蒙茸《もうじょう》」のようであったという意味ともいわれる。「蒙茸」とは、それを見て恐れて乱れ逃げてしまう（ようなこわい）ようすといわれる。毛嬙《もうしょう》・西施《せいし》といった天下の美女でも、皮で作ったこの倛をかぶると、それを見たものはみな逃げていってしまうという（『荀子』楊倞《ようりょう》注）。

いかさま異様な面体《めんてい》である。もともと悪疫を追いはらう呪力《じゅりょく》を持つ姿であるから、悪疫、悪霊のほうが恐れるほどのこわい面体でなくてはならなかった。孔子の面相がそれに似ていたという。そう言う荀子は、孔子の高弟、子夏《しか》の学派の系統から出てきたれっきとした儒家の人物である。なにか儒家集団にこうした言い伝えがあったにちがいない。方相は、喪（葬）儀のとき、先に墓壙《ぼこう》（墓穴）に入り、穴の隅を戈で撃って地中の魍魎《もうりょう》（もののけ）どもを追いはらう役目を行なう（『周礼』方相氏）。追いはらうわけとして、魍魎は死者の肝《きも》を好んで食うからであるという解釈も生まれる。

この方相そして、蒙倛《もうき》は、武事を表わし、喪（葬）礼にも関わりが深い。すると、孔子についての言い伝えとして、なかなか意味深長である。というのは、孔子が腕力に秀でていたようであるからだ。国都である魯城《ろじょう》の国門の閂《かんぬき》、これは重い角材であっただろう、それを孔子は持ち上げたという（『呂氏《りょし》春秋』慎大覧など）。ところが「力をもって聞こゆるを肯《がえ》んぜず」と各記録は記している。

父の孔紇《こうこつ》は有名な力持ちであった。孔子はその体力を受け継いだようである。貧しい孔子にあるものは、その体力であった。この体力をもとに、どんな力仕事でも引き受けて生活していたことであろう。しかし、この健康な肉体の所有者は、そこにあきたらず、精神の世界に大いなる関心を抱いてゆく。国門の閂を持ち上げるなどという遊びは、若い日の一興にすぎなかった。しかし、そのときすでに「力をもって聞こゆるを肯んぜず」して、武人としてではなくて、文人として世に立っていこうと決心していたようである。

この力の強さに比例してか、体も大きかった。身長、九尺六寸（当時の一尺は二二・五センチメートルであるから約二一・一メートル）であったと伝えられる。『荀子』「非相」篇も「周公は短、孔子は長」と言っている。伝説的ではあるが、孔子の屐《げき》（げた）の長さは一尺四寸（約三一・五センチ）であったという（『太平御覧《たいへいぎょらん》』六九八巻・引論語隠義注）。愛弟《まな》子の顔回《がんかい》が孔子を評して、その人格は「これを仰げばいよいよ高し」〈子罕《しかん》〉と言うのも、その身長と重なったイメージのように思われる。一般に、中国大陸の北方系の人たちの背は高い。孔子が生まれた山東省は、もちろん北方系である。

孔子は当時にあってもめだった異相であったからこそ、その身長が言い伝えられたのであろう。たとえば、逆に公孫呂《こうそんりょ》という人物の場合、身長七尺（約一・六メートル）であるにもかかわらず、顔の長さは三尺（約六八センチ）であったという（『荀子』非相）。孔子のこの異相は、ある程度、その真実を伝えているであろう。彼の頭頂がくぼんでいたことは、生まれたときすでに異相であったことを物語るものである。

さて、孔子の生まれたところは、魯国の国都（今の曲阜《きょくふ》）から東南、約三三キロの地点あたりの昌平《しょうへい》郷である。江戸幕府の大学、昌平黌《しょうへいこう》（昌平学校）がここからその名をとったことは言うまでもない。その昌平郷の陬《すう》（郰）という邑《むら》で孔子は生まれた。

この「邑《ゆう》」は、文意によりいろいろな解釈が可能であり、どういうものであるのかということは、実は決めがたい。すこし時代が下るが、戦国期では「三十家を邑と為《な》し、邑に司《つかさ》あり」（『戦国策』斉語）とある。そして、この邑の百倍すなわち三千戸で郷となる。ちなみに、三郷すなわち九千戸で県となる。あるいは、広さで言えば、すこし机上の理論風なのではあるが、八〇〇メートル平方（約六四ヘクタール）とされている（『周礼』小司徒）。すると、歩いて約十分程度を一辺とする正方形ぐらいの大きさで、約三十戸、百五十人ほどの人が住んでいた邑《むら》という感じであろうか。また、「陬」字は、この場合、固有名詞を表わすが、「辺陬《へんすう》」というふうに「陬」字自身は隅っこを意味する。その地の風景は、おそらく、漢字自身のこの意味ともなにか関わりがあるように思える。

食べてゆくのがやっとの片田舎、それだけに人々はおたがいによく知っていて生きていたような農村。こういう農村は、日本でもつい最近まで全国至るところにあった風景である。

そういう小さい邑里《むらざと》のことである。異相で体が大きい働き者、そして、文字を知っている少年、これは近所の邑々にも評判となっていったことであろう。そして、不幸な少年の家に対して、むらびとも親切にしてやったことであろう。後年、孔子は「里《り》（むらざと）は、仁（愛情深い）なるを美《よ》しとす」〈里《り》仁《じん》〉と言っている。孔子の成長とともに、仕事も多くでき、すこしは生活も楽になったであろうか。そして、その働きからすれば、家族構成はよくわからないが、孔家は孔子が中心となっていったことであろう。すると、孔子は次男であり、異母兄がいたようであるが、まず、孔子が実際にはほぼ孔家の家長格となっていたと言えよう。家長の権限は大きい。孔子は、のちに南容《なんよう》

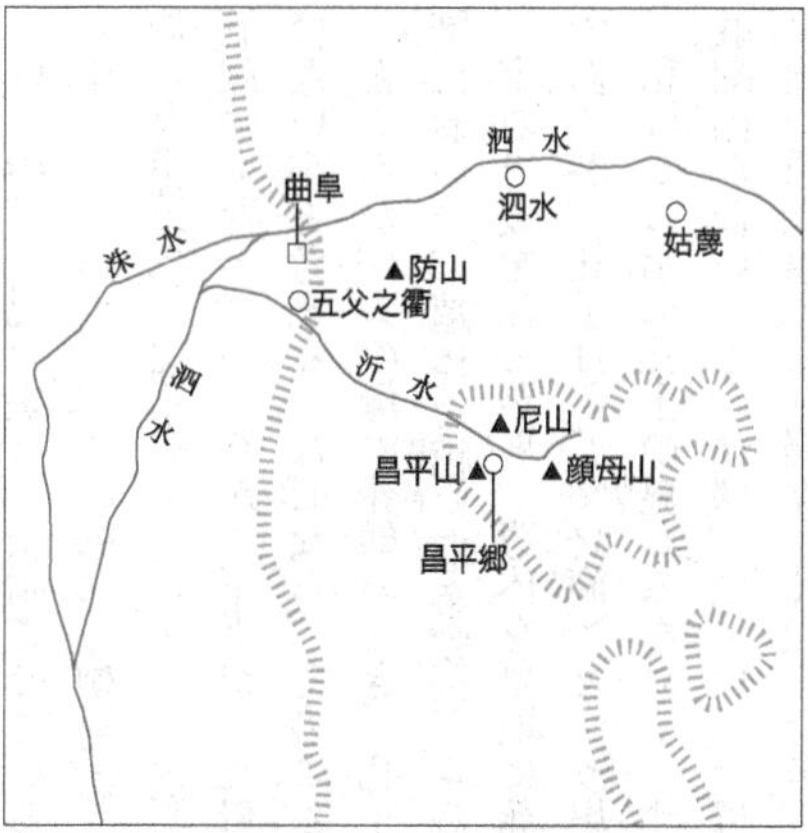

魯の都（現在の曲阜）付近の図

という弟子と兄の娘とを結婚させているが、これについて、家長は女子を売ったり贈ったりすることができ、その贈った例であるとする解釈もあるくらいである（陶希聖《とうきせい》『支那に於ける婚姻及び家族史』五〇ページ・天野元之助訳・生活社・昭和十四年）。その前後、十四、五歳にもなっていようか、不幸だった母を家のそば近くに、あるいは家にひきとったのではないかと考える。なぜなら、そのころ、孔子は母の葬（喪）儀を出しているからである。

ところが、この母の葬儀のとき、孔子は奇妙なことを行なった。一般に、葬儀の或る段階において、遺体を棺《ひつぎ》に収め安置して祭ることを「殯《ひん》」（かりもがり）と言い、このあと一定の日数を経てから、遺体を墓地に葬ることになる。この殯《かりもがり》は、ふつう家で行なうのであるが、孔子は〈五父之衢《ごほのちまた》〉という場所でそれを行なったのである。

私はこの殯《ひん》に孔子の哀《かな》しみを見る。すでに父は亡くなっており、母は公式には孔家と姻《いん》戚《せき》関係がない。とすれば、亡くなった母に対して、孔家は公式に葬儀を出せない。葬儀は家族の重大事であり軽々しく扱えない。このあたりは厳しい慣習に抗せない。やむなく、孔子は、孔家と関わりのない場所、五父《ごほ》の衢《ちまた》で殯《かりもがり》したのではなかろうか。

五父の衢とは、魯国の国都内にあった四つ辻《つじ》で（あるいは、五本の道が集まっている五道の辻のような風景かも）、大きな道がそこを通っていたらしい地点である。のみならず、ここは、犠牲《いけにえ》を殺し、その血をすすって詛《ちか》うことも行なう宗教的な特別な場所であった（『左伝』に三回出てくる）。そのように、この五父の衢は、宗教的な特別の場所でもあっただけに、あるいは原儒たちと深い関わりがあったのかもしれない。あるいは、木村英一『孔子と論語』（創文社・昭和四十六年）が言うように、共同の殯儀所（葬儀所）であったのかもしれない。いずれにしても、孔子はその母の殯《かりもがり》をここで行なったのである。

『史記』は、こう言っている。「けだし、それ慎なり」と。この「慎」字についてふつう「謹慎」（丁重）という解釈（『史記索隠』）が行なわれているが、不自然である。私は「紼《つな》をもって棺を引き、殯所《ひんしょ》に就《つ》くを謂《い》う」（『史記正義』）という解釈をとる（『礼記』檀弓《だんぐう》・鄭注《ていちゅう》）。

さて、殯が終わって母の遺体を墓に葬ることになった。孔子は不幸な母をせめて父の墓近くに葬ろうと思った。ところが、孔子は墓地は知っていても、父の墓がどこにあるのか知らなかったのである。母が、生前、教えなかったためとされている。しかし、それは不自然である。

やはり、母は始め同居していなかったため、父の葬儀に参列できなかったのではないか。だから墓がどれであるのかほんとうに知らなかったのであろう。それに、父の墓所は、防山というところにあった。そこは、郰邑から、約二七、八キロほど離れたところにある。そこで、孔子は真偽に疑いを抱いた。しかし、孔子からたずねられても、事情が事情であり、母や人々が答えを避けたのも当然であろう。しかし、どう考えても不自然である。孔子も成長していたわけであるから、他の家族や近所の人に聞くことができよう。また、孔家はすくなくとも四代住みついている。知らないといって墓参（展墓）をずっとしていなかったというのも不自然である。この点について、なにか特別な事情があったと思われるが、わからない。結局、同じ郰の邑の輓父《ばんほ》（葬式の車を引く男）、あるいは曼父《まんほ》という名の男の母親が教えてくれたので、防山というところにある父の墓に合葬したという。

父も母も、もういなかった。孔子は何人かの家族をかかえ、なんとしてでも家計を支え生きてゆかねばならなかった。そのころ孔子は、おそらく十五歳にはなっていたであろう。有名なことばがある。

——吾《われ》、十有五《じゅうゆうご》にして学に志す（「有《ゆう》」は「又《ゆう》」のことで、「十有五」は、「十」と「五」と、すなわち十五という意味）〈為政《いせい》〉。

青春

十有五にして学に志す

孔子が十歳前後のころ、近隣国である鄭国《ていこく》においてこういう話が生まれた。郷校（郷においた学校）に人々が夕方集まっては、政治談義をし、国政を批判していた。鄭国の宰相は子産《しさん》という人物である。そこで、そんなうるさいところとなった郷校をつぶしてしまいましょうと部下が献言したところ、子産は、いやあれでいいのだ。民衆の意見を弾圧することはできない。不平不満のはけ口が必要だ。彼らの意見を聞いて自分の薬とするのが最善だと言ったという（『左伝《さでん》』襄公《じょうこう》三十一年）。

ふつう、この話は、孔子が後年になって聞いたといわれる。しかし、当時のニュースは意外と早く伝わっている。この話が生まれたとき、孔子はまだ十歳前後であったが、それから数年内には聞いたであろうと考える。娯楽の少なかった当時、おもしろい話や印象的な話はすぐ伝わる。

この話を聞いて、孔子は感動し、「人、子産〔は〕不仁と謂《い》うも、吾《われ》は信ぜざるなり」（『左伝』同箇所）と言った。すると、孔子が最初に傾倒したのは、おそらく子産という政治家であろう。後年、孔子は子産を絶賛している。子産が「恵」（めぐみ深い）であったと『論語』中二回も出てくる。

子産は外国の鄭国の宰相の地位にある。片田舎にいた少年にとっては、目もくらむ高官である。孔子は子産に淡い憧《あこが》れの気持ちを抱いた。その子産を自由に批判する鄭の人々、その場所は郷の中心地に置かれた郷校であるという。しかし、孔子の住んでいた郰《すう》の地は、昌平郷《しょうへい》の中心地ではなく、そういう学校などなかったと思われる。仮にあったとしても、孔子にはそこで勉学できる経済的ゆとりなどなかったであろう。邑《むら》に文字を知っているものがいたかどうかも危ういものである。この環境の中で、孔子が超一流の知識人になれたのは、前述のように、原儒による教育を受けたからであろう。

記録を見るかぎり、孔子に、特別の師はない。孔子は、「三人〔が共同で仕事を〕行なうとき〔それを見れば〕必ず我が師あり。その善なる者を択《えら》びてこれに従い、その不善者〔を見るとき〕には、これを改む」〈述而《じゅつじ》〉と言う。それだけに、孔子は学ぶとき謙虚であった。たとえば、「下問（目下の者にものをたずねる）を恥じず」〈公冶長《こうやちょう》〉という態度であった人物を褒《ほ》めている。

それはともかく、十五歳ごろまでに受けた片田舎での教育は、当時におけるいわゆる正統的なものではなかっただろう。尼丘山《じきゅうざん》のふもとの原儒という、いわば村塾師《そんじゅくし》に習ったわけである。だから、習ったものと言えば、初歩的なこと、一般的なことだけであったと考える。

たとえば、三十五歳をこえたころ、斉国《せいこく》を訪れて韶《しょう》という本格派音楽を聞いたとき、感動して、「三月《さんげつ》（三箇月）、肉の味を知らず」という状態であった。そして「図らざりき、楽を為《つく》ること〔の美しさが〕ここ〔ほどまで〕に至らんとは」と言っている〈述而〉。ふつう、これを孔子の音楽的鑑賞力の高さを示すものとするが、私はそうとは思わない。三十五歳をこえたこのころ、斉国の上流社会層と接触しはじめ、はじめて本格的音楽とでもいうものを知ることになり、自分が今まで知ってきた音楽とのスケールのちがいを知ったことであると考える。

さてそれでは、具体的に何を学んだか。一つは、確実に文字である。孔子はこう教えている。「〔孝などの道徳を〕行ないて、〔なお〕余力あらば、則《すなわ》ち、もって文を学べ」〈学《がく》而《じ》〉と。

「文」とは、まず第一に文字のことである。それが延長されて、文章となり、文学（広い意味。大学の文学部の「文学」のイメージ）となり、そして、文化となる。文字を知ることは、文化の世界に入ることを意味する。具体的には、のちに『詩経《しきょう》』『書経《しょきょう》』といわれる古典を読めるようになることである。

いま一つは、礼楽である。礼容《マナー》と音楽とであって、これは一体化している。もちろん祭《さい》祀《し》のためという実用的なものであって、趣味や娯楽のためのものでない。しかし、一口に礼楽といっても、種類がある。周の王城で行なわれる礼楽官による宮廷用のものを最高に、天子の音楽と同格の音楽の演奏を許された魯国《ろこく》の君主の礼楽に始まり、その身分に応じてその祭祀に合わせて礼楽が礼楽者によって行なわれる。庶民は庶民なりに、野卑な原儒に金銭を払って頼んで、そこそこの礼楽を行なう。これは古今東西を問わず、変わらないシステムである。

孔子が学んだのは、その環境から言って、おそらく下級の礼楽であっただろう。後年、魯国に出仕し、建国者、周公の廟《みたまや》での祭祀に参加したとき、孔子はここはどうするのかと事ごとに先輩にたずねたという。そこで或る人は孔子を軽蔑《けいべつ》し、孔子は礼楽について詳しいという前評判だったが、だれがいったいこの鄹人《すうひと》の子（郰の田舎者）がよく礼を知っているというのか、と嘲《あざけ》ったという。

この話をあとで聞いて、孔子は、いや、まちがいないようにたずねること「これ礼なり」〈八佾《はちいつ》〉と言ったという。これは、礼に詳しいという孔子の自信がかえって謙遜《けんそん》する態度となったと解釈されているが、私にはどうも弁解じみているようにみえる。また、或る人が、「禘《てい》の祭」（天子が自己の祖先を天に添えて祭る儀式）についてたずねたとき、孔子は、「知らざるなり」〈八佾〉と答えている。ふつう、これも孔子の謙遜と解釈されるが、私は文字どおりと理解する。たとえば、孔子が「知るを知ると為《な》し、知らざるを知らずと為す。これ〔すなわち、ほんとうに〕知るなり（知之為知之、不知為不知、是知也）」〈為《い》政《せい》〉と言うのも文字どおりのことであって、古代ギリシアの哲学者、ソクラテスが教える

「無知の知」、あるいは、孔子よりもずっと後に登場した『老子』にある「無知の知」といったむつかしい意味ではない。やはり、孔子は当時まだ高級な礼楽を知らなかった、いや十分には習っていなかったがゆえの発言とみたい。もっとも、『論語』が登場し、古典化されてゆくにつれ、いわゆる「無知の知」という深い意味に受けとられていったのであろう。もちろん、晩年の孔子自身にも「無知の知」という理解が生まれた可能性はある。

孔子はのちに本格的に礼楽の勉強をしなおしている。たとえば、周王の直参《じきさん》で大夫《たいふ》の位にあった萇弘《ちょうこう》という人物に、音楽について学んだらしいことを言っている（『礼記』楽記）。この周王の家臣というのは注目に値する。

一方、三十代前半に周の王城に行き、老子《ろうし》に会って礼を学んだという〈世家〉。この老子が道家のいわゆる老子（『老子』の選者とされる老子）でないことは言うまでもない。しかし、老子とは文字どおり年長者ということでもある。周の王城であるならば、当然、礼に詳しい年長の人がいても不思議でない。私はそういう意味での老先生のことと考える。それがのちに、道家の老子伝説と入り混じっていったのであろうか。つまり、孔子が周に留学して、礼と楽とを勉学したという可能性があるということである。後年、十数年も天下を流《る》浪《ろう》した孔子である。その体力をもってすれば、周の王城までの距離はなんでもない。むしろ留学をささえる生活のほうが問題であるが、三十歳を越えるころ、なんらかの理由で、留学生活の余裕ができたのであろう。おそらく、より上級の礼楽を、本場の王城で必死に勉強したと考える。

さて話をもとにもどすと、「孔丘、年少《わか》くして礼を好めり」〈世家〉と、魯国の権門、孟《もう》釐子《りし》（軍隊で父の孔紇《こうこつ》が従った司令官の孟献子《もうけんし》から三代目の当主）は言い、跡継ぎの孟懿子《もういし》に入門せよと遺言したという。しかし、そのとき、孔子は十七歳である。孟懿子は国都に住む権門の子である。このとき、片田舎出身の孔子のところにまで行って入門したとは信じがたい。ただ、幼少期から学んできた礼楽の専門家として、孔子は相当の評価を得ていたようであり、『史記』のこの記録によれば、ぼつぼつ弟子も入門してきたようである。入門期はわからないが、おそらく、早くから入門していたと思われる人物として秦商《しんしょう》がいる。この秦商は、かつて父の孔紇といっしょに奮戦した秦堇父《しんとうほ》の子どもである（『左伝』襄公《じょうこう》十年）。おそらく、同じ邑《むら》か近くの邑に住んでいたのであろう。四歳下と伝えられているが（『孔子家語《けご》』弟子解）、まずそう年齢にへだたりがなく、父親どうしの武勇伝の縁で、幼いときから孔子を親しい兄貴としてつき従っていたのであろう。もっとも弟子としては無名であり、そののちの孔子との関《かか》わりはよくわからない。

その他では、孔子の晩年、高弟となった曾参《そうしん》（曾子）の父の曾蔵《そうてん》（點）、あるいは、孔子が最も愛した弟子顔淵《がんえん》の父の顔無《がんむ》繇《よう》（孔子より六歳下という）などの入門があったと伝えられる（『孔子家語』弟子解）。この推定は、年齢的に言って不自然でない。『史記』仲尼《ちゅうじ》弟子列伝には、八人の顔姓の者が記録されているとみずから言っている。曾蔵・曾参のように親子の場合ならばともかく、八人もの多くの同姓の記録があることは注目に値する。この顔氏は、六世紀の文人、顔之推《がんしすい》が「仲尼の母族なり」（加地注。その撰『顔氏家訓』などを検索したが出拠未詳）と言っているとして孔子の母の一族とする説もあり、私もそう思っている（林春溥『開巻偶得』巻六）。この判断は慎重にする必要があるが、可能性はある。元来、原儒は或る集団であり、大儒という指導者がいたようである。孔子の抜群の実力に対して、縁があったとすれば、その顔氏一族が精神的に〈大儒〉と仰いで孔子について学ぶということはありうる。

それに、有名な弟子、顔淵の生活に、私はなにやら原儒の生活状態を見る。顔淵は、ほとんど乞食《こじき》に近い生活であった。

賢なるかな〔顔《がん》〕回《かい》（「回」は字《あざな》）、〔わずか〕一箪《いったん》（竹製の食器）〔分〕の食《し》（飯）、一《いっ》瓢《ぴょう》（小さな瓠《ふくべ》）〔分〕の飲《いん》（汁）〔で満足し〕、陋巷《ろうこう》に在《あ》り。人はその憂《うれ》いに堪えざるに、回や、その楽しみを改めず。賢なるかな回〈雍也《ようや》〉。

顔淵は、孔子の弟子となり、儒教の徒となった。もう原儒ではない。しかし、物的方面では原儒の生活を依然として続けていたのではなかろうか。孔子が感嘆したのは、精神は儒教の徒、物的生活は原儒で満足という、世俗の欲望をみごとに断ちきったその純粋さであった。ということは、逆に言えば、儒教徒は精神的にも物質的にも原儒の生活に満足できなかったのではないかということである。

そうである。儒教徒とは、原儒の生活からの脱却をめざしたのである。それを自覚的に考えた人物こそ、孔子その人であった。孔子は、礼楽の知識を有した原儒の生活やその社会的地位を上げようとしたのである。彼はすでに、二十歳に近づいていた。

儒の二重構造

孔子の教養は、原儒が得意であった礼楽を基にしている。また、文字の学習後、教科書としては当時の教養人共通の古典であった『詩』や『書』（のちに『詩経』『書経』といわれる）を使ったことであろう。

この教養は、実は、人間をみがくためのものというよりも、実用のためであった。たとえば、外交官の場合、『詩』『書』という古典のことばを暗記していて、しかも自由自在に引用できなければ失格であった。「詩、三百（篇）を誦《しょう》すれども……四方に使して、（それをあやつって）専対（独りで応対）すること能《あた》わずんば、（暗記した詩が）多しといえども、またなにをもって為《な》さん」〈子《し》路《ろ》〉と孔子は言っている。もちろん、当時は礼によって成りたっている共同体の社会であった以上（後述）、その礼楽の素養がなくては、社会の中枢人物とはなりえなかった。

仮に〈詩書礼楽〉と言っておこう。これに熟達することは、社会の中枢を形づくっているエリート、いわゆる士大夫《したいふ》の条件であった。孔子の父、孔紇《こうこつ》は、実戦で名をあげたもののしょせんはそこまでである。おそらく、孔紇にそれ以上の職務を果たしうる教養はなかったのであろう。

貧窮の中で成長してきた孔子は、力仕事だけをしていては、いつまでたってもうだつが上がらないことを知っていた。この貧窮から脱出してゆくには、つまりは士大夫となるには、〈詩書礼楽〉の猛勉強以外に方法はなかった。幸い、母の関係で、それを或る程度学びえた。あとは、学力の向上とチャンスとである。青年孔子は、世に出る機会をうかがっていたのである。

しかし、農村の早婚の慣例であろう、二十歳前後、結婚したと思われる。『孔子家語《けご》』本姓解は、十九歳のとき、宋国《そうこく》の幵官《けんかん》という姓の娘と結婚したといい、漢《かん》代に魯国《ろこく》の長官をしていた韓勅《かんらい》が建てた碑文《ひぶん》（造孔廟《びょう》礼器碑）では、「聖妃（孔子の妻）、安楽里に在り」と魯国の安楽里という土地出身とする。これがどこまで正しいのかはわからない。やがて、長男の鯉《り》（伯魚《はくぎょ》）が生まれる。ただ、この妻は、いつかわからないが離婚したものらしい。子思《しし》（孔子の孫）の話では、父の伯魚（孔子の子）が離婚された母（「出母」）を弔ったと言っているからである（『礼記《らいき》』檀弓《だんぐう》上）。それはともかくとして、共同体社会において結婚したということは、邑において信用されたことであり、邑の者から孔家の家長として認知されたことを意味する。

この二十歳を越えてまもないころであろう。孔子は、「委吏《いり》」という地役人《じやくにん》（村役人）となった。「委」は農作物を委積する（たくわえる）こと、すなわち穀物倉の管理者である。「〔出し入れの〕料量〔が〕平らか」〈世家《せいか》〉であり、みずから、「会計、当たる（出納の計算が正確）のみ」と言ったという（『孟子《もうし》』万章《ばんしょう》下）。

もっとも、『史記』では、「委吏」でなくて「季氏の吏」となっている。すなわち、「季」字があるところから、魯国の権門で、前引の孟孫氏と並ぶ季孫氏の家臣であったという説である。季孫氏の支配地の地役人ということであろう。この解釈は必ずしも否定できない。ついでさらに、「司職吏」〈世家〉となり、家畜を増やしたという。「職」は「樴《しょく》」（家畜をつなぐくい）と読み、「杙《よく》」（牛馬をつなぐくい）と同じ意味で、祭祀《さいし》用犠牲動物の飼育所とする説がある（朱熹《しゅき》『論語』序説注）。あるいは家畜を飼育する「乗田」（『孟子』万章下）という職であったともいう。

動かない穀物相手の倉庫番よりも動物相手の飼育係のほうがむつかしいのは当然であり、そこに昇進のニュアンスがある。しかし、それにしても、要は下役の〈吏〉であって、上役の〈官〉ではない。〈詩書礼楽〉を必要とするような仕事ではなかった。しかし、背景がなにもない二十代前半の農村青年としては、これは上出来の出世であった。旧中国の制度下では、仮に地役人にでもなれば、もうそれだけで一生食いっぱぐれのない、たいした出世なのである。

郰《すう》の邑《むら》は、前に推測したように、わずか三十戸ばかりの片田舎である。とすれば、官営の倉庫や家畜飼育所を置くほどのことはない。すくなくとも、上位の昌平郷三千戸を束ねるような中心的街クラス、あるいは、それ以上のところに置かれていたのではなかろうか。

すると、昌平郷での仕事ぶりによっては中央の国都に名を知られる機会があった。もちろん、権門の子弟は容易に官となれたが、庶民の出身者も、その実力によって抜擢《ばってき》されるという例は、この時代、多かった。周囲から推挙され、そして抜擢されるというのは、中国の伝統である。いまや、孔子もその位置にあった。

さて、孔子十七歳のころのできごととして、こういう話が残っている。

魯国の三権門の一つ、季孫氏が「士を饗《もてな》す」ことがあった。〈士〉である。人材登用、抜擢のためであろう。多くの志ある者が行った。このとき、なんと、十七歳前後だった孔子も行ったのである。世に出るためである。ところが、季孫氏の家老であった陽虎《ようこ》という人物が、わが君は〈士〉をお饗《もてな》しになるのであって、貴様のような〈子《し》〉(小僧)にご馳《ち》走《そう》するわけではないわ、と罵《ののし》った。やむなく、孔子はひきさがった〈世家〉。

この話は重要である。ある時期を除いて、孔子の生涯は、挫《ざ》折《せつ》の連続であった。青年期において、最初にこういう屈辱的挫折があったのである。後述するが、孔子は挫折した心を癒《いや》すために精神的苦闘をつづけた人物である。貧しく賤《いや》しく、しかし、自信を持ち、青春の野望に燃えた青年にとって、「小僧」と呼ばれ、分際を心得よ、と追い返された屈辱は、生涯、一つの刻印を打った。罵倒《ばとう》した陽虎への憎悪である。

思えば、『論語』中、〈怨《うら》み〉について何度も論じている。たとえばある人が、「徳をもって怨に報ゆ」すなわち〈怨み〉に対して〈怨み〉を用いない、報復しない、復讐《ふくしゅう》しない、むしろ、相手に対して心寛《ひろ》く恩恵（徳）を施すというありかたはどうかと孔子にたずねたことがあった。『老子』にも「怨に報ゆるに徳をもってす」（六十三章）ということばがあり、春秋・戦国期の一つの道徳的気分であったのだろう。

ところが、孔子はそれを否定している。相手から受けた恩恵に対しては恩恵でお返しをするのが正しく、怨みに対しては己《おの》れの心の納得する気持ちで接せよ、すなわち、「直《ちょく》をもって怨みに報い、徳をもって徳に報ゆ」〈憲問《けんもん》〉と答えている。それどころか、「〔受けた〕怨みを匿《かく》して、その人を友とするは、〔古代のすぐれた人物〕左丘明《さきゅうめい》〔も〕これを恥ず。〔孔〕丘〔私〕もまたこれを恥ず」〈公冶長《こうやちょう》〉と言いきっている。なんという激しいことばであろうか。ぎらぎらとした復讐心である。

もっとも、孔子は、主君に対する下剋上《げこくじょう》、反逆しようとした主人に諫言《かんげん》して聞き入れられず、主人の反逆を恥じて山にはいり餓死した伯夷《はくい》・叔斉《しゅくせい》という兄弟について、この兄弟は怨んでいたのかという弟子の質問に答え、「古《いにしえ》の賢人なり……仁を求めて仁を得たり、またなんぞ怨みん（怨んでいようか）」〈述而《じゆつじ》〉、と答え、あるいは、「伯夷・叔斉は〔相手の〕旧悪を念《おも》わず。怨み、ここをもって希《まれ》なり」〈公冶長〉とも言っている。さらには、

躬《み》（自分）みずから厚くして、薄く人を責むれば、則《すなわ》ち怨《うら》みに遠ざかる〈衛霊公《えいれいこう》〉。

己《おの》れの欲せざるところは、人に施すことなかれ。邦《くに》に在《あ》りても怨みなく、家に在りても怨みなかれ〈顔淵《がんえん》〉。

と言っている。

しかし、これは孔子の晩年のことばであると考える。晩年になり、怨みへの報復に燃えた気持ちをやっと克服したあたりのことばであろう。でなければ、怨みについての相反した立場が同時期にあったとは考えにくい。すくなくとも、老年期以前の孔子は、自尊心が大きい分だけ、屈辱に対する怨みもまた大きかったと考える。晩年、子貢《しこう》は「君子もまた悪《にく》むことあるか」とたずねたとき、孔子は「悪《にく》むことあり」〈陽貨《ようか》〉と答えている。もっとも、条件づきではあるが、それにしても、憎むことをはっきりと認めているのである。陽虎から受けた屈辱、これが報復を決意した孔子と陽虎との宿命的対立の原因となったのだと思う。白川静の前引書は、孔子の伝記を陽虎とのさまざまな対立においてみごとに描いている。しかし、本書ではその対立の図式を考えないで述べてゆくことにする。

さて、委吏から司職吏（乗田）へと、孔子は着実に世に出る段階を踏んでいた。このつぎは、昇進あるいは地方役人から抜擢《ばってき》されて国都（中央政府）で職を得ることである。そのためには、どうしても時の権力に近づかねばならない。

時の権力にとは、魯国の三権門のどれにか、あるいは思いきって直接に国君にということになる。そのどれに近づくか、それが孔子の問題であった。

しかし、孔子には、権力に近づくための条件としてこれという背景がない。身分も金銭も有力な親戚《しんせき》もなにもない。あるものは、己れ一人の才能と教養とだけである。もっとも、ふつう、才能というものは、自分が自由にふるまえる段階においてはじめて発揮されるものであって、或る、人なみの段階に到達するまでは、むしろ一種の免許状《ライセンス》的なものがものをいう。つまり、技能である。一般人は無芸大食であり、これではだれも相手にしない。一芸に秀でる、習いおぼえた技能があれば、社会の中でまず一定の地位を得ることはできる。その上の段階は才能の問題である。とすれば、孔子の〈技能〉は〈詩書礼楽〉すなわち、〈文〉と〈礼（楽）〉とであり、これが大きな武器であった。「博《ひろ》く文（詩書）を学び、これを〔集〕約するに礼をもってすれば、またもって〔人の生きかたに〕畔《そむ》かざるべし」〈顔淵〉・「詩に興《おこ》り、礼に立ち、楽に成る」〈泰伯《たいはく》〉と。

けれども、明敏な孔子は、うすうすながら、自分が習った礼楽について疑問を覚えていたと考える。彼が原儒から学んだのは、個人儀礼、あるいは小祭祀《さいし》用、小祈禱《きとう》用という規模の礼であった。この時点では、その育ってきた環境から言って、まだ、君主の礼、すなわち、国家儀礼ならびにそれに応ずる音楽については習っていない。とすれば、国家的規模の社会に適用のできる規模の大きい礼、形式的には上位の礼の学習こそ、これからの自分にとって必要なものと思ったのではなかろうか。「能《よ》く礼譲《れいじょう》をもって国を為《おさ》めんか、〔そうでなければ〕なにかあらん。礼譲をもって国を為《おさ》むる能《あた》わずんば、〔役立たずであってそのような〕礼〔など〕をいかんせん」〈里仁《りじん》〉という反省があった。「〔わいわいと〕礼と云《い》い、礼と云う。〔しかし〕玉帛《ぎょくはく》〔の並べかたを覚えるだけ〕を云わんや。〔わいわいと〕楽と云い、楽と云う。〔しかし〕鐘鼓《しょうこ》〔の演奏のしかたを覚えるだけ〕を〔楽と〕云わんや」〈陽貨〉。

　孔子は、のちにさらに反省を加え、「礼を為して敬せず」〈八佾《はちいつ》〉ではだめだというところにまで精神性を高めてゆくが、それは晩年のことである。「礼楽・征伐は天子より出《い》ず」る最高のものであってこそほんとうの礼であった〈季氏《きし》〉。

　それに比べれば、祈禱や葬儀関係の祭祀は、なんと個人的レベルにとどまっていることか、国家儀礼に比べれば規模の小さいことではないか、という思いを、地役人となり、さらには国都と接触を持つようになったころ、実感として持ったことであろう。

　この反省は、自分が学んできた原儒の実態への反省につながる。人間は自分が受けた教育に大きく支配される。孔子は、好むと好まざるとにかかわらず、〈儒〉の系統の知識人である。その大きな枠組を出ることはできない。しかし、原儒たちの大半は、国家儀礼からほど遠いところにいた。そういう個人儀礼・家族儀礼の師儒であっては、いくら上達しても、しょせんそこまでである。とすれば、儒として個人儀礼・家族儀礼をこなせなくてはならないことはもちろんであるが、そこに安住してはなるまい。さらにそれを拡大的に適用するその上のクラスの国家儀礼・政治儀礼をこなせなくてはならない。自分はそういう儒とならなくてはならない。そういう反省があったのではないか。

その目で見たとき、原儒集団が二重構造になっていることがわかる。原儒集団は大儒（碩儒《せきじゅ》）が小儒を指揮していた。小儒はその指揮に従い、大儒・小儒ともに『詩』のことばを引いて自分たちの行為を合理化し、夜間、死体から盗みを行なったりしていた（四八ページ）。「儒は詩、礼をもって冢《はか》を発《あば》く」（『荘子《そうじ》』外物）。もちろん、両者ともに腐儒である。しかし、現実はそのようなものであった。

こうした組織上の問題は長年のきまりであって変わりようがない。しかし、原儒集団の中には、いや、それに限るまい、人間が作るどのような集団においても、能力、あるいは関心といった点で、より〈公〉的と、より〈私〉的との二重構造になる傾向がある。エンジニア（技術者）とオペレーター（操作者）と、理論派と実践派と、社会派と個人派と、知性派と感性派と、高級派と大衆派と、クラシックとポピュラーと等々、これはいつの時代でもどの集団でも自然とできあがる二重構造である。原儒の場合、この分裂における前者を「君子儒《くんしじゅ》」、後者を「小人儒《しょうじんじゅ》」といった。

もっとも、組織上の大儒・小儒の区別がそのまま君子儒・小人儒の相違になるというわけではない。たとえば、葬儀の折、その進行を「鼎々爾《ていていじ》」（緩慢）と行なうのは小人であり、度合いを心得つつ、「猶々爾《ゆうゆうじ》」（悠々）として行なえるのは君子であるという（『礼記《らいき》』檀弓《だんぐう》上）。しかし、おそらくは、大儒系に多くの君子儒、小儒系に多くの小人儒がいたであろうことは想像に難くない。

孔子は、弟子の子夏《しか》に、「女《なんじ》、君子儒となれ、小人儒となるなかれ」〈雍也《ようや》〉と教えている。この君子儒つまりは君子こそ、孔子がめざした新しい儒であった。それは、個人儀礼・家族儀礼を相似的に拡大し適用して、社会儀礼・国家儀礼・政治儀礼を行なえる儒である。単なる形式的伝授による儀礼の執行者ではなくて、理論的思想的意味づけの理解による体系的儀礼の執行者であろうと自覚することである。この自覚の一点にこそ、孔子の存在の大きな意味がある。

人々から心の底では軽侮されていた原儒、その社会的地位を上げるためには、人々を指導しうる理論的指導性や社会性がなくてはならなかった。広い意味での原儒出身である孔子は、それをめざそうとしたのである。すると、原儒からの脱皮、脱却――それをなしうるための理論的整備が必要であった。孔子は、それを試みようとしたのである。孔子は、それを生涯かけて行なったのである。その結果、のちに思想性を持ったいわゆる儒教となり、多くの儒教徒、儒家が生まれたのである。それがどのように形作られてゆき、どのようなものであったかということは、追い追い述べてゆくことにしよう。

さらに、「小人儒」ということばについて言えば、別の立場として、古代中国の儒に多くの身体障害者がいたという加藤常賢の説がある（『中国古代の宗教と思想』・ハーバード燕京同志社東方文化講座委員会・昭和二十九年）。加藤の諸論考によれば、佝僂《くる》病にかかった人々が儒の仕事にあたったと言う。佝僂・傴僂《うる》は背の曲がった身体障害者のことであり、その姿を侏儒《しゅじゅ》ともいった。すなわち、儒は侏儒であり、ひいては、文字どおり身長の低い小人であると言う。

これは歴史的事実を検討している学説であって、けっして差別的意味でないことを心して読んでいただきたいと思う。孔子は「長人」〈世家〉であり、小人ではない。もし加藤説が真相を得ていたならば、君子儒であろうとした孔子が小人儒に対して厳しかったことと、あるいは関係があったかもしれない。

加藤説のすべてが正しいわけではないが、古代中国の場合、加藤説のような可能性はある。身体障害者は、生産の第一線に出て農民のように鍬《くわ》を振るって働くことができない。しかし、人間である以上、仕事をもって働き生きてゆかなくてはならない。そうした身体障害者に対して、ともに貧しい古代中国人が考えた知恵の一つは、職業の特化、住みわけ、シェアリング、あえて言えば独占である。たとえば、音楽家に盲目の人が多かったのは、その一例である。すなわち、儒の仕事を保証することによって佝僂病にかかった人たちは儒として生きてゆくことができたようである。また、黄河流域の北方では日照時間が短く、日光とビタミンDと栄養との関係についての知識の乏しかった当時、不幸にして多くの佝僂病患者を生みだしたのかもしれない。

いずれにしても、死にまつわる問題は、人々の不安や恐怖をかきたてる。その不安や恐怖と二重写しになって、死を扱う儒に対する畏怖《いふ》と敬遠とがあったであろう。しかし、のちにそれは不幸にして逆転し、心の底では蔑視《べつし》の感情となっていたのであった。差別である。そうした儒の中から、すぐれた理論的指導者として登場した天才が孔子であり、孔子は、徹底的に小人（原儒）を否定し、君子（儒教徒、儒家）であろうとしたのである。『論語』中、対比的に君子をたたえ、小人を非難していることばが多いのはそのためである。

たとえば、「君子は〔調〕和して〔雷〕同せず。小人は同して和せず」〈子路《しろ》〉・「君子は〔正〕義に喩《さと》り、小人は利〔益〕に喩る」〈里仁〉・「君子はこれ〔責任〕を己《おの》れに求め、小人はこれ〔責任〕を人に求む」〈衛霊公〉・「君子は事《つか》えやすくして説《よろこ》ばせがたく……小人は事えがたくして説ばせやすし」〈子路〉。

そして、さらにのちになると、君子とは道徳的にすぐれた人、小人とは劣ったつまらない人、というような意味に変わってしまい、今日に至っている。しかし、それは孔子の真意とずれている。私は次のように理解している。人間は生物であるから、己れのため、すなわち利己主義的に生きるのが基本であり、それはそれで正しい。しかし、すぐれた人間は自己の幸せだけでなく、血縁者でない他者の幸せも求める。だが、孔子の当時、他者の幸せのために活躍できる職種は、農・工・商以外、士すなわち為政者、官僚であった。だからこそ孔子はその場を求めたのであった。しかし、孔子自身はそれに成功しなかった。結局、〈士〉を希望する弟子を養成する学校を主宰した。そして多くの学生を教育したが、そのとき、為政者・官僚たる者は、単なる知識人だけであってはならず、人格を磨いた知識人であれと説き続けた。私は、そういう状況の中で孔子が下した評価・規準こそ、君子（道徳・知識ともにすぐれた者）・小人（知識はすぐれた者）の分別であったと考える。そこで私は、君子を教養人、小人を知識人と現代語訳している。

三十にして立つ

二十代前半、地方の官営所で働き、地役人《じやくにん》となったその後の孔子の経歴に記録がない。しかし、二十七歳のとき、魯国《ろこく》へ来た郯子《たんし》（小国の郯国の君主）を訪れて学んでいる（『左伝』昭公十七年）。すると、無位無官の者では郯子に会えないし、また、魯国の太廟《たいびょう》での事件（前述）があるところを見ると、どうやら、孔子は礼の技能者として魯国の政府で勤務することになったようだ。

しかし、太廟事件のあと、自分が習ってきた礼とは何であったか、それだけではだめだと反省し、再研修を志し、周《しゅう》の王城へ師を求め、留学したのではないかと推測する。すると、今の職を辞すことにはなるが、それはかまわない。留学後に、大いなる昇進が期待されるからである。そしておそらく、身の回りの世話をする弟子の何人かを伴っていったことであろう。

孔子が周の都へ行ったことの記録は『荘子』天道篇・『史記』孔子世家をはじめ、いくつかある。私は、それを二十代後半から三十代前半における、或る時期の留学であったと考える（崔適《さいてき》『史記探源』は十七歳から三十歳までとみる）。そして、いつの時代でもそうであるが、留学はその留学者に決定的影響を与える。

周王の権威はすでに衰えてしまってはいたが、それでも周の王城はまだまだ地方出の知識人を驚かすに足るものがあった。(1)「孔子、周廟を観る……」（『説苑』敬慎）、(2)「孔子、周に之《ゆ》きて太廟を観る……」（同）、そのときのエピソードは、お上《のぼ》りさんのそれであった。周の王城を見学中、廟《みたまや》に攲器《きき》（器の両はしをひもで吊《つ》っておき、水を入れる。ただし、八分目くらい水を入れておくと安定するが、多すぎたり少なかったりするとバランスを失って傾き、水を出してしまう。中庸の大切さを教える器）があったので番人に聞いて、弟子といっしょにいじくりまわしてそのわけを議論したり(1)、また、廟の階段前にその口を三箇所とじている黄金作りの立像（金人）があり、その背に「ことばを慎め」といういましめの文字があるのを読み、弟子に説明したりしている⑵。今も昔も変わらない観光客の姿である。

さて、孔子が目にした周王朝の現実は悲惨であった。いや、浅ましい限りであった。時の周王を景王《けいおう》（在位は前五四四—前五二〇年）といったが、皇太子の寿《じゅ》が亡くなった（孔子二十六歳のころ）。それなら、すぐにつぎの皇太子を立てるべきであるのに八年もそのままであった。というのは、側室の子ではあったが、愛していた朝《ちょう》を皇太子にしようと思っていたからである。もちろん、他の王子たちはおもしろかろうはずがなく、そのため皇太子の決定は延び延びになっていた。ところが、そうこうしているうちに、景王は没してしまったのである。

そこで、後継者をめぐって騒ぎが起こった。事情は非常に複雑であったが（『左伝』昭公二十二年）、大略はつぎのようである（『史記』周本紀）。

すでに亡くなっていた前皇太子の寿の弟の猛《もう》は嫡子《ちゃくし》であり、筋からいえば、後継者となるべきであった。しかし、そのさらに下の弟の丐《かつ（かい）》（あるいは匄《かつ》）も後継者であることを望んだため、両者が争った。おそらく、それ以外に、庶子とはいえ、父の景王から後継者として目されていた朝も黙っているはずがない。

結局、意見を調整して、猛がいちおう王となったが、七ヵ月後、朝が攻めて殺してしまった。すると、強国の晋《しん》が介入し、朝を攻め、丐《かつ》を正式に即位させた。これが二十五代目の敬王《けいおう》である（在位は前五一九―前四七六年）。このとき、孔子は三十四歳ごろであった。

しかし、朝はあくまで自分で王と称して抵抗したため、敬王は王城に入ることができず、近くの土地で住まねばならなかった。そこで、敬王は即位して四年目（前五一六年）、晋国をリーダーとした諸侯の圧力で、入城した。そのため、朝は、南方の強国であった楚国《そこく》へ亡命した。あるいは臣下となったともいう。このとき、孔子三十七歳。

その十二年後、朝が、ふたたび反乱を起こしたため、敬王は晋国へ亡命する。そこで、翌年、晋国は力で敬王を再び王城に入城させた。このとき、孔子は五十歳になっている。

現実の周王朝とはこのようなものであり、王位継承をめぐって、景王が没して以来、十七、八年にわたっての紛争があった。その始まりごろに、孔子は周にいたことになる。このように、現実の周王朝はだめであったが、周の太廟をはじめ、歴史ある王城における古文化の集積と、その文化の継承者の層の厚みとを目の前にして圧倒されたことであろう。すなわち、周王朝ではなくて周文化に対する傾倒であり、周文化に永遠性を見いだしたのである。そこから始まる孔子の立場を、私は以下のように考える。

孔子は、自分の祖先は宋国《そうこく》の人であるとした。宋国とは、周王朝によって滅ぼされた前王朝の殷《いん》の後身である。だから、意識の上では、孔子は殷王朝びいきであったはずである。いや、儒としても、かつての殷王朝時代に大いに活躍していた栄光を思えば、原儒―宋国

——殷王朝という結びつきの意識が強かったはずである。

ところが、孔子の生きていたころ、殷の遺跡すら、もうわからなくなっていた。殷王朝滅亡のあと、殷王の忠臣であった箕子《きし》が殷の都あとを過ぎたとき、すでに廃墟《はいきょ》と化しており、黍《きび》や麦の生いしげっている畑となってしまっているのを見て嘆き、それを歌った有名な「黍離麦秀《しょりばくしゅう》(「離」も「秀」も実がみのるの意味)の歌」が残された。それからもう六百年もたっている。どのあたりに殷の都があったのかさえ定かでない。殷墟《いんきょ》の発見や発掘は二十世紀にはいってからの話である。

しかし、孔子が周の王城へ行ってみると、周王朝の文化は続いていた。しかもそれは国家儀礼・社会儀礼として生きている。このとき、孔子に大きな意識の改革があった。この周の文化を引き継いだ人こそ、魯国の祖先、周公であると。自分はいま魯国の人間である。とすれば、いつまでも、家族儀礼・個人儀礼の系譜として原儒——宋国——殷王朝にこだわることはない。いま自分は、儒から脱皮しようとしている。とすれば、脱皮する新しい儒教は、遠い過去の世界にだけ目を向けるのではなくて、むしろ、それを乗りこえて、現実の魯国に関《かか》わりうる理論武装をする必要があった。幸い、魯国の祖先は、周公である。ここに、孔子において、国家儀礼・社会儀礼の系譜として儒教——魯国——周文化という新しい構想が生まれたのである。それは原儒——宋国——殷王朝の系譜と対立する。

周《しゅう》を〔夏《か》・殷《いん》王朝の〕二代に監《くら》ぶれば、郁々乎《いくいくこ》として文《あざやか》なるかな。吾《われ》は周に従わん〈八佾《はちいつ》〉。

周の徳は、それ至徳と謂《い》うべきのみ〈泰伯《たいはく》〉。

大切なことは、その伝承である。周都の現実を見ると、もうだめである。とすれば、王朝などは問題でなく、根源的な伝統文化を自分が受け継ぎ、それを魯国に広めよう。孔子はそう考えたのである。そして、孔子は、周公という人物を自分の思想的系譜の始めに据えることによって、その伝承を合理化しようとしたのである。

ここに、原儒から出てきた孔子は、自分の受けた学問を魯国で生かせる理論的基礎を作ったのである。こまかい教義は別として、大きく原理的には、殷文化—宋—原儒—小人儒—小人—個人儀礼のレベルから脱皮して、周文化—魯—儒教—君子儒—君子—国家儀礼のレベルへという再生をはかったのである。そして、それを〈詩書礼楽〉に本づけようとした。この新しい原理に孔子はゆるぎない自信を抱いた。それは、已《おの》れこそ国政へ参与できるという自信ともなったのである。自分こそ、自分のこの才能こそ、という燃え上がるような自信であった。

さて、周の王城での何年かの留学を終えて魯に帰るとき、送別のことばとして師の老子《ろうし》（老先生）はこう言っている〈世家〉。お前は、「聡明《そうめい》深察（賢くよくものがわかる）なるも、死〔の危険〕に近づく〔ようになってしまうわけ〕は、〔他の〕人〔物のこと〕を〔あれこれ〕議するを好めばなり。博弁広大（くちがたっしゃ）なるも、その身を危うくする〔わけ〕は、〔他〕人の悪〔いところ〕を発《あば》けばなり」と前置きする。これは孔子のことを言っている。すなわち、孔子は、おそらく、当時の中心人物を痛烈に罵《ば》倒《とう》していたようである。「人を議するを好み、人の悪を発《あば》く」――これは、いつの世にも変わらぬ、野心ある無名の青年にごくふつうにみられる、青年客気《かっき》の過激さである。自信過剰である。

ついで老先生はこう諭している。「人の子（生活者）たる者、もって己れ有ること（我《が》を出すこと）なかれ。人の臣たる者（社会人）、もって己れ有ることなかれ」と。己れを空《むな》しくし、お前の「俺《おれ》が、俺が」という気持ちをなくせ、そう諭しているのである。周の王城における一級の知識人として、おそらくは人生の達人である老先生にしてみれば、世に出ようとしている自信家のこの若者に、いささか辟易《へきえき》している感じではある。危なっかしくてしかたがないよと。いや、近ごろ珍しい覇《は》気ある青年に対して、敵を作らんよう気をつけよ、他人に足をすくわれて、危ない目に遭うなよ、と好意ある気持ちで忠告をしたのかもしれない。

『史記』には、道家のいわゆる老子の伝記がある。そこに、孔子が老子に学んだという伝説が記されているが、老子は孔子に向かって、こう言ったとしている。「子《し》（お前）の驕《きょう》気《き》（おごりたかぶり）と多欲と〔そして〕態色（もったいぶり）と淫《いん》志《し》（出世主義）とを去れ。これ〔らは〕みな子の身に益《えき》なし」と（「老子韓非列伝《かんぴれつでん》」）。これは、孔子が、ぎらぎらとした野望に燃えていた青年であったことを伝えている。

いずれにしても、孔子は、周の都での三十歳前後の何年かの留学を終え、世に立ってゆく満々の自信をもって祖国の魯国に帰ってきた。そのころのことばが、有名なつぎのことばである。

——三十にして立つ〈為政《いせい》〉。

野望

男児の悲哀

子曰《しいわ》く、学びて時《つね》にこれを習う。また説《よろこ》ばしからずや。朋《とも》あり、遠方より来たる。また楽しからずや。〔他〕人〔が自分の価値を〕知らずして〔も〕慍《うら》みず。また君子ならずや〈学而《がくじ》〉。

言うまでもなく、これは『論語』冒頭の文、最もよく世に知られたことばである。

この文は、ふつう、孔子晩年のことばとされている。人生の旅路の果て、孔子が自分の一生をふりかえり、その落ちついた心境を述べたものとされている。

しかし、私はそうとは思わない。この文は、「三十にして立つ」そのころ、周都《しゅう》への留学から帰国した直後の状況と心境とを表わしていると考える。

「学びて習う」のは、主として礼である。孔子から三百年ほどのちの前漢《ぜんかん》の時代、歴史家の司馬遷《しばせん》は魯国《ろこく》に行き、孔子を祭った廟《びょう》を拝観し、そこで今もさかんに礼楽を実習している人々を見、「諸生《わかもの》、もって時《つね》に礼をその家（孔子の家）に習う。余、〔孔子のころを想い起こし、そこを〕ただ廻《めぐ》り留《とど》まりて、去ること能《あた》わず」〈世家〉と言っている。この文中の「時《ニ》習《フ》二礼《ヲ》其《ノ》家《ニ》一」（時に礼を其の家に習う）の「時習」が前引の『論語』冒頭の文「学而《ビテ》時《ニ》習《フ》レ之《これヲ》」の「時習」ということばを踏んでいると考えるとき、「習う」のは礼楽であろうと考える。もとより、こういう解釈は、中国でも古くからあった。『詩』『書』のような文献は、暗誦《あんしょう》が勉強である。「誦」である。「詩を誦《しょう》すること三百〔篇〕」〈子路《しろ》〉であり、覚えたりっぱなことばを忘れないよう「子路〔という弟子は〕、終身、これを誦す」〈子罕《しかん》〉努力をしていた。だから、これはだれでも学べる。しかし、礼楽はちがう。

周都で学んだ礼楽、それは自分が知っていたこれまでのレベルよりも上位の国政レベルの礼楽である。しかも歴史と伝統とに培《つちか》われた最高の文化であり、それを受け継いできたことの喜び、それを自分自身が復習し、さらには、弟子たちに教えることの喜び、それは誇らしい喜びであった。そこに原儒たちの劣等感はない。いな、むしろ志ある者はこの私の学んだ礼を進んで学ばねばならないものであるという自信の表現である。

孔子学派―儒教学派というべきか、その旗あげは、このときであり、場所もおそらくは魯の国都においてであろう。田園の学園ではなくて、国都の街の真ん中において開いた学校であっただろう。もちろん、それは発展するため、人を集めるため、そして、人に知られるためであった。

事実、孔子の期待にたがわず、青年たちが遠く各地から集まってきた。「朋友」とはここでは弟子のことである（『論語正義』所引の宋翔鳳《そうしょうほう》『撲学斎札記《ぼくがくさいさつき》』）。師の孔子と同様、彼らもまた世に出て禄《ろく》を得ようと野望を抱いた青年たちである。ずっとのち、孔子が七十歳ごろ、祖国で学校を開いたときもそうである。そのとき、子張《しちょう》という弟子は露骨に「禄を干《もと》むることを〔目的として〕学べり」と孔子に言われている。事実、孔子自身、「学ぶや、〔俸〕禄〔は〕その中に在り」〈衛霊公〉と言っているのである。まして、留学帰りの評判高い孔子の儒教学校に、青年たちが続々と集まってきたのは当然であった。いろいろな連中が近くから遠くからやってきた。なかには武道塾とまちがえてか、他流試合のつもりか、豚の皮の飾りをつけた剣を佩《は》き、雄鶏《おんどり》の羽をつけた冠をかぶり、音楽よりも剣術が好きだとうそぶき、邪魔をしにきた乱暴者もいた〈弟子〉。しかし、こういう異形の単純な男は、奥行きの深い孔子に会うと、かえってころっと心酔してしまう。以後、この男、孔子より九歳若い子路は孔子の用心棒となった。そして、生涯、孔子と苦労をともにする筆頭弟子となる。

こうして、孔子のもとに弟子が集まり、孔子は有名となっていった。しかし、魯国の君主も三権門も、孔子に声をかけなかった。孔子は、政治家として抜擢《ばってき》される日を待った。けれども、その機会はなかなかこなかった。「〔他〕人〔が自分の価値を〕知らずして〔も〕慍《うら》みず」とは、そのときの気持ちなのである。

この「慍《うら》む」は、なるほど「怒《いか》り」であるがそのニュアンスについていくつかの説明がある。「愁」とも、「心の薀《うつ》（鬱《うつ》）積するところ」とも、あるいは「哀しみの変じたもの」ともいわれる。もともとこの「慍」とは「蘊《うん》」、すなわち、「蘊奥《うんおう（うんのう）》をきわめる」「蘊蓄《うんちく》を傾けて説く」という「蘊」のように「内にこもったもの」である。しかも「蘊」の「縕」は熱気のこもったものという意味である。

己れの能力を人が知らず、己れにふさわしい地位を得られない、悶々《もんもん》とした気持ち、そのいきどおりは経験した者でなければわからない。まして、己れより才能や能力の劣る者が、己れより先を越して、しかるべき地位を得ているのを見るとき、その不公平さに憤怒《ふんぬ》を覚えざるをえぬ。

ふつうの人間であれば、それが偽りない気持ちである。しかし、それを口に出しては、はしたない。俗に言う、「男がすたる」。そのつらさをこらえて運のよかった連中を上まわるすぐれた仕事をし、底力を養い、つぎの機会を待つのが男児である。まさに、孔子がそれであった。十七歳のおり、季氏の実力者、陽虎《ようこ》に小僧と罵《ののし》られたあの挫《ざ》折《せつ》、そして今もなお、人は自分の才能を知らない。それは留学後最初の屈辱である。しかし、孔子は、自分が作りだそうとする新しいタイプの人間、すなわち、原儒から脱皮して、儒教徒であろうとする君子こそ、その屈辱やつらさに耐えうる男児であると考えた。「人、知らずして、慍《うら》みず、また君子ならずや」——それは男児の悲哀であった。

或る一時期を除いて、孔子の生涯とは、その能力を人に認められなかったことの連続である。「慍《うら》まない」という孔子の抑えに抑えた、しかしほんとうは憤怒の声が、『論語』から、何度も聞こえてくる。

人の己《おの》れを知らざるを患《うれ》えず。〔かえって逆に、己れが他〕人〔の才能〕を知らざるを患う〈学而〉。

人の（すなわち人が）己れを知らざるを患えず。〔かえって逆に〕己れの能《よ》くすることなき（自分が他人を知らないこと）を患《うれ》う〈憲問《けんもん》〉。

〔他人によって〕己れ知らるるなきを患えず〈里仁《りじん》〉。

君子は能《のう》なきを病《うれ》う。人の（人が）己れを知らざるを病《うれ》えず〈衛霊公〉。

古《いにしえ》の学ぶ者は己れの為《ため》にし、今の学ぶ者は人〔に認められること〕の為にす〈憲問〉。

君子はこれを己れに求め、小人はこれを人に求む〈衛霊公〉。

この一連のことばは、『論語』中、最高の名言である。なぜなら、それは永遠の人間論であるからである。かつて、大歴史家の司馬遷《しばせん》も、同じく永遠の男性論・女性論を説いた。すなわち、

士《おとこ》は、己《おの》れ〔の才能〕を知る者のために〔生命を捧《ささ》げて〕死す〔とも悔いない〕。女

は、己れを説《よろこ》ぶ者（自分を愛してくれる者）のために〔化粧し〕容《かたち》づくる（『史記』刺客列伝）。

孔子と司馬遷と、この二人の男の人間論（男性論・女性論）の内容は同じである。生きている人間は、自分の存在価値のあかしを人に社会に得たいと願っている。孔子と司馬遷との二人は、その気持ちをずばりと説いている。それは永遠性・普遍性を持った最高の名言である。

孔子は世に出る機会を待った。耐えた。もとより、ことはそうたやすくない。魯国の中央政府から見れば、何の背景もない駆けだしの孔子などは、依然として政治的には、大人になった小僧にすぎなかったからである。

魯国の官制を見てみると、大臣として、司徒《しと》（内務大臣）を筆頭に司馬（国防大臣）・司空《くう》（建設大臣兼財務大臣）がある。これを権門の三家（三桓《さんかん》といわれる孟孫氏・叔孫氏・季孫氏）が分けあっていたらしい。最も力があった季孫氏が司徒、叔孫氏が司馬、孟孫氏が司空を歴代にわたってほぼ独占していたようであり、身分的には最上位の卿《けい》（「大夫《たいふ》」の上位）である。そして、この三桓の内の年長者が今日で言う首相となった。

別にさらに、今日の大臣である太宰《たいさい》（官房長官兼総務長官）・宗伯《そうはく》（文部・祭祀《さいし》長官）・司《し》寇《こう》（法務大臣兼警察庁長官・警視総監）・士師《しし》（国軍幕僚長）、そして、次官・局長クラスであろうか、左《さ》宰《さい》（総務次官）・少正（内務次官）・傅《ふ》（太子教育掛）・行人《こうじん》（大使）とあるし、馬正（国防次官か）・燧正《すいせい》（国境防衛総司令か）・工正（建設次官）・賈正《こせい》（通産次官）とあり、身分的には、これらは大夫《たいふ》である。その他、技能によって、太史（気象庁長官兼歴史編纂《へんさん》所所長）・太祝《たいしゅく》（呪術《じゅじゅつ》長官）・太師（音楽長官）・少師（音楽次官）・卜人《ぼくじん》（予測予報長官）・医師（医務長官）等とある。さらに、本省課長クラスの高官として、虞人《ぐじん》・周人・宰人・校人・饔人《ようじん》・圉人《ぎょじん》・司宮・司鐸《したく》・司歴などがある。

以上は、魯国の国君に直属する官であるが、三権門それぞれは領地や私兵をもっているので、自分たちの家臣をもっていた。いわゆる、陪臣《ばいしん》（またざむらい）である。その職名として宰《さい》（総務長・筆頭家老）・老（重臣）・豎《じゅ》（秘書官）・馬正（軍務長か）・家司馬（本拠地の警務長）・邑司《ゆうし》馬《ば》（所領地の警務長）などがある（曾金声『中国先秦政治制度史』の表を参考とした。啓業書局・一九六九年）。

このように、すでにできあがっていた官僚組織があるわけであるから、よほどのことがなければ、いきなり大臣になれるということはない。詩書礼楽を得意とした孔子の職能から言えば、順序としては式典部門の系統から入って、しかるべき中級職あたりを得るのが筋であっただろう。

また、孔子が職を得ようと思っても、実際には三権門の意向が大きくものをいう縁故社会であった。だから、職を得ようと思えば、まず、権力者へ近づかねばならない。そのため、おそらく、なんらかの努力が行なわれたのであろうが、だれかによってはばまれたのであろう。たとえば、孔子を小僧と罵《ののし》った陽虎は、最大実力者であった季孫氏の宰《かしら》であった。彼にしてみれば、擡頭《たいとう》してきた孔子の儒教閥は歓迎すべき集団ではなかったし、素人の彼らが国政にあずかろうなどというのは、しゃらくさいことであっただろう。孔子にチャンスはなかった。

孔子は何年か待った。しかし、その機会のないことを悟り、仕官の機会を求めて、他国に出ることを決心した。もっとも魯国以下の小国に行こうとは思わなかった。それは、若い孔子として当然である。すると、魯国の周囲の大きな国としては、東北に斉国《せいこく》、西北に衛国《えいこく》、ほぼ西に曹国《そうこく》、西南に宋国《そうこく》があった。その中から孔子は、最強国の斉国を選んだ。野望を抱く者としてこれは自然である。もっとも魯国はいつも斉国に国境侵犯や戦争で痛めつけられている。その斉国をあえて選んだのである。ここには、若干、微妙な心理がある。自分を知らない祖国の魯国を見返してやろうという客気《かっき》がなかったとは言えない。

いずれにしても、孔子は祖国を去って、斉国へ向かった。しかしそれは、失意というのではなくて、むしろ逆に前途に明るい希望のあふれる出国であった。弟子たちも数多く従っていったことであろう。ともに生きてゆく彼らはもはや一種の運命共同体であった。

ところがそのころ、実は、孔子の知らぬところで、祖国の中枢部は内部紛争のまっただなかにあったのである。それはいったい何であったか。

魯国《ろこく》の現実

孔子が生まれ育った陬《すう》の邑《むら》から、魯国の国都（現在、山東省曲阜《きょくふ》県）まで、直線距離にして約三三キロメートルである（巻末地図参照）。東海道線で言えば、東京駅から横浜《よこはま》駅を越えて、次の戸塚《とつか》駅との中間くらいまで、あるいは、大阪駅から神戸《こうべ》駅までくらいである。大人が歩きつめて約七時間。しかし、健脚の古代人なら歩いて半日の距離であり、そう遠くはない。

そこは、海抜五〇〜二〇〇メートルくらいのやや小高い丘陵地帯にあり、泗水《しすい》というかなり大きな川が西から東へ流れ、さらに南へ曲がろうとするちょうどそのあたりの、川の南側にある。また、曲阜の南側には、東南南方向にある尼山から西へ向かって流れ、泗水に合流する沂水《ぎすい》という川がある。ちょうど、北と西とを泗水、南を沂水という二つの川によって囲まれ、東部は、海抜二〇〇〜四〇〇メートルの丘陵や山がひかえている形であり、魯の国都の場所は、防衛上から言えば、なかなかすぐれた地点である。

周王朝が開かれると、ここを首都として魯国が建国された。そして初代の伯禽《はくきん》から数えて十三代目の隠公《いんこう》のときから歴史が相当に詳しくわかっている。というのは、前述したように、『魯春秋《ろしゅんじゅう》』とその関係資料がかなり残っているからである。

さて、孔子が生きていたころの魯国の現実を語ろうとすれば、隠公に始まる非常に複雑なその歴史を話しておく必要がある。というのは、話がすべてそこにからんでいるからである。

まず、隠公であるが、悲劇の人である。父親の恵公《けいこう》から、あまり愛されなかった。それに、母は、「賤妾」というから、あまり高い身分でない側室であった。隠公は、いわゆる庶子（妾《めかけ》の子）であって、嫡子《ちゃくし》（本妻の子）でなかった。そのため、隠公は世継ぎの太子となれなかったが、年ごろになったので、結婚することになった。そこで、宋の国から姫君が輿入《こしい》れしてきたのであるが、非常な美人であったので、なんと父親の恵公が結婚式の前に横取りして自分の愛人にしてしまったのである。やがて、男の子が生まれたので、この女性を正夫人にした。前夫人は男の子がなく、また死亡していたようである。

やがて、恵公が亡くなる。形式上からいえば、正夫人の子が跡を継ぐわけであるが、幼かったので、みなの意見で跡を継ぐことになったのが隠公である。

つまり、隠公は、父親の恵公の意志に反して魯の君主となったわけである。だから、意識の上では絶えず摂政という気持ちであった。そこで、父親の意志をくんで、正夫人の子（名は允《いん》）を後継者の太子としたのである。この太子は、隠公から言えば、異母弟にあたるが、しかし、なにごともなければ自分の実子となったであろう人物である。

さて、悪役が一人登場する。魯の君主の一族中に揮《き》という男がいて、隠公にこう言った。御主君はみなの支持を得ている。そこで、問題である太子の允を私が殺そう。その報酬として宰相にしてほしいと。しかし、隠公は、いや、自分は近く允に位を譲ろうと思うと言って拒絶した。となると、揮にしてみれば、この話が太子の耳に届くとこんどは自分が危ない。そこで、逆に急いで太子のところに行き、こう言った。主君（隠公）はあなたを太子の地位から追い払おうとしている。私が主君（隠公）を暗殺しましょうと言った。すると、なんと允は承知したのである。そこで、隠公が祭礼を行なう関係で臣下の家に泊まった夜、暗殺してしまったのである。

こうして、太子の允は、隠公を継いで国君となった。桓公《かんこう》という。自分の父となったかもしれない異母兄を殺したわけである。こういう悲劇から『魯春秋』は開幕する。

しかし、その後の桓公は、幸福でなかった。やがて、結婚する。夫人は、隣の強国、斉《せい》の国から来た。この夫人は、斉の国君であった襄公《じょうこう》の妹である。「女弟」とあるだけで、はっきりしないが、実の兄妹であったらしい。この襄公がまだ太子のころ、二人は近親相《そう》姦《かん》の関係にあった。そのうち、妹は魯国へ嫁入りして魯の桓公夫人となり、兄は斉の国君、襄公となった。

桓公夫人（名は文姜《ぶんきょう》）は結婚三年後、男子を生む。さらに結婚十五年後、桓公が斉の国を訪れることになった。そのとき、夫人が同行したが、なんと兄と再び関係したのである。

それを知って桓公は夫人に対して怒った。

　夫人はそのことを襄公に告げた。すると襄公は、宴会を開いて桓公を酔わせた。そして、助けて車に抱えて乗せるふりをした。そのとき、力の強い男に抱え役を命じておき、桓公を抱きしめあげて肋骨《ろっこつ》をへし折り、車の中で暗殺してしまったのである。

　桓公の跡を継いだのは、荘公《そうこう》である。しかし、母親の桓公未亡人は、右の事件のとき斉の国へ行っていたが、そのまま、それっきり魯国に帰ってこなかった。

　荘公には、三人の弟がいた。そしてそれぞれが、有力な親戚《しんせき》となって、このあとの魯国の政治に関わってゆく。名前は上の弟を慶父《けいほ》、中の弟を叔牙《しゅくが》、下の弟を季友《きゆう》といい、魯国の権門となる。その子孫がそれぞれ孟孫氏・叔孫氏・季孫氏となったのである。また、この三集団をひっくるめて三桓《さんかん》とも言う。桓公からの別家だからである。

　荘公には、第一夫人の哀姜《あいきょう》以外、叔姜《しゅくきょう》、孟任《もうじん》という二人の愛人がいた。哀姜との間に子どもはいなかったが、叔姜との間に三人の男子、そして最も愛していた孟任との間に斑《はん》という男子が生まれた。荘公は、三十二年もの長い間、位にあったが、死を近くにし、病床で跡継ぎのことを弟たちに相談した。荘公は、斑を跡継ぎにと思っていたのだが、二番目の弟の叔牙が一番目の弟の慶父を推した。そのころ、「一継一及《いっけいいっきゅう》」という相続（父の死後は、長子が継ぎ、その長子の死後は弟が継ぐという相続）が行なわれていたからである。しかし、荘公はそれが気に入らない。ところが、一番下の弟の季友が、斑を跡継ぎにと言った。すぐさま、荘公はその話に乗り、季友にあとのことを頼んだ。請けあった季友は推薦問題でじゃまになる兄の叔牙を自殺に追いこんだ。

さて、荘公が亡くなると、季友は斑を即位させた。ところが、二ヵ月もたたないうちに暗殺された。慶父のさしがねである。慶父は、季友のために荘公の跡継ぎになれなくておもしろくなかった。そこで、季友や斑に対抗して、荘公の別の愛人である叔姜《しゅくきょう》との間の長子、開《かい》を跡継ぎにしようとしたその計画のスタートである。この計画が成功し、開は魯国の君主となった。閔公《びんこう》という。敵対者の季友は、魯国からは西南の隣国である宋の国のさらに西側にある陳《ちん》の国へ亡命した。母の実家があったからである。こうして、慶父は魯国の最大実力者となった。

ところで、この慶父は、兄の荘公の生前、荘公夫人の哀姜《あいきょう》、すなわち兄嫁と姦通《かんつう》していた。だから、魯国の最大実力者となってからは、だれはばかることなく、おおっぴらな関係となった。さて、哀姜は、愛人の慶父に魯国の君主となってはどうかと勧めた。慶父にしてみれば、もともと「一継一及」の相続法から言えば、荘公のあと、自分が国君になるのがあたりまえと思っていたので、さっそく、じゃまになる閔公を暗殺してしまった。十月に即位して翌年の夏まで、足かけ二年、実際には半年そこそこの在位であった。

しかし、慶父が思うほどことは簡単でない。亡命していた季友が、暗殺された閔公の弟の申《しん》を押し立て実力で君位につけようとしてきたのである。形勢が思わしくなくなったため、慶父は亡命し、哀姜も逃げた。そこで季友は申を位につけた。僖公《きこう》という。慶父は自殺に追いやられ、哀姜も実家であった斉の国の君主、桓公（覇者となった人物）によって、その罪のため殺された。

荘公が亡くなった八月から翌年の六月になってこれで落ちつき、それからやっと荘公の葬儀を行なえた状態であった。

僖公のあと、魯国の歴史は、文公・宣公・成公・襄公と続いていく。文公時代にトラブルがあったものの、その後、「宣公・成公・襄公・昭公の間の相続が、比較的に平穏に行なわれているのは、魯公は名のみであって、実権が殆《ほと》んどなく、経済・軍事の面において三桓たちの占める力が大きくなって、魯王の地位は争う価値が少なくなっていたためであろう」（平岡武夫〈全釈漢文大系〉『論語』序説・集英社・一九八〇年）。たとえば、襄公十一年の春（その前年、孔子の父の孔紇《こうこつ》が戦争で城門を押しあげて武勇を現わした。四二ページ）、三桓によってつぎのようなことが行なわれた。

季武子（季孫氏の族長）が叔孫穆子《しゅくそんぼくし》（叔孫氏の族長）と謀《はか》り、それまで魯国は上・下の二軍という軍制であったのを三軍編成にし、孟孫氏・叔孫氏・季孫氏の三桓がその一軍ずつを支配することにしたのである。もちろん、そのためには、三桓の私兵はいちおう解体し、それをも含めて三軍に再編成した。だから、国軍と元私兵との混成軍となった。その上、民が軍役免除の代わりとしてさし出す税についても、それらはほんらい魯君に納めるべきであるにもかかわらず、三桓で三分してとることにしたのである。当然、魯君すなわち魯国の国君の経済力も権威も落ちていった。

さらには、軍役についている者に対して、たとえば季孫氏の場合、自分の支配している軍団の者が魯国の軍役につくことの免除を願い出る場合、季孫氏の領地で働くなどして、その課役を果たせば、軍役につかない代わりに納める税を免除することにした。それどころか、季孫氏の課役を果たさず、軍役にもつかず、軍役免除代わりに税だけ納めるという者に対しては、その税を倍にしたのである。要するに、自分の領地からの税をしっかり吸いあげ、軍役代わりの税の取り分を多くしたのである。これでは魯国の君主の経済力が弱まり、その地位がさらに低くなって当然である。

一方、自分の支配する軍団に対して、孟孫氏はその半ばを、叔孫氏はそのすべてを自分の臣下としてしまった。もっとも、これで魯国の土地や人民がすべて奪われたというわけではない。三桓が分け取りできたのは、魯君の国都付近の直轄領のみであって、他の大夫《たいふ》（高級な家臣）の所領地はそのままであったとする説がある（『史記』魯世家「考証」）。

なお、ついでに言えば、さきほど述べたような、三軍再編成の陰謀を企《たくら》んだとき、季武子と叔孫穆子とは、五父《ごほ》の衢《ちまた》で詛《ちか》っている。「詛」は、神かけての誓いである。この五父の衢とは、孔子が母の遺体を殯《かりもがり》した場所である（五八ページ）。

このように、三桓は魯国を左右しており、魯君は無力となっていた。この三桓の内、季孫氏が最も勢力があった。荘公《そうこう》—閔公《びんこう》—僖公《きこう》三代のトラブルのときに果たした実力者季孫氏が根を張ったからである。その意味でも、そのとき悪役だった孟孫氏はその後も分《ぶ》が悪かったらしく、力は三桓の中で最も弱かった。

ところで、この孟孫氏と孔子との間には、そのころまでなんらかの特別なつながりがあったのではないかと思われる。というのは、父の孔紇《こうこつ》が属していた輜重《しちょう》部隊は、孟孫氏の指揮の下にあったし、孔子のころ孟孫氏の当主であった孟懿子《もういし》は、のちに孔子の弟子となったとされている。また、ついでに言えば、この孟孫氏一族の系統をひいて、つぎの戦国時代に、儒家を盛んにしようとした孟子という人物が出てくる。『孟子』という有名な本を残し、孔子と並び称されている孟子である。もっとも、孟子のころは、さしもの三桓も、それぞれ力を失ってしまっていたが。

しかし、孔子のころは、三桓の全盛時代であった。魯君の襄公《じょうこう》は即位して十一年目に国家の根本である軍権を三桓に奪われ、二十年たって死亡した。孔子が九歳のときである。その二十年間は、単なるロボット君主であった。

この襄公が亡くなったときは六月であったが、その三箇月後、跡を継ぐべき太子も亡くなってしまったのである。理由は、哀しみが度をこえていたからという。そこで、後継者問題が起きたが、結局、庶子の内、亡くなった太子の母の妹が生んだ、稠《ちゅう》（または裯《ちゅう》）が跡を継ぐことになった。昭公《しょうこう》という。このとき、三桓の思惑がぶつかりあった。季孫氏は稠を推したが、叔孫氏は反対して、亡くなった太子の弟、あるいは、庶子の内の最年長者がなるべきだと主張した。その反対の理由はこうである。稠は父の葬儀であるのに、悲しむどころか「喜色あり」という状態ではないか、こういうのが君主になると、推した季孫氏にとってやっかいになるだろう、と。

当時の葬儀は、遺体を棺《ひつぎ》に収めて、一定の期間安置する。これを「殯《かりもがり》」と言い、そのあと土に埋めて「葬る」。その殯の期間、昭公はもちろん喪服を着るわけであるが、その間、「嬉戯《きぎ》すること（程）度なし」（はしゃぎまわった。『左伝』杜預《どよ》の注）、はしゃいで動きまわって、そのため喪服が傷み、三回も替えたという。年十九、「なお童心あり……（これでは、将来、とても君主の位を安全に保ち）終えざるなり」と評された人物であった。

昭公がその行動どおりのほんとうに程度の低い人物であったのか、あるいは、わざと馬《ば》鹿《か》を装ったものか（平岡武夫の説）、よくわからない。ただ確実に言えることは、隠公以来の魯君の内、昭公は、はじめてといっていいくらい、三桓に対して抵抗らしい抵抗をした君主であった。強大な三桓に対して、ともかく石を投げたのであるから、文字どおり先が見えないか、あるいは非凡であったか、その両極端であって、スケールのほどはともかくとして、平凡な人物ではなかったであろうと考える。

しかし、三桓から権力を奪回しようにも、魯君には実力がなかった。昭公は、即位してから長い間ひそかに力を蓄え、辛抱強く機会を待った。そして二十五年目、ついに昭公は三桓に対して実力行使に出た。孔子が王城への留学も終えて帰国し、魯国でしだいに名をあげつつあったころである。ただし、実力行使のそのとき、孔子はおそらく隣の斉国にいたものと考える。さて、どのような実力行使であったのか。

四十にして惑わず

昭公《しょうこう》が三桓《さんかん》から権力奪回を行なおうとするきっかけとなったのは、闘鶏ゲームである。三桓の中でも最強の季孫《きそんし》氏の当主、季平子《きへいし》が、あるとき魯国《ろこく》の大夫《たいふ》（高級家臣）の郈氏《こうし》の当主、郈昭伯《こうしょうはく》と闘鶏をすることにした。国都における両家の屋敷は隣どうしであった。季平子は、自分の鶏に革のよろいをつけさせた（中井履軒《なかいりけん》の説。ふつうは目つぶし用のからしという解釈）。これに対抗して、郈氏は自分の鶏の蹴爪《けづめ》に鉄をかぶせた。ところが、この強力な対抗策は自分への反抗だと言って季平子は怒り、隣の郈氏の土地の境界を侵犯した。郈氏は怨《うら》みに思ったが、相手が悪かった。うっかり手出しができなかった。

一方、同じく魯国の大夫であった臧氏《ぞうし》の当主、臧昭伯《ぞうしょうはく》の従弟《いとこ》の臧令が本家《ほんけ》の臧家の宝玉を盗んで、季孫氏のところへ逃げこんだ。しかし、臧昭伯は逃亡した臧令をなんとか捕らえた。すると、かくまった季平子は怒って、お返しに臧氏の家老を捕らえたのである。

そこで、大夫の郈氏、臧氏が、季孫氏の理不尽な行ないを、ともに主君の昭公に訴えたのである。これは、昭公にとって季孫氏をたたく大きなチャンスであった。形式から言えば、魯国は、国君の昭公を頂点にし、高級な家臣として大夫がある。郈氏・臧氏らはどちらも三桓と同じく国君の直接の家臣である。もちろん、それぞれ所領地を持っており、力も相当にある。

その大夫の中でも、三桓についで臧氏・郈氏などは有力であった。その先祖をたどると、『魯春秋』の始まりの国君、隠公《いんこう》の父親の恵公《けいこう》の弟たちである。つまり三桓の祖先の叔父《おじ》たちにあたる。歴史は三桓よりも古い名門であった。

臧氏や郈《こう》氏にしてみれば、三桓の横暴に対して、以前から不満であっただろう。その両大夫が、期せずして、国君に季孫氏批判を行なったのである。昭公にしてみれば、彼ら重臣たち同士の反目は、自分にとってかえって有利である。この機をとらえて、と思ったのは無理もなかった。おそらく、二十五年の在位のうちにいろいろな形で力もすこしは蓄えていたのであろう。

その年の九月、昭公は思いきって軍勢を率いて、季孫氏の屋敷を襲った。不意をうたれた季平子は逃げまどい、屋敷内の楼台へ登って、昭公に許しを乞《こ》うた。最初は、「国都を出まして、その場所で罪の御通知をお待ちします」、つぎには、「私の所領地で幽閉《ゆうへい》という罪にしてください」、最後には、「車を五台お与えくださいまして、外国へ追放してください」と、小出しに降服の条件を出していったが、許されなかった。強硬派の郈氏などは

「必ず殺してやる」とわめいていた。

しかし、昭公の勝ちはここまでだった。そうこうするうちに、三桓の一つ、叔孫氏《しゅくそんし》側は、つぎは自分たちがやられる、ここは季孫氏を助けておこうと軍勢を繰り出し、季孫氏の屋敷へと急いだ。一方、昭公は、三桓の一つ、孟孫氏《もうそんし》に季孫氏を討たせようと考え、郈昭伯を使いにやらせていた。まもなく叔孫軍が季孫氏の屋敷へなだれこんだところ、昭公の軍勢は、戦勝気分にゆるんで、よろいを脱ぎ、休息していたものだから、ひとたまりもなく蹴ちらかされてしまった。

一方、孟孫氏は、軍使の郈昭伯の話を聞き、どちらにつくべきか、のらりくらりと時間をかせいでいた。やがて、斥候《ものみ》の者が帰ってきて報告した。叔孫軍の旗が立っています、と。これを聞いた孟孫氏は、すぐさま郈昭伯を捕らえて、南の城門近く、わざわざ人の見えるところで斬《き》り殺し、ただちに、昭公の軍の討伐に向かった。もちろん、昭公たちは敗走した。昭公は、臧昭伯《ぞうしょうはく》とともに祖先代々の墓地に逃がれて、善後策を「謀《はか》った」。結局、再起を図って、隣国の斉《せい》の国に亡命することにしたのであった。結論だけを先に記しておくと、こののち、昭公は何度も魯城への復帰を画策するが、三桓に阻まれ、六年の亡命生活ののち、ついに晋国《しんこく》で死ぬこととなる。

さて、孔子はといえば、この事件に無関係であった。まだ魯国において、この事件に関《かか》わるだけの地位がなかったからである。なお、この前後は、記録がはっきりしないので、断定できないが、この事件の前後、孔子は仕官の道を求めて斉国にやってきたことはまちがいない。

斉国へやってきた孔子は斉国の高昭子《こうしょうし》という大夫の家臣となった。そして、そのルートで斉国の君主、景公《けいこう》に近づこうとした。この高昭子は、斉国の実力者の一人である。一方、三桓からの奪権闘争に敗れて四年目、亡命生活を送っていた魯君の昭公は、魯国の西部の鄆《うん》というところにいた。そこへ、斉国の君主、景公は親書を送った。その役をつとめたのが高昭子である。ところが、昭公と対面したとき、高昭子は、なんと魯君を自分と同格の大夫扱いのことばづかいをした。そのため、昭公はこれを恥とし、怒り狂って、晋国へ移住したほどである〈世家《せいか》〉。

このため、孔子の伝記作家たちは、こんな非礼な男の高昭子のところで、ありっぱな孔子が家臣になったはずがないとして、『史記』のこの記録を抹殺しようとする。しかし、それは孔子を完全無欠な人間とする先入観にすぎない。魯国で志を得られず、仕官先を求めてわざわざ他国へ行った孔子である。いずれ後述することになるが、のちに、大義名分から言えば怪しくなる人物についてゆこうとしたことさえある孔子である。斉国を訪れていたこの時期、実力者の家臣となってもすこしも不自然でない。他国者《よそもの》が、ある国において、その国君の直接の臣となるには、なかなかチャンスがなくて、むつかしい。まず、陪《ばい》臣《しん》(家臣のそのまた家来)となるほうがなりやすいことからいっても、自然である。それに、高昭子が昭公に会ったとき、同格としてのことばづかいをしたのは、必ずしも、高昭子の独断・非礼であったとは限らない。あるいは、斉の君主の意志であったかもしれないからである。

第一、昭公のいた鄆《うん》は、斉の景公が、魯を討って占領した土地である。そこへ昭公を住まわせていたのである。斉の景公の意識にしてみれば、亡命してきた昭公は占領地を管理させている大夫の一人ぐらいに思っていたことであろう。しかも、昭公は、斉国の世話になる一方では、斉とならんでの強国、晋国へもいろいろと魯国への復帰の働きかけをしていたのである。それを知っていたであろう景公としては、おもしろかろうはずはない。もっとも、晋国の実力派家臣六人全部に対して、季孫氏が十分の贈賄をしていたので、昭公の画策は骨折り損であって役に立たなかった。

さて、高昭子の家臣となった孔子は、自分の名を高める方法を考えた。孔子は体力のある大男であったから、武事で名をあげる機会はあったことであろう。しかし、孔子は、君子儒として生き、その実践を通じて、国政家になろうと思っていたから、文事での機会を作ろうとした。孔子には、その武器があった。すなわち、〈詩書礼楽〉の教養である。

孔子は斉の太師《たいし》（音楽長官）に近づいた。この斉の国には或る事情で古代伝説の聖王である舜《しゅん》を祭る音楽が伝わっていた。それは、「韶《しょう》」という音楽であるが、この「韶〔の〕音〔楽〕」を聞き、これを学ぶこと三〔箇〕月。肉の味を知らず〔というほど熱中した〕」

といわれる〈述而《じゅつじ》〉（朱熹《しゅき》の注）。これは、「三〔箇〕月〔もの間、陶酔して〕、肉の味を知らず」とも解釈されるが、それは、誇大すぎて真実味がとぼしい。私は、孔子が礼楽方面で名をあげようとして、音楽を猛勉強していた姿であったと解釈する。

一方、周王朝では、孔子が留学して帰ったのち、王子の朝《ちょう》が乱を起こしたため（八三ページ）。孔子が三十三、四歳前後）、音楽家が四散した。たとえば、周王朝の音楽長官の「太師〔の〕、摯《し》〔という人物〕は斉に適《ゆ》く」〈微子《びし》〉とある。なんといっても王城の最高の音楽家である。重要な、また伝統的な音楽を最もよく知っている人物である。おそらく、斉国の音楽長官もまた、このとき周王朝のこの太師から学んだことであろう。

孔子は、斉国の太師に古典音楽を習い、「図らざりき。〔音〕楽を為すことの〔すばらしさが〕ここ〔まで〕に至らんとは」〈述而〉と感動の声を上げた。もっとも、孔子は目が不自由というわけではないから、音楽官となるわけでない。しかし、音楽を十分に理解できるとしたならば、礼を担当する典礼官としてうってつけとなる。孔子は、一躍、有名となった。斉の国の人は彼の名を口にした。

そしてついに、機会がきた。孔子は、斉の国君である景公から呼び出しを受けたのである。

景公は、孔子に政治とは何か、とたずねた。孔子は、簡潔に、「君は君たれ。臣は臣たれ。父は父たれ。子は子たれ（君君、臣臣、父父、子子）」〈顔淵《がんえん》〉と答えた。景公はわが意を得た。「善《よ》いかな〔そのことば〕。まことに、もし君〔が〕君たらず、臣〔が〕臣たらず、父〔が〕父たらず、子〔が〕子たらざれば、〔十分な〕粟《ぞく》（穀物）ありといえども〔危険なことになり〕、吾《われ》、あに得て〔安心して〕これ（穀物）を食らわんや」〈顔淵〉と言った。孔子の念頭にあったものは、亡命生活をしている昭公のことであっただろうが、実は斉国のことも頭にあったのである。というのは、斉国も、魯国と同じく、大夫《たいふ》の田氏《でんし》（本姓は陳《ちん》）が実権を有しており、後継者問題でもめていたのである。景公にしてみれば、こうずばりと言ってのけた骨のある孔子に好意を抱いた。

別の日、もう一度孔子を呼びだし、政治とは何か、とまたたずねた。第一回目のとき、孔子は「君は君たれ……」と抽象的な一般論を述べたのであるが、この第二回目のとき、具体的にずばりと答えた。「政《まつりごと》は、財〔政〕を節〔約〕するに在り」〈世家〉と。行政の改革である。景公はこの答えにさらに喜んだ。もともと斉は富裕な国である。支配する山《さん》東《とう》半島は海岸線が長く、塩を生産し各国に供給した。かつて塩は重要物資であったから収益が大きかったのである。しかし、豊かになれば、消費への欲求も大きくなり、それだけ出費も多く財政難で困っていたからである。

こういう話がある。孔子が弟子をつれて泰山《たいざん》（霊山として崇《あが》められている中国一の名山）のふもとを通っていたときのことである。泰山の南側は魯、北側は斉と伝えられる（『史記』貨殖《かしょく》列伝）ので、どちらの国であった話かわからない。伝説的には斉の国に向かっていたときの話とする。墓で婦人が声を上げて哀しんでいた。そこで孔子は弟子の子路《しろ》（あるいは子貢《しこう》）にそのわけをたずねさせたところ、舅《しゅうと》・夫・息子と三代にわたって虎《とら》に食われて死んだので悲しんでいると答えた。それならどうしてこんな危険なところに住んでいるのか、よそへ移ればよいではないかと孔子がたずねると、婦人は答えた。ここはよそよりも税金が安いのですと。孔子は弟子たちに教えた。諸君よ、よく記憶しておきたまえ、「苛政《かせい》（「政」は「税」。重税）は虎よりも猛《たけ》し」（『礼記《らいき》』檀弓《だんぐう》下）と。事情はどの国も同じであっただろう。重税の上に立っての繁栄であった。孔子は斉国の国政の欠陥を見抜いていたので、行政改革をと答えたのである。この率直な答えを受けて、斉の景公は孔子を家臣として俸禄《ほうろく》を与えようとした。

ところが、斉国の宰相であった切れ者、晏嬰《あんえい》が強硬に反対したのである。実に激しいことばであった。「それ、儒者は滑稽《こっけい》（口がたっしゃ）、〔そんなものを〕軌法（手本）とすべからず……〔彼らは財〕産を破り〔破産するほど金をかけて〕、葬〔式〕を厚くす、〔そんなことを〕もって〔風〕俗〔習慣〕となすべからず。〔うろうろと〕游説《ゆうぜい》・乞貸《こったい》（あちこち借り歩く）す。〔そんな連中にまかせて〕もって国を為《おさ》むべからず」〈世家〉と。それは、原儒に対する差別と侮蔑《ぶべつ》とであった。晏嬰には、原儒から新しく生まれ出ようとする君子儒と、従来の原儒や小人儒との区別ができていなかった。それは当然である。晏嬰の知っている儒とは、祈禱師《きとうし》的原儒であったからである。

だから、君子儒が得意とし、また、それによって、世に立とうとした礼に対しても、晏嬰は指弾した。礼などはやたらと繁雑であって、一生かかっても、「その学を〔学び〕殫《つ》くすあたわず、その礼を究《きわ》むることあたわず」〈世家〉と。国政を担当し、その複雑限りない政治力学の中で生きていた現実主義者の晏嬰にしてみれば、儒者を登用し、礼を盛んにすると、孔子が言う行政改革どころか、かえって逆に、その費用のために財政負担が大きくなるという反撃であった。

一方、斉の大夫たちも、自分たちが不利になるであろうことに敏感に反応して、反対した。礼は、最終的には秩序を要求する。すると、確実に、「君は君たれ、臣は臣たれ」という圧力となってくるであろう。まして、えたいの知れない儒が国政に参加するなどとは、とも思ったことであろう。露骨に追おうとする動きも出てきた。「斉の大夫、孔子を害せんと欲す。孔子、これを聞けり」〈世家〉。

身の危険を感じた孔子は、景公に保護を求めたか、あるいは身の振りかたの最終的返事を求めたか、ともかく景公と接触する。景公は、孔子に向かって、魯の季孫氏ほどの地位と権限とは与えられないが、季孫氏と孟孫氏との中間ぐらいの地位と権限とを与えようと言っていた〈微子《びし》〉。孔子を抜擢《ばってき》しようという気持ちはあったと思われる。しかし、斉国の首脳たちの排他的な壁は厚かった。景公は孔子にこう返事した。「吾《われ》、老いたり。〔お前を〕用うるあたわず」〈微子〉と。

あともう一歩であった。孔子は「〔他〕人〔が自分の価値を〕知らずして〔も〕慍《うら》みず」ということばをかみしめるだけであった。しかし、国君と出会い、国政を論じ、実力者たちが孔子に敵対したことは、孔子にそれだけの実力が伴ってきたということの証拠である。試合では負けたが、勝負内容では勝っている。孔子は自信を持った。君子儒の道を構築してゆくこの生きかたにまちがいはないという自信をである。孔子は、もう四十の声を聞くころとなっていた。挫折《ざせつ》と自信との二つの複雑な感情の中で、彼はこう述べている、「四十にして惑わず」〈為政〉、と。

不遇

旧勢力と新勢力と

孔子に対して、斉国《せいこく》の君主、景公《けいこう》は、最終的に「吾《われ》、老いたり。〔お前を〕用うるあたわず」〈微子《びし》〉と答えた。孔子は、斉国での仕官をあきらめた。

どうするか。結局、孔子はいったん故国へ帰ることにしたのである。それというのも、斉国の国政をめぐる内紛は、故国と同じくらいひどいものであったからである。事情が同じならば、壁の厚い他国で、自分の立場を主張するよりも、足がかりがすこしはある自国で、それを主張するほうが、まだ現実性がある。それに、斉国へ来たことはむだでなかった。外国において、孔子ここにあり、という実績を作ったわけであり、いわば、ポイントをかせいでいる。孔子は、弟子を連れて故国の魯国《ろこく》に帰ってきた。

斉国の内紛というのは、臣下でありながら、巨大な力を持っていた田氏《でんし》一族と景公との主導権争いである。

景公が頼りにしていた切れ者宰相の晏嬰《あんえい》は、晋国《しんこく》へ使いしたおり、晋国の実力者、叔向《しゅくきょう》との内輪の話のとき、「斉の政、卒《つい》に田氏に帰す」（『史記』斉世家）とこぼしている。田氏は、人々に穀物を貸すとき、標準より大きいはかりで計って貸し、返してもらうときは、標準のはかりで計ったため（つまりは量を少なくし、貸した分をまけてくれたので）、人々の間で人気があった。たくみに財産をばらまき、民心を得ていたのである。

景公は、この田氏をなんとか抑えたいと思っていた。しかし、その後、頼みの綱の晏嬰が亡くなってしまう。景公は、死の床についたとき、二人の宰相、国恵子《こくけいし》とかつて孔子の主人であった高昭子《こうしょうし》とに、愛妾《あいしょう》の子、荼《と》（または「しょ・じょ」）を跡継ぎにしてほしいと託した。太子は死亡していて、いなかったのである。やがて、景公が亡くなり、二人の宰相は遺言どおりにした。

しかし、田氏（当主は田乞《でんきつ》）は景公の別の子の陽生《ようせい》を立てて対抗し、内乱となる。結局、荼も高昭子も殺され、国恵子は亡命する。田乞は陽生を国君に立て、自分は宰相となり、以後、斉国は完全に田氏の思うとおりになったのである。

孔子の仕官話があったおり、晏嬰とは別の立場でその採用に反対した中心者は、おそらくこの田氏ではなかったかと考える。孔子の主人であった高昭子は、主君の景公が見こんだ男であり、そのころ田氏とすでに利害が一致していなかったのではなかろうか。もし、孔子が採用されれば、田氏にとっては、晏嬰のほかに高昭子―孔子という新たな敵対者を作ることになる。反対せざるをえなかったのではなかろうか。

晏嬰の場合、孔子にはその反対理由がまだ理解できる。見解の相違が、理論的な面においてであったからである。晏嬰は「善《よ》く人と交わる。久しくしても（長くつきあっても、礼儀を心得ており」、人〔は〕これ（晏嬰）を敬せり」〈公治長《こうやちょう》〉と、孔子は褒《ほ》めているくらいである。

しかし、どうも田氏だけは絶対に許せなかったようだ。このときから三十六年もたち、孔子が七十二歳もの老人になっていたとき、田氏（このころの当主は田常《でんじょう》）が、主君の簡《かん》公《こう》を殺した事件が起こった。実は、孔子の弟子の宰我《さいが》がこの事件にかかわっていた。そのとき、孔子は三日間も体を清めてから、魯の国君、哀公《あいこう》に、斉国へ田常討伐の軍を出してほしいと願い出ている（『左伝《さでん》』哀公《あいこう》十四年・「沐浴《もくよく》して朝《ちょう》す」〈憲問《けんもん》〉）。やはり、相当な興奮というほかはない。もちろん、斉国に戦争でいつも痛めつけられている魯国が、こんな感傷的な理由での討伐軍など出すわけはない。

以上のような斉国の内紛は、詰まるところ、強大な実力者である田氏の専横による。また、孔子の帰ってきた魯国においても、三桓の存在が、内紛の原因である。いや、この両国に限らず、どこの国でも似たような内紛があった。しかし、各国に起こっていたこうした内紛を、ただ単に悪い家臣の横暴というふうに、人格的な原因だけにたよって説明するのは、表面的にすぎる。もっと根深いものがあった。すなわち、社会的経済的には、この現象をだいたいつぎのように解釈できる。

周王朝が、封建制のもとに、各諸侯を各地に封じて諸国を建てたとき、理念としては、土地は王のものという公有制であり、勝手に売買などできなかった。ところが、人口が増え、農業技術が進んでくると、食糧を増産する必要がでてくる。そこで、河原や原野や山を切り開き、新しい田畑を作り出さざるをえなかった。しかし、こうしてできた新しい農地は、公的な帳簿以外のものであるから、私有田となる。

周王や諸侯は、公有地という原理の上に立って存在している。だから、私有地拡大は違反であり、その拡大にみずから手出しすることができなかった。しかし、諸侯の有力な家臣は、周王の陪臣《ばいしん》であって、周王朝の原理に対して気持ちの上では自由である。それに、国政の実務にたずさわり、政治を動かす経済の意味を知ると、自分の領地の入手そして拡大について熱心となる。陪臣たちは競って私有田の拡大を進めてゆく。すると、私有田からあがってくる収益によって陪臣たちは富裕となる。この経済力が、諸侯の有力家臣を大きくさせていった原因である。とすれば、魯で三桓が強大になっていったのもこのためであると言えよう。

さて、大夫《たいふ》は自分の知行所を持っており、そこの私有田を拡大してゆく。私は、一方、魯君の直轄領でも、私有田が増えていったと考える。もっとも私有田といっても、おそらく公有田を広げて実測面積を増やすという形で直轄領の末端で変動があっただろう。しかし、公有田の帳簿上の面積は元のままであり、魯君の租税収入は相対的に低くなってゆく。これにたまらず、たとえば、魯君の宣公《せんこう》は、ついに税を課することにした。「初めて畝《うね》に税す」という有名な記録が残っている（『左伝』宣公十五年）。このことばには、いろいろな解釈が可能であるが、私は、土地面積に対する実測に基づく課税であると理解する。すなわち、公有私有を問わず、その実有する土地を課税算定の基準としたものと考える。魯君の直轄領からは帳簿上の面積（公有田）に基づく租税しかあがってこないのを打破したわけである。これは孔子が生まれる四十三年前のできごとである（西暦前五九四年）。

また、三桓が魯軍を三軍に再編成した事件（一〇三ページ）も、実は税制の再編成であったとする説もある。当時の軍制は、人も物資も人口による割り当てであったが、そうした公的課税を、季孫氏《きそんし》などは自分のほうに移るよう私的課税に再編成していった事件であるとする。

あるいはまた、公有田の制度は、奴隷制であるとし、私有田に再編成してゆくなかで、奴隷たちは、土地を所有者から借りる小作人《こさくにん》（中国では「佃農《でんのう》・佃《でん》」という）に転化してゆき、そして、土地の自由売買が公然と行なわれるようになったとする説もある。

これら諸説は、もちろん当時の土地制度の変転に焦点を合わせた経済的角度からの見解であって、これですべての説明がつくわけではない。しかも、これらの解釈は、非常に長い時間をかけて、ゆっくりゆっくりと変転してきたことがらを集約して言っているわけであって、ことは言うほどそう簡単に展開したわけではない。呪術《じゆじゆつ》的な雰囲気、古代的習俗に基づく共同体の意識、一般人の教育水準の極端な低さ、強烈な身分差、法律や公共道徳の観念の薄さ、等々、といった、人間の問題を抜きにしての単なる経済的説明だけでは一面の真理でしかない。

しかし、仮に、経済的な面での上記の説明に従えば、有力家臣が、私有田の拡大によって、主君を上まわる経済的政治的実力を有してきたと言えよう。もっとも、だからといって、主君を暗殺することはできても、主君に代わって自分が国君となることは、理論上、まだできなかった（それができるようになるのは、次の戦国時代以降）。だから、周王の下、諸侯が封建されて諸国家ができているというその〈文化原理〉を否定し実行できる力は、単なる〈経済力〉の優位ということには存在していなかった。結局、有力家臣は己れの君主（諸侯）をせいぜいロボット君主にしておいて、国政を左右するまでという限界があった。ここに権門たちのいらだちがあり、専横なふるまいで力を誇示するほかなかった。

しかし、もっとつっこんで言えば、こうした権門の当主や一族は、国都に住んでいて、自分の知行地には代官を置き、家政の実際は、宰《さい》（総務長・執事長）がとりしきっていた。この宰が、事実上の実力者なのである。だから、魯国の最大権門、季孫氏も、実際は、宰《かしら》の陽虎《ようこ》に頭が上がらなかったのである。陽虎とは、孔子を小僧と呼んで、追い返した人物である（七二ページ）。

この陽虎たちこそ、時代の変転における新しい勢力を代表する一つの層であった。彼らは私有田を拡大してゆくことを積極的に進めていたわけで、主君の魯君をロボット視する季孫氏も、陽虎から見れば、やはり同じくロボットにすぎなかった。

一方、孔子たちもまた、新しい勢力を代表する別の一つの層であった。孔子には何の背景もなかった。それどころか、儒系統という一種の差別されていた階層から出てきたという不利さえあった。しかし、君子儒として、礼制を個人レベルでなく国政レベルへ拡大してゆこうとする政治理論を持って登場し、〈詩書礼楽〉を教養とする文化人の手による国政を考えた。これは、従来になかった新しいタイプの官僚であった。

あえて、対比的に言えば、陽虎らは、旧勢力に対して直接改革してゆこうとする過激派であり、実権派であったのに対して、孔子らは、体制に寄生しながら旧勢力の内部革新をしてゆこうとする改良派であったと考える。その意味では、両者は、方法こそちがうものの、ともに新しい勢力であった。しかし、方法の異なる過激派と改良派とは、たがいに相手を許さず、ある種の近親憎悪となる。白川静（前引書）の言うような、陽虎と孔子とが宿命の対立をしたのはそのためであろうか。そういう複雑な関係から言っても、私は、孔子を単なる奴隷制社会の擁護者、古い体制の維持者とするような、単純な解釈をとらない。マルクス主義的研究にはそういう類《たぐい》の単純なものが多いが。

かつて、魯国から斉国へ行くとき、孔子らは希望を抱いて旅に出た。いま、斉国から魯国への帰国において、孔子集団は、さらに自信を抱いて帰ってきたのであった。いよいよ祖国においてその実践を、という覚悟と期待とであった。

孔子は、自分の才能をついに見いだしえなかった斉の景公に対して、のちにこう批評している。「斉の景公〔は〕、馬〔が〕千駟《せんし》（四千匹）あり〔といわれるほど裕福である〕。〔しかし、彼の〕死するの日、民〔のだれも彼をりっぱな〕徳〔のある人〕として称《ほ》むるなし」〈季氏《きし》〉と。事実、景公の死後、前述のように、田氏に政権を奪われてしまう。ああ、自分を任用しておけば、私が腕を振るったのにという思いであったのだろうか。

この景公のエピソードを一つ。景公は足斬《あしき》りの刑（刖《げつ》）をよく行なったらしいが、考古学上、最近、斉の国都近くの墓を発掘したところ、左足のない人骨が発見された。あるいは関連があるかもしれないと、五井直弘『中国古代の城』（研文出版・昭和五十八年）は述べている。

空白の十年

孔子が斉国《せいこく》から魯国《ろこく》へ帰国したのは、三十六歳すぎで、帰国後、おそらく、国都の魯城に腰を落ちつけたものと思われる。

しかし、魯国の君主、昭公《しょうこう》は、国外で亡命生活中であり、体制内改良派の孔子としては、肝心のよりどころがなかった。とすれば、状況が落ちつくのを、ひとまず観望するほかなかった。孔子には、弟子という知的集団はあったが、指揮できる武力集団がなかったからである。

けれども、斉国における孔子をめぐるできごとは、ほどなく魯国に伝わったであろうし、弟子たちがその話を黙っているはずもなかった。うわさを聞き、孔子のまわりには、人々が集まってきたことであろう。孔子は、私塾を開き、儒教の教義を深め、弟子の教育をしたと思われる。

これは大きなできごとである。ふつう、周《しゅう》代では、学校と言えば、国立あるいは公立であり、実際には、そこへは余裕のある家の子弟しかゆけなかった。しかし、孔子にはそうした背景はない。私人として学校を開いたのである。だから、学生の出身階層は低い者が多かった。

孔子が愛した弟子の顔淵が亡くなったとき、その葬式の費用に、父の顔路《がんろ》は困っている。「顔回死す。顔路貧し」〈弟子〉。子路《しろ》はもともと怪しげなふるまいをする男であり（九二ページ）、いつも藜藿《れいかく》（「藜」は、あかざという葉。「藿」は豆の葉。あわせて粗食の意味）を食べ、親のためにならどんなに遠いところからでも米を運んできていたという（『説苑』建本《けんぽん》）。また、孔子が自分の娘を結婚させた相手の公冶長《こうやちょう》は、かつて罪人として牢獄につながれたこともあった〈公冶長〉。政治的事件以外では、当時、富裕な階層出身者は獄につながれない。たいてい、金銭を出すことによって罪を贖《あがな》ってしまうからである。また、弟子に冉耕《ぜんこう》（伯牛《はくぎゅう》）・冉雍《ぜんよう》（仲弓《ちゅうきゅう》）という二人の人物がいて、その関係に諸説があるが、父子《おやこ》と考える説がある（『論衡』自紀篇に基づく厳可《げんか》均《きん》『鐵橋漫稿』巻八・書史記仲尼列伝後)。その説に従うとすれば、父の冉耕は、初期の弟子であったと考えられるが、『史記』仲尼弟子列伝は言う、「仲弓(冉雍)の父は、賤人《せんじん》なり」と。

孔子が斉から魯に帰ってきたころの弟子、孔子の生活からいえば、初期・中期の弟子は、以上のような人々であったと考えられるが、だいたいにおいて、低い階層の出身者であった。孔子は、門戸を広げ、広く彼らを受け入れたのである。

一方、富裕な階層からの入門もあった。驚くべきことに、三桓《さんかん》の一つである孟孫氏《もうそんし》の当主、孟懿子《もういし》と弟の南宮敬叔《なんぐうけいしゅく》とが、あるいは、関《かか》わりを持っていたのではないかと言われている。『史記』孔子世家《せいか》では、それを弟子入りとし、孔子の十代のころのこととしているが、孟孫氏の家格と陬《すう》の邑《むら》の孔家の状態とを比べると、結びつきはすこし無理である。しかし、家格上、直接の弟子入りはともかく、弟子格のような関わりを持つというのならば、孔子四十歳前後のこの時期、大いに可能性がある。なぜなら、孟孫氏と、孔子の父の孔紇《こうこつ》とは、或る上下関係にあったわけであり、孟孫氏一族は孔子について詳しく知ることができたであろうと考えるからである。また、想像するに、同じ三桓といっても、孟孫氏は季孫氏よりも立ち遅れていた。魯国の三軍の再編成後、季孫氏は思いきって新しい税制方式をとり、利益を取りこんでいったのに対し、孟孫氏は折衷《せっちゅう》的であり、及び腰であった。季孫氏には、陽虎《ようこ》という実に有能な総務長がいる。それに対抗して、孟孫氏は有能な人材を求めていたことであろう。

孔子は孔子で、主君のいない魯国で、どういうふうに権力に接近すべきかを考えていたことであろう。時の最大の実力者は季孫氏である。しかし、すでに総務長として陽虎がいる以上、そこに孔子の場はなかった。進出の機をうかがっていた孔子にすれば、孟孫氏は具体的で有力な手がかりとなる。孔子と孟懿子とが手を結ぶ可能性があった。

その状況を示すものとして、古くから、孟孫氏一族（具体的には、南宮敬叔、兄の孟懿子、孟懿子の子の孟武伯《もうぶはく》）が孔子の弟子であったとする解釈がある。しかし、私は、それはいわゆる正式の入門ではないと考える。なんといっても権門である。のちの孔子ならばともかく、この時点では、無位無冠の孔子を自邸に呼んで、話を聞くという程度のことはあっても、弟子になったとは考えにくい。事実、『史記』も、「孔子世家」では、孔子が十代のころ、孔子のところに礼を学びに行ったと記しておりながら、「仲尼弟子列伝」では、そのことに触れていない。また、孔子は南宮容《なんぐうよう》のところへ、兄の娘をやったとあり〈公冶長〉、この南宮容が、孟孫氏一族の南宮敬叔であるとする解釈があるが、これには昔から相当の反論があり、事実であると、にわかに断定できない。

しかし、結局、孟孫氏は孔子を任用するということをしなかった。孟懿子は、孔子と話しているうちに、孔子は、政治について季孫氏の陽虎とは方法が異なり、いまの自分には必要がないと判断したのであろう。それどころか、後年、孔子が魯国の政治を担当し、政治改革を行なおうとしたとき、三桓の中で最も頑強に抵抗したのが、実はこの孟懿子であった。師の孔子の改革に反逆したので、弟子の籍から名を削りとり、そのため、孔子の弟子名簿にその名がなく、司馬遷《しばせん》も『史記』執筆のとき、それに従ったのだという解釈があるくらいである。

それはともかく、四十歳前後の孔子は、意気盛んであり、まさに、「四十にして惑わず」、弟子もさらに増え、名声も上がった。周代は官吏は世襲でないから、名声が上がれば任官の機会があった。孔子の名声は大いに上がっていた。

もともと自信の強かった孔子である。周での留学が終わって帰国するときに、師匠の老先生から注意を受けたほどである。しかし、その若年のころと異なり、このころ、〈詩書礼楽〉に対する豊富な知識と国政についての見識とを持つ一流人となっていた。孔子は名言を吐いている（晩年になってのことばとも言える）。

子曰《いわ》く、〔若いものはこわいな。〕後生《こうせい》（後輩）〔は〕畏《おそ》るべし。いずくんぞ（どうして）来者《らいしゃ》（将来）の〔彼たちが〕今〔の私の力量〕にしかざるを知らんや（及ばないと言えようか）。〔しかし〕四十五十にして〔その属している社会でこれという評判が〕聞こゆるなくんば、〔そのような連中は〕これまた畏るるに足らざるなりと〈子《し》罕《かん》〉。

これは集まってきた弟子への励ましであると同時に、自分に対するゆるぎない自信のことばでもあった。もっとも、自信ばかりでは困る。人気も必要である。孔子はこう言っている。「年、四十にして〔人に〕悪《にく》まるればそれ〔そこまでで〕終わらんのみ」〈陽貨《ようか》〉と。

しかし、孔子を任用する話はどこからも起こらない。そのためか、ときとして弱音を吐くこともあった。達巷《たつこう》という党（五百戸を一つの単位として党という）のある人が、孔子に感心して「大なるかな孔子。博学なれば、〔国政担当の大役がふさわしく、専門家といったようなけちな形で〕名を成すところなし」と褒めたときのことである。孔子はその話を聞いて弟子にこう答えている。もし任用の機会があり、馬車運転の専門家（御《ぎょ》）か、弓術の専門家（射）かどちらがいいかといわれれば、「吾《われ》は御を執《と》らん」〈子罕《しかん》〉と。これは、なんの役でもいいからとにかく活躍できる場がほしいという正直な気持ちのことばであったと私は解する。

やがて、孔子が四十二歳のとき、魯君の昭公が、亡命先の晋国《しんこく》で客死した。七年にもわたる長い紛争はこれで終わりを告げ、昭公の弟が即位した。定公《ていこう》である。孔子はこの定公に着目した。おそらく、定公もまた三桓に対抗するための人材として孔子に注目していたことであろう。

しかし、その機会の来ぬまま、またたくまに五年たったその年、昭公を追いはらった季孫氏の当主、季平子《きへいし》が亡くなった。ようやく変動が起こりつつあった。

季平子の跡を継いだのが、季桓子《きかんし》である。季桓子は父の季平子のような政治力がなかった。筆頭家老、総務長の陽虎に抑えられていたためか、陽虎の嫌いな孔子と接近したふしがある。

あるとき、季桓子が井戸を掘らせたとき、土がめが出てき、その中に羊のような生き物がいた。怪事件である。季桓子はその物体は何であるか、と孔子にたずねてきた。そのとき、犬が出てきた、とわざとうそをついて試してみたのである。ところが、孔子は、自分が聞いたうわさでは羊とのことだ。それならば、土の〈物の怪《け》〉だと答えた〈世家〉。

この話は作り話であっても、意味深長である。まず、神怪譚《たん》の点である。季桓子ら貴族にとって、孔子は依然として原儒のような呪術師《じゅじゅつし》的イメージの博学者であったことである。また、季桓子が孔子と接触する機会を積極的に作り、相手をテストさえしている。いま一つは、羊に似たものが何を象徴していたかという点である。私は、陽虎およびその部下の意味の象徴ではなかったかと考えているが、どうであろうか。

孔子は心動いた。しかし、いざとなると、季桓子が孔子の任用をためらった。決断がつかなかったからであろう。孔子は、季桓子の曾祖父《そうそふ》、四代前の当主であった季文子《きぶんし》について、こう批評している。「季文子〔はすぐれた人物で、事を行なう前〕三たび〔あれこれ〕思いて後に行なう。〔孔〕子、これを聞きて曰《いわ》く、再び〔考慮〕すればすなわち〔それでもう十分〕可なりと」〈公冶長〉。この話は、季桓子の迷いに対する孔子のいらだちであったと私は考える。

斉の国からの帰国以来、もう十年の歳月が流れている。孔子についての諸記録は、この十年間、なんの活動も残していない。俗に雌伏《しふく》（しんぼうして低い地位にいること）十年というが、この時期の孔子がまさにそれであった。しかし、雌伏は雄飛するための準備期間である。孔子がその力を発揮する日がいよいよ近づいてきたのであった。

五十にして天命を知る

魯国《ろこく》を動かす最大の実力者季孫氏《きそんし》の家にも悩みがあった。総務長、いわば、筆頭家老の陽虎《ようこ》が実務を押さえていたからである。そして、当主が政治力のない若い季桓子《きかんし》に代がわりすると、陽虎はますます専横になった。

この陽虎に対抗するためであろう。季桓子は仲梁懐《ちゅうりょうかい》という家臣を寵愛《ちょうあい》した。当然、この仲梁懐と陽虎とは反目する。陽虎はこの仲梁懐を追いはらおうとしたが、同じく季孫氏の家老であった公山不狃《こうざんふじゅう》（弗擾《ふつじょう》）がいったんは止めた。懐はいっそう驕《おご》り、陽虎に対抗した、そこで、陽虎は懐を捕らえた。主人の季桓子は怒ったが、逆に彼もまた、陽虎に軟禁されてしまう。結局、誓約して和解するが、この事件によって、季孫氏一族において陽虎は完全に実権を握ることとなった。季桓子は宰相として国政を動かしていたが、当然そこには季桓子を押さえている陽虎の意志が反映されている。すなわち、国政は陽虎という陪臣《ばいしん》の手にあった。見かけはともかく、どこの国でも実際には陪臣が実権を握っていた時代であったのである。

さて、定公《ていこう》が即位して八年目（『左伝』では七年目）、孔子四十九歳のとき、大事件が起こる。クーデター計画である。ただし、主君の定公を追うのではなくて、宰相交代のクーデターを企《たくら》んだ事件である。それには、三桓《さんかん》の事情がからんでいた。

まず、季孫氏の家では、当主の季桓子に対して、弟の季寤《きご》が兄に代わって当主になりたいと思っていたので憎まれており、また、同族の公鉏極《こうしょきょく》や家臣の公山不狃も当主の季桓子に憎まれていた。さらに、叔孫氏《しゅくそんし》の家では、当主の庶子であった叔孫輒《しゅくそんちょう》は父に愛されず、当主になれそうになく不満であった。また、一族中の叔孫志も不平組であった。

これら不満分子が集まって陽虎にクーデターの相談をもちかけたのである。陽虎は、このもちかけを利用しようとした。というのは、三桓の最後の一つ、孟孫氏《もうそんし》と陽虎との間が険悪になっていたからである。こういう事情である。この二年前、強国の晋国《しんこく》へ、魯国が鄭国《ていこく》を攻めて得た捕虜《ほりょ》を献じて御機嫌うかがいするため、季桓子が大使となって行ったことがあった。そのとき陽虎は、孟懿子《もういし》（孟孫氏）にも、以前に晋国の夫人が魯国に使者をよこしたことへの返礼の大使として「強《し》いて」（『左伝』定公六年）行かせた。言ってみれば、ちがう目的の大使の行列二つをつっこみにしたのである。はたして、晋国は、本来別々に応対すべきであるのに、大使がつっこみなら、それならというわけで同じくつっこみで宴を張った。といっても、内容上、季桓子の役目のほうが上で、扱いも上となる。孟懿子はおもしろくなかった。そこで、宴の途中で、晋国の或る重臣を外に呼び出して、わざとこう言った。もし、陽虎が魯国にいることができないようになり、晋国へでも保養に来ることがあったなら、「中軍司馬」の官を与えてやってほしい、と。

当時、強国であった晋国の「中軍司馬」といえば大官である。三軍の内、中軍は最も格が高く、中軍の将である「将中軍」は、宰相でもある。この「将中軍」の下に次官の「中軍佐」がおり、ついで、「中軍司馬」となる。スケールはちがうが、あえて、日本の自衛隊で言えば、仮に将中軍を防衛庁長官、中軍佐を防衛次官とすれば、中軍司馬は統合幕僚会議議長にあたろう。

こんな大官に、外国の亡命者、それも陪臣の陽虎をあてることなどはとてもできない。孟懿子に対して晋国の重臣は、やんわりと断わった。それどころか、その重臣は、どうやら陽虎追放劇があるらしいと他人に話をもらしている。

こうした状況もあってか、陽虎は、主君の定公や三桓の当主たち、あるいはその他重臣たちと三箇所もにおいて誓い合っている。おそらく融和の形式的儀式である。それにしても、陪臣が主宰する国政首脳陣の誓約とは異常である。ちなみに、このとき五父《ごほ》の衢《ちまた》でも詛《ちか》っている。

翌年、魯国と斉国とが戦ったとき、季孫氏の家臣、苫夷《せんい》が、陽虎に対して、季孫の殿（季桓子）、孟孫の殿（孟懿子）に万一のことでもあったら、「余、必ず女《なんじ》を殺さん」（『左伝』定公七年・〈世家〉は八年）と脅した。そのわけは、このとき季桓子も孟懿子も出陣しており、陽虎は季桓子の車を御して斉軍に向かっていた途中であったが、斉軍の伏兵があり、どうもこのどさくさのときが危ないと感づいたためである。結局、陽虎は怖くなって引きかえし、ことなきをえた。

だから、その翌年、不満組が陽虎にクーデターの相談を持ちかけたとき、陽虎は公山不《こうざんふ》狃《じゅう》も仲間に加えて、一気に三桓の当主を代えるクーデターを起こそうと計画したのである。計画では、成功すれば、一味の季寤《きご》を季孫氏の当主に、同じく一味の叔孫輒《しゅくそんちょう》を叔孫氏の当主にし、孟孫氏の当主には陽虎みずからがなろうという陰謀である。

十月、陽虎らは戦勝を祈願してのち、ことを起こした。季桓子は誘いだして陽越《ようえつ》（陽虎の弟）が殺すことにし、陽虎は孟孫氏を討つことにした。しかし、季桓子暗殺は失敗し、季桓子は矢を射かけられながらも逃走に成功し、なんとか孟孫氏の邸《やしき》に逃げこんだ。逆に、陽越は射殺された。陽虎は、魯君の定公と叔孫武叔《しゅくそんぶしゅく》（叔孫氏の当主）とを脅して味方につけ、孟孫氏と戦ったが敗れた。そこで、陽虎は魯君の住まいである公宮へ行き、国の重宝である宝玉と大弓とを奪いとり、五父《ごほ》の衢《ちまた》で一泊してから斉国へ逃亡し、孟懿子の予想どおり、その後晋国へ行った。翌年夏に、この宝玉と大弓とを返還しているが、この後、陽虎は国外にあって、魯国に圧力をかけることになる。

一方、陽虎と同じく季孫氏の家臣であった公山不狃のこのクーデター計画における役割は、季孫氏の知行地の中心である費《ひ》という城邑《じょうゆう》を押さえることにあったらしい。公山不狃は、費邑の宰（代官）であったからである。おそらく、長年にわたって現地で人脈を築いていたのであろう。クーデターの日は「十月の癸巳《きし》の日」と決めてあり、同日を期して公山不狃は、やすやすと費邑を奪いとることに成功した。

この費邑は、季孫氏の根拠地であるから、ここを押領《おうりょう》（横領）されることは、季孫氏にとってたいへんな痛手となる。クーデター後の政治プランといい、三桓への各個撃破といい、戦略的にはクーデター計画はよくできていたのだが、惜しいかな、陽虎らには運がなかった。

さて、公山不狃はほどなく国都でのクーデターの失敗を知った。しかし、いまさらあとへはひけない。死か亡命かがあるのみである。そこで、公山不狃は費邑にたてこもることにした。物資は十分である。城壁も固い。しかし、陽虎との連絡はとれず、人材に乏しい。そこで、目をつけた人材が、なんと孔子であった。公山不狃は、密使を送って、孔子を召しだそうとしたのである。これに対して、なんと「〔孔〕子、往かんと欲す」〈陽貨〉——反乱軍の残党の根拠地、費邑へ行こうとしたのである。

あわててそれを止めたのは子路である。そのときのことば「末之也已、何必公山氏之之也」〈陽貨〉は、ふつう「之《ゆ》く末《な》きのみ。何ぞ必ずしも公山氏に之《こ》れ之《ゆ》かん」と読む。「末」は、当時の語法で、否定語の「無」と解釈される。しかし、公山不狃のところに「之《ゆ》く」ことが問題なのであった。そこで私は、「末」は驚きを表わす発声のことばではないかと考える（『経伝釈詞』）。「之之」は、同じことばが重なった感じである。また「也」を疑問詞「耶《や》」ととる。そこで「えーっ（末）、行く（之）、行く（之也已）ですと？　なんでいったい（何必）、公山殿（公山氏）〔のところに〕、行く（之）、行くのですか（之也〔耶〕）？」と驚いた子路があわてでどもって言った、と解釈したい。対照的に、孔子の答えは冷静であった。「もし我を用うる者あらば、吾《われ》は〔そこで〕それ〔必ずりっぱな政治をして〕東〔の魯国をかつての〕周〔王朝のようにすぐれた国に作ること〕を為《な》さん」〈陽貨〉と。

情報を分析してみれば、陽虎らはなにも国君を討とうとしたのではない。凡庸な宰相を追い出し、完全な政権奪取（クーデター）をしようとしただけである。孔子にすれば、公山不狃の反乱は、三桓に対抗し、勢力をそぐための起爆剤となる。しかし、孔子には三桓に対抗できる武力がない。そこで、公山不狃の武力を利用しようと思ったのであろう。しかし、子路は単純な男ながらも、もともと武闘派で喧嘩《けんか》の骨《こつ》は心得ている。古今東西、勝つ方に乗るのが軍事の定石である。孔子のようなロマンチシズムと机上の演習とだけでは、戦争に勝てない。子路の判断は正しかった。

戦争についての孔子の判断の甘さは、実はもう一度、十三年後にあった。当時、孔子は流浪中であったが、晋国の大夫《たいふ》、趙簡子《ちょうかんし》の代官であった佛肸《ひっきつ》という男が、代官領地で反乱を起こし、孔子を召し出そうとした。孔子はそれに応じようとして、やはり同じく子路によって止められている。そのときの孔子のことばは、公山不狃のときのような確信性はなく、愚痴めいたものであった。「吾《われ》、あに〔ぶらりとぶらさがった味のまずい〕匏瓜《ほうか》（ひさご）ならんや。いずくんぞよく繫《つな》がれて〔だれにも〕食らわれざらんか」〈陽貨〉。そして、罵《ば》倒《とう》を秘めた忍耐のことばも口をついて出ている。「〔ふさわしい人物として〕その位に在らざれば、その政を謀《はか》らず」〈憲問〉と。

さて、公山不狃の呼びかけの記事のあと、『史記』はつぎのように記している。「孔子、道に循《したが》うことといよいよ久し。〔けれども〕温々《うんうん》（蘊々《うんうん》、すなわち内にこもった気持ち）たり、試さ〔れ用いら〕るるところなく、よく己《おの》れを用うる〔者が〕なし」〈世家〉と。結局、孔子は行かなかった。

しかし、公山不狃の孔子への呼びかけは、突然の思いつきとは思えない。なぜなら、かつて陽虎が孔子に対して接近していたことがあるからである。昔、小僧と罵倒して以来、陽虎はずっと孔子を無視してきていたのに、孔子に会おうとしたのである。しかし、孔子は避けた。すると陽虎は、贈り物として豚を贈ったのである。豚は高価な贈り物である点のみならず、権力を持っていた陽虎側から民間人の孔子に辞を低くしたのは異例である。孔子は、やむをえず、答礼に行くが、わざと陽虎の留守をねらって行った。それには成功したのだが、帰り道でばったり陽虎に出会ったのである。陽虎は「〔私のところへ〕来たれ……その〔すぐれた才能の〕宝を懐《いだ》いて」〈陽貨〉、そのままでは惜しい。「日月〔はどんどん〕逝《ゆ》けり」〈陽貨〉と熱心に呼びかけ、結局、孔子は、「諾《だく》せり。吾、まさに仕えんとす」〈陽貨〉と答えている。この「〔承〕諾」が、一般論としてであるのか、クーデター計画に対してであるのか、永遠になぞではあるが、とにかく陽虎と孔子との間に、なにか或る種の話がついていたことを暗に物語っている。

さて、情勢は変わってきた。根拠地を失った季孫氏はもちろんのこと、三桓ともに自信を失う。国政どころか、自分たちを守るのに必死であった。ここに、国政の空白ができたのである。三桓といっても、実質的には、陽虎が国政をとりしきっていた。その有能な実務派がいなくなったのである。おそらく、陽虎とともに、陽虎輩下の多くの有能な人物も逃亡したことであろう。こうしてはじめて、三桓の実態がさらけだされてきたのである。魯国の宰相は、三桓の中の年長者が担当することになっていたが、輩下に実務のよくわかる官僚がいなくてはどうにもならない。この政治的空白を突いて、国君の定公は、かねてから目をつけていた孔子をすかさず抜擢《ばってき》したのである。孔子もまたすぐさま応じた。

しかし、順序があるから、まず、てはじめに中都《ちゅうと》という城邑《じょうゆう》の代官にとりたてた。これを陽虎の反乱のあった年、あるいは、それに近い以前の年と考える。孔子はちょうど五十歳になっていた。長い長い間、待っていた国君とのつながり、それがいまはじめて実現したのである。孔子は、自分の人生における使命というものを胸が痛くなるほど感じるのであった。孔子は言う、「五十にして天命を知る」〈為政〉と。

権力

仕官と善政と

公山不狃《こうざんふじゅう》の反乱に最も狼狽《ろうばい》したのは、公山不狃の直接の主人である季孫氏《きそんし》の当主、季桓子《きかんし》であった。季桓子の主君である魯国《ろこく》の君主、定公《ていこう》にとって、公山不狃、この陪臣《ばいしん》の反乱は、逆に、専横な家老、季桓子たちの勢力をそげる絶好のチャンスであって、困ることはなかった。まさに、定公にとって、敵の敵は、さしあたり、〈友〉であった。

しかし、この〈友〉は、秩序や君臣の原理上から言えば、討たねばならない。けれども、季孫氏の心臓部である領邑地《りょうゆうち》、費邑《ひゆう》を押さえての公山不狃の反乱である。自分の主力である拠点を奪われたわけであるから、季孫氏には、ただちに討伐できる力はなかった。

また、こうした問題の処理等に力を発揮する実務派の陽虎《ようこ》は敵側であり、しかもすでに亡命し、同じく実務派の公山不狃が反乱したわけであるから、とにかく、有用な人材が季孫氏にとっても、そして、定公にとっても、大至急必要となったのである。それは、季孫氏を筆頭とする三桓《さんかん》の力がようやく衰えてきたことを意味する。孔子はその状況を見抜いて、冷静にこう言っている。「〔君主としての爵《しゃく》〕禄《ろく》の〔実力が魯の〕公室を去ること〔もう宣公《せんこう》・成公《せいこう》・襄公《じょうこう》・昭公《しょうこう》そして定公の〕五世なり。政《まつりごと》の〔実権が〕大夫《たいふ》〔の三桓ら〕

に逮《およ》べること〔もうすでに〕四世なり。ゆえに〔ようやく〕かの三桓の子孫〔の今の当主たちの力は衰えて〕微なり」〈季氏《きし》〉と。

陽虎・公山不狃らと季孫氏らとの対立、そして、彼ら全体と定公との対立――この二重構造の対立という複雑な政治力学の中で、孔子そしてその周辺に集まっている新官僚層予備軍の弟子たちという儒教徒集団が脚光を浴びたのである。

陽虎・公山不狃らの抜けたあと、その代打として、おそらく季孫氏が孔子たち知的集団を一番欲しがっていたであろう。しかし、定公は定公でいちはやく、孔子を自派に引き抜いた。なんといっても、定公の声がかりとなれば、直参《じきさん》である。直接の家臣である。格こそちがうものの、三桓と同じ主君をいただくことになる。季孫氏に仕えたならば、しょせん陪臣でしかない。又家来《またげらい》である。定公の間接の家来である。おそらく、季孫氏からも呼びかけがあったことであろうが、孔子にしてみれば、躊躇《ちゅうちょ》することなく定公の家来となる道を選んだことであろう。

斉国《せいこく》へ行き、斉国の君主の家来となれそうであった三十五、六歳前後のときから、十数年の空白を経て、逆に、祖国の魯国において国君側の意向で直接の家来となれたのである。それは孔子が長い間待ち望んでいた機会と地位とであった。その最初に与えられた地位は、中都《ちゅうと》の宰《さい》（代官。その城邑の長官）であった。

この「中都」という場所はどこか。実は、はっきりしない問題箇所なのである。すなわち、正式の記録にはあがっていない場所である。

そこで、昔から三つほどの説があるが、私は現在の山東省范《はん》県の東南約二〇キロメートル（巻末地図参照）と考えておく（程発軔《ていはつじん》『春秋左氏伝地名図考』・広文書局・一九六七年・一八八ページ）。これとて、決定的な根拠はないが、魯の国都からは、直線距離で一二〇キロメートルほど離れた僻地《へきち》であり、新任の者が担当するのに手ごろな土地のように思える。魯国の中央政府から見れば、地方の代官として赴任したということになるだろう。

さて、赴任した孔子は、「一年にして、四方〔の為政者が〕みなこれに則《のっと》る」〈世家〉というほどの善政を布《し》いたという。ふつう、これを孔子の礼による徳治政治の結果とするが、私には疑問である。たった一年ぐらいで、人間の心がそんなに簡単に変わるものではなかろうと思うからである。もし、わずか一年で、近隣の為政者がまねをするほどの政治と言えば、速効的で民衆に人気の出る政策でなくてはなるまい。それはいったいどういう政策であるか。

速効の方法として、てっとり早いのは、古来よくある弾圧政治である。これなら民衆の口を封じ、表面上善政にみえる。しかし、しばらくすると、弾圧は反乱の大きな原因となってしまうので、下策である。第一、孔子は、民衆に自由に政治を批判させた子産《しさん》に心酔したから（六二・六三ページ）、弾圧政策をとったとは思えない。

それでは、速効的に民衆に人気の出る政策と言えば何か。その方法として、古来ただ一つある。すなわち、減税である。行政長として赴任するや、おそらく、中都の管轄地域に、まず減税を行なったものと推量する。当然、民衆に人気が出る。一般に、政治家は見た目の人気を尊ぶ。民衆に中都の状態と比べられてはたまらない。中都近隣の為政者が負けじと急いでまねをして減税し人気取りをしたであろうことは想像に難くない。すなわち、「四方みなこれに則る」ことになったと私は見る。これなら、政治業績をあげるのに一年で十分である。

しかし、減税ははたしてほんとうに善政なのであろうか。当時の経済構造はなんといっても簡単であるから、以下のように、経済学の初歩的知識（しかしそれは経済の根本原理）で分析できる。

当時の税の中身を見てみると、直接税（直接に国家に納める分）の中心は、収穫に対する所得税（租）と軍事庸役すなわち、軍役税（徴兵と物資調達）と力役（労働させる）とである。この直接税を減税するとすれば、その中で減らしやすいのは軍役税と力役とである。なぜなら、所得税のほうは、国家の運営上、一定の恒常的予算との関係でなかなか減税しにくいが、軍役税は、戦時体制でなければ、見かけ上減税が可能であり、また、力役も工事規模を縮小すればすむからである。孔子はこれを行なったのではないかと思う。というのは、以下のような、弟子の子貢《しこう》との対話があるからである。

子貢は、がんらい経済通で大金持ちになった男である。孔子は「賜《し》（子貢の本名）や、

〔なにも私の〕命（命令）を受けずして貨殖《かしょく》（おおもうけ）す」〈先進《せんしん》〉と言っているぐらいで、おそらく孔子学派の財政を預かっていたであろう。その子貢が孔子に政治の方法とは何か、とたずねたとき、孔子は「食を足らし、兵を足らし、民をしてこれ（政府）を信ぜしむ」〈顔淵《がんえん》〉とまず、答えた。そこで、子貢はつっこんで、この三つのうち、もし、どうしてもやめねばならないものは何か、とたずねると、孔子は、「兵（軍備）を去れ」と答えている。子貢は、さらにまたたずねる。残り二つのうち、どちらを先にやめるか、と。すると孔子は、「食を去れ」と答えている。そして、「民〔にもし政府に対する〕信〔頼が〕なくんば、〔政府は〕立たず（民無信不立）」（同前）と言っている。

この議論は、単に儒家の政治論の原則を述べたのではなくて、直接税のうち、軍役税の減税が、所得税の減税より優先していることを述べた経済政策論でもあると私は解釈する。もちろん、軍役税や所得税をまったくなくすわけにゆかないから、それぞれ何パーセントかの減税ということであろう。そして、そのことによって民衆に人気が出たことであろう。

しかし、一定の予算を使ってきた国家予算において、減税した場合、その減収分をなんらかの形で確保しないことには、国家運営が成りたたないのは、古今東西の鉄則である。それではどうするか、といえば、これも古来とられている方法は、ほぼ二つである。一つは、むだを節約して、予算規模を縮小することである。しかしこれは、いったん口のおごった人間に対して、実際上、なかなかむつかしい。時には、民衆の反感を買う。いま一つの方法は、間接税を増やして直接税の減税分を補う方法である。すなわち、当時ならば、関市税（関所や市場において商人に課する税）といわれるところの、商人に対する課税の増加である。これがなぜ間接税にはねかえるのか。

農業社会の古代経済では、商業の正当な経済活動を評価しない。商業行為のただ表面的活動を見て、彼らは額に汗する労働をしないで、物品をただ動かすだけの寄生的存在であると思うからである。すなわち、農は本《もと》であり、商は末《まつ》であるとする。すなわち生産者側に立つ本末観で評価する。だから、商人に対しては、非常な高率の課税をしたのである。

しかし、その重税は、必ず商品の値段にはねかえる。商人が、課税された分、値段を上げるのは、あたりまえである。しかし、人間は生活の物的向上を願って、食糧以外の物品を買おうとする。ところが高い。しかし、やむをえず買う……という循環の中で、当然、インフレとなる。すなわち商人への重税は間接税と化してしまうのである。結局、農民に直接税の減税をしたとしても、インフレが回り回って農民の首を絞めるわけである。だから、直接税の減税は、そのときの見かけはともかく、長期的には善政であるのかどうかは決めがたい。孔子はわずか一年（あるいは数年）で昇任して、中央政府へ転出してしまうから、あとのことは知ったことでない。その結果がどうだったか、伝えられていない。いわば、無責任な大盤振舞《おおばんぶるまい》であったとも言える。

また、孔子が軍備を減らすと簡単に言うのは、彼は中都の長官という地方行政家にすぎず、ほんとうの意味で、まだ責任ある国政家の地位になかったからである。彼には、魯国の東の斉国、北の衛国《えいこく》、西の曹国《そうこく》、南の宋国《そうこく》といった外国相手のレベルの対外的工夫の必要はなく、もっぱら内政面だけに力を入れ、外国の軍事的緊迫感がなかったためでもあろう。後年、失脚して流浪の旅をした孔子は、衛国の君主から、陣がまえのことをたずねられたとき、「俎豆《そとう》のこと（礼楽）は、すなわち、かつてこれを聞けり。〔しかし〕軍旅（軍事）のことは、いまだこれを学ばざるなり」〈衛霊公《えいれいこう》〉と答えて去っている。しかし、こうしたところから、孔子を戦争反対論者と解するのは、一面的であろう。「国の大事は、〔祭〕祀《きいし》と、〔軍〕戎《じゅう》とに在り」とは『左伝』の有名なことばである〈成公《せいこう》十三年〉。ただ、儒家は、その発生から言っても軍事についてあまり強くなかった。儒家の軍事政策面のこの弱さが、彼らの為政上の弱点につながってゆくが、孔子自身は、軍事に対して相当の見識があったようである（一五二・一八六ページ後述）。

それはともかく、見かけだけにしても善政は善政であった。一年（あるいは数年）を経て政治的人気を得たその力量を買われ、孔子は地方の一行政長から昇任し、中央政庁入りする。与えられた地位は、司空《しくう》（建設大臣）であったとされる。土木建設は、今も昔も花形ポストである。灌漑《かんがい》をはじめとする農業土木、道路、都市（城邑《じょうゆう》）建設等、実力者でなければつとまらなかった。工事による経済的波及効果から言えば、財務大臣的役割りもあった。だから、ふつう、三桓の一つ、孟孫氏のポストとされている（たとえば、『左伝』昭公四年）。季孫氏の司徒《しと》（内務大臣）・叔孫氏の司馬《しば》（国防大臣）・孟孫氏の司空（財務兼建設大臣）というふうに、三重要大臣は同時に三桓のポストである（首相は、このうちの年長者が兼任）。だから、中都という地方城邑の一行政長から一気になれるものではない。そこで、この「司空」は、「小司空」すなわち、財務次官兼建設次官とする説がある（〈世家〉考証）。妥当な見解である。

孔子は、この「〔小〕司空」から、一年以内あたりの短期間のうちに、さらに昇任して、「大司寇《だいしこう》」となる。もっとも、この名称にも諸説があって定まらないが、さしあたり、「司寇」と考えておく。司寇は法務大臣兼警察庁長官・警視総監であり、太宰《たいさい》（官房長官兼総務長官）・宗伯《そうはく》（文部・祭祀長官）らとともに、司徒・司馬・司空らと、いわば内閣を組織する。すなわち、孔子は国政を預かる閣僚、いわゆる執政となったのである。このような超スピードの昇進は、そのころ依然として公山不狃《こうざんふじゅう》らの反乱軍を抱えていた三桓にそれを阻むだけの力がなかったからである。孔子の昇進は、この抜擢《ばってき》を進めた定公にとって心強いことであった。

謀略と成功と

孔子が大臣となり、国政を預かったこの時点でも、公山不狃《こうざんふじゅう》ら反乱軍は依然として費城《ひじょう》にたてこもっていた。まだ討伐軍を出せなかったからである。また、公山不狃らもその後の動きがとれず、両者はいわば、膠着《こうちゃく》状態にあった。

その定公《ていこう》十年の春、三月、斉《せい》・魯《ろ》両国の中間地点の夾谷《きょうこく》というところ（巻末地図参照）で、斉国の君主と和平会談が行なわれた。このとき、孔子は定公の介添役という大任を命ぜられた。斉の君主、景公《けいこう》とは、十五、六年ぶりの対面となる。斉の大夫《たいふ》、高昭子《こうしょうし》の家臣、かつて陪臣《ばいしん》として政論を述べていた孔子が、いまや隣国政界のスターとして、斉・魯両国の君主の会見に同席する。斉の景公にとっても、孔子にとっても、それは懐かしき再会となるはずであった。

しかし、政治は非情であってそのような感傷を許さない。魯国のスター孔子は、有能であるだけに、斉国にとって、逆に危険な人物となってきたからである。斉国としては、当然、その失脚を画策することになる。それに、その条件があった。というのは、この和平会談は、実情をいえば、和平会談ではなかったからである。それというのも、東方の強国である斉国と、西方の強国である晋国《しんこく》との両大国の対立があり、その間にはさまれていた国々がその外交政策で苦慮していたという事情があったからである。すなわち、西方の強国であった晋国に恐れをなして、諸侯は晋国の影響下にあった。ところが、孔子のころ、晋国もようやく勢力に衰えがめだち、代わって東方の斉国が復活し、管仲《かんちゅう》の征覇以来、長い空白を経て再び諸侯の指導国となりつつあった。そこで、鄭国《ていこく》や衛国《えいこく》は晋国から斉国に乗りかえて、斉国と同盟を結ぶ。ところが、魯国は依然として晋国の影響下にあり、晋国のために鄭国や衛国に対して軍事的攻撃をしたりしていたのである。

そこで、斉国は報復として魯国を攻撃し侵略した。その侵略地を魯国に返還するための和平会談であった。ということは、魯国が晋国離れして、斉国と同盟を結ぼうとしたわけである。いわば、強奪した土地を返してやる代わりに、こちら側につけという恫喝《どうかつ》下の和平会談にすぎなかった。魯国には、両大国、晋国にも斉国にも抵抗する国力がなかったのである。だから、完全に斉国ペースの会談である。その有利さに乗って、新スター孔子をも、一つ脅しておこうという計画が生まれた。

もっとも、そのときの話は、『左伝』と『史記』とでは相当に異なっている。

『左伝』定公十年では、孔子は礼に詳しいかもしれないが、からきし武事はだめだから、武装した連中を並べて魯君を脅そうという計画であったが、逆に孔子にやりこめられて、斉国側は武装兵士を退けざるをえなかった。また、誓いの場で、孔子はおめず臆《おく》せず、土地の返還条項を確認したことを伝えている。

『史記』孔子世家《せいか》では、孔子は武装軍団の隊列を組んで現地入りし、負けまいというところを見せている。また、階段が三つの壇を作って、その上で両君主が挨拶《あいさつ》するとき、斉側が「四方各地の音楽」を演奏させてくださいと言って景公の許可を得た。すると孔子は、三段の階段を駆けあがって（礼式上、階段を上るときは、一段ごとに両足をそろえ、順次に同じことをくりかえして上る）、「夷狄《いてき》の音楽は不要」と叫び、担当者に責任をとらせた。つづいて、斉側が「宮中の音楽」を演奏させてください、と願い景公は許可した。すると、なんとサーカス芸人や侏儒《しゅじゅ》が出てきた。すかさず、孔子はまたしても階段を駆けあがって、「この下賤《げせん》の者どもを罰せよ」と迫った。やむなく、責任者は彼らを罰した。「手《しゅ》〔と〕足《そく》〔とが、その〕処《ところ》を異《こと》にす」〈世家〉。斬刑《ざんけい》である。

この『史記』の描写は、昔から、芝居がかっているとして疑問が持たれている。それはそうであろう。礼をやかましく主張していた孔子が、公式の席上で階段を駆けあがり、腕を振り上げ、「袂《たもと》を挙げて」、怒号するというのは、たしかに異様である。

しかし、私は、この描写にいささかの誇張はあったかもしれないが、それに近い場面があったのではないかと思う。というのは、先述したように、この会談の実質は、斉の君主に対して、魯の君主が〈屈服する儀式〉であった。しかし、孔子にとって、そのような屈辱は、周王の下の諸侯（諸侯間に上下はない。大小はあっても）という原則上、耐えられない。また、前年、クーデターに敗れた陽虎《ようこ》は斉国に亡命し、巻き返しを画策していた。もっとも、それは実現せず、陽虎はさらに、晋国へ亡命してしまったが、外交上から言っても、反乱という内紛をかかえている魯国はここで弱味を見せてはならなかった。

和平会談への出発に際し、孔子は、「臣、聞けり、文事ある者は必ず武備あり。武事ある者は必ず文備ありと」〈世家〉と定公に進言し、武装した行列を組んで、乗りこんだのもそのためであろう。また、斉国側では、どうもこの和平会談を機会に、魯の君主を監禁しようという計画だったようだ。斉国側の記録に拠《よ》った『史記』斉太公世家、には、特設壇上における会見においてそこで音楽を演奏させ、その舞楽の演技中のそのままに「魯君を執《とら》え、志を得べし」と進言している。すなわち、「莱《らい》（斉国が滅ぼした国）人をして〔音〕楽をなさしめ、因りて〔そのまま〕魯君を執《とら》え」とあるから、舞楽の演技中か、出場退場の行進中か、とにかく、その進行中にまぎれて、監禁劇あるいは暗殺を行なおうという計画だったようだ。しかも、この謀臣は「孔丘（孔子）は礼を知るも、怯《こしぬけ》なり」という判断であり、孔子はこの監禁劇に手出しする度胸はないと踏んでいる。

ところが、案に相違して、莱人《らいひと》たちが演奏を始めようとするとき、孔子は階段を駆けのぼって、「有司（責任者）をして莱人を〔逆に〕執《とら》えてこれを斬らしむ」（『史記』斉太公世家）という結果となった。両君主のいる特設壇上に上った音楽家の莱人たちとともに、夷《い》狄《てき》の舞楽隊は「矛・戟・剣」などを持っていたとする〈世家〉から、武器はちゃんとあるわけで、危険きわまりない。また、斉国の武士たちが楽人の服装でまぎれこんでいたにちがいない。孔子はそれを見破った。主君の危機である。階段を駆けあがって先手を打ったのは当然であって、すこしも不自然でない。この会談は、始めから一触即発の緊迫した状態にあった。

しかし、孔子はここでたとえば「暗殺者がいる」と言って、真相を暴露する下手なことはしなかった。そんなことを公言すれば、斉国に宣戦布告するようなものである。そこで、もっぱら、「夷狄」（萊人は東夷にあたる）の音楽は礼でないと怒号し、萊人たちを罰することによる収拾案を斉公に逆に提案している姿であると考える。ちゃんと斉の景公に逃げ道を作ってやっていたのである。ここで景公を逆上させてしまっては土地の返還どころか元も子もない。また、景公も孔子に先手を打たれてひるんだ。しかも孔子は、礼を説いて、これは景公の真意と思えぬと、ちゃんと面子《メンツ》を立てている。

その結果、その場で萊の舞楽家たち、および、おそらくいたであろう斉国の武士たちが逆に捕らえられ、責任をかぶせられて処刑された。その処刑を魯国側は見とどけたことであろう。

また、孔子は、斉国側にとっての不利というこの新しいチャンスを逆に生かしてであろう、斉国側に奪われていた土地の返還について、念を押して成功している。

歴史家、司馬遷《しばせん》の立場は一貫していて、『史記』魯周公世家にも「斉（は）、魯国を襲わんと欲す」と記している。おそらく、この事実が、さまざまな形で伝えられてゆくうちに、記録の描写がいろいろと異なってきたのであろう。

こうして外交上にみごとな手腕を示した孔子は、いよいよ内政の改革に乗りだすこととなる。と言っても、陽虎らのようなクーデター計画をするわけではない。三桓それぞれの勢力の心臓を止めようという計画である。

定公十二年〈《世家》は十三年〉、孔子は定公に（あるいは季孫氏にとも）、こう申し出た。私めには私兵はおりません。また、私めは大夫《たいふ》となっておりますが、私の知行所の中心部は「百雉《ひゃくち》」もありません、と。「雉」とは、横が約五・一メートル、縦が約一・七メートルの広さのことで、城壁建設における単位である。城邑《じょうゆう》を正方形とすると、百雉は一辺が約一七〇メートル弱程度の小城邑、というよりも陣屋である。すなわち、孔子が当時知行していた陣屋はそれよりもさらに小さかったということであろう。

このことばは、大臣である私は、私兵や知行所に大きな城邑を持っていない。しかし、すこしも問題はない。とすると、同じく他の大臣もその必要がないではないかという意味である。つまり、三桓が必要もない城邑を持っているのはおかしいという宣伝である。一方、孔子は三桓の中心者、季孫氏と友好関係を保った。当時、季孫氏は、陽虎が亡命し、公山不狃が依然として季孫氏の根拠地で抵抗しており、人材がいなくて困っていた。そこで、季孫氏の筆頭家老として、孔子は弟子の子路《しろ》を送りこむのに成功したのである。

政治的謀略を行なうこのようなとき、議論倒れで気迷いの多い動揺分子、すなわち、インテリはだめである。即決して果断な行動のとれる人物が必要である。その意味で、この際、武闘派の子路は最適任人事であった。事実、季孫氏側では驚いた。新任の家老は孔子の高弟である、というからには、礼楽の大家で温和な人物かと思っていたら、なんと豪の者であった。

後年、孟孫氏の当主となった孟武伯《もうぶはく》は、孔子に、この「子路は仁なるか」〈公冶長《こうやちょう》〉とたずねている。「仁」は、基本的には、人に対してやさしく愛情をもって接することである。そのときの孔子の答えがふるっている。子路は大国の財政を切り盛りしたりする政治的能力は十分であるが、「〔その仁を〕知らざるなり」（同前）と。すなわち、仁かどうか俺《おれ》は知らんぞ、という返事である。

内政改革のこのとき、孔子にとって必要なのは、実務派の子路たちであって、研究派（学問派・理論派）や人格派の顔淵《がんえん》たちではなかった。その改革の具体的目標は、三桓が勢力を持っている根本原因、すなわち、それぞれが知行所に持っている大きく堅固な城邑をつぶすことにあった。おりしも、季孫氏では、その城邑、すなわち費《ひ》という邑が公山不狃らに奪われ、その強固さが逆に仇《あだ》となって、困っている。三桓とも、己れの家臣の専横に手を焼いていたことは事実であった。そういうところへ、孔子がつぶしてはどうか、と巧みに煽動《せんどう》したものだから、三桓はその案に乗った。

まず、最初は叔孫氏である。その根拠地、郈邑《こうゆう》（巻末地図参照）をつぶすのに成功した。つぎは季孫氏である。季孫氏の根拠地、費邑（巻末地図参照）は、反乱軍のたてこもっている場所でもある。いよいよ、つぶしはじめようとすると、リーダーの公山不狃や叔孫氏の当主になりそこねた叔孫輒《しゅくそんちょう》らは、不敵にも、魯の国都に逆襲してきたのである。奇襲であった。魯の君主、定公と三桓の当主三人は、不意を打たれ、季孫氏の邸《やしき》にやっと逃げこみ、高楼に登ってしのいだ。反乱軍は必死に攻めたが成功しない。しかし、かくれていた建物に矢がぶすぶすと射こまれるほど接近してきた。孔子は、申句須《しんこうしゅ》、楽頎《がくき》という二人の大夫に救援を命じてやっと追いはらうことができた。

反乱軍は東へ敗走した。それを追撃して約四六キロ、姑蔑《こべつ》という小城邑のあるあたりで完全に打ち破った。しかし、主謀者の公山不狃と叔孫輒とはそれを逃がれて斉国へ亡命した。巻末地図のように、魯の国都には、東から泗水《しすい》が流れてきている。反乱軍はこの泗水沿いに東の上流へと逃走したのだろう。川沿いに行けば、やがて、山岳地帯となる。そこで、山を東に越えて行けば斉国であるが、実は、同じく南に越えて行けば費邑の方向なのである。おそらく、反乱軍は、費邑からこの逆のコースを通って魯の国都に攻めいったものであろう。なぜなら、国都の南方は外国の城邑が多く、そういうところを通ってくるのは、目立ってしまうからである。

いずれにしても、こうして孔子は、数年来の反乱軍の鎮圧に成功した上、とうとう費邑をとりつぶしてしまったのである。残るのは、孟孫氏の根拠地、成邑《せいゆう》だけとなった。さて、いよいよそれをつぶすという段になって、成邑を預かっていた公斂処父《こうれんしょほ》が主人の孟孫氏に猛然と反対した。成邑は、国都の東北、約二四キロのところ（巻末地図参照）にあり、斉国に備えての重要な防衛地点であり、そこをつぶすのは国防上問題があると言って猛反対した。これは正論である。

公斂処父は、さらに本音を言った。成邑あってこその孟孫氏であると。確かに郈邑のない叔孫氏、費邑のない季孫氏の発言力は低下してしまっている。それを見ている孟孫氏は、この進言に賛成して、結局つぶそうとしなかった。

これは、魯国の方針への違反である。冬十二月、定公は軍勢を率いて成邑を囲む。もっとも、結局、勝つことができなかったので、政策を貫徹することはできなかった。しかし、定公は、兄の昭公《しょうこう》以来の悲願であった三桓制圧に或る程度成功したのであった。この成功は、いつに孔子の働きによる。孔子の名声は内外に高く聞こえていった。

粛清と失脚と

孔子は魯国《ろこく》一の実力者となった。翌年の五十六歳のとき、ほとんど首相格であった。孔子は嬉《うれ》しさを隠せなかった。「喜色あり」〈世家〉と伝えられる。人間孔子のすなおな顔と言えよう。しかし、門人の或る者がたしなめた。先生御自身から、かつて「君子は禍《わざわい》至るも懼《おそ》れず、福至るも喜ばずと〔いう教えを〕聞けり」〈世家〉と。

一本とられた孔子は、うん、いつもはそのように泰然と冷静でいるのもいいが、「その、〔高〕貴〔な地位〕をもって人に〔対して、いえいえとても私ごときが、と顔色に出し謙《けん》遜《そん》してへり〕下るを楽しむ」〈世家〉とも言うではないかと言って、たまには許せ、と言わんばかりに弁解している。

青年期以来、人に認められないつらさを自戒のことばに直し続けてきた孔子は、やっと人に認められ、この時期、人生の絶頂にあった。外交に成功し、内政にも、孟孫氏《もうそんし》の抵抗に遭ったものの非常な成功であった。もちろん、抵抗した孟孫氏に対してそれ以上の追い討ちはしなかった。孟孫氏を含めて三桓《さんかん》の力が侮りがたいことを孔子はよく知っていたからである。しかも季孫氏《きそんし》には腹心の子路《しろ》を送りこんでおり、三桓に対してかなりの支配力を握っている。

しかし、孔子はそれだけで満足しなかった。三桓は、魯君の家臣といっても、実質は、魯国内の独立国家みたいなものである。だから、その三桓を魯国の政局からさしひいてみると、中央政庁が残る。三桓のような、大きな城邑《じょうゆう》、根拠地を知行所に持っていなかった孔子の拠点は、この中央政庁である。だから、ここでの実権を握ろうとしたのではなかろうかと私は考える。それによって、君主の定公《ていこう》を頭にいただき、魯国全体の国政を掌握できることになる。孔子はそのための謀略を練った。その結果、中央政庁内の実力者の一人であった卯《ぼう》を粛清することに目標を絞ったのである。

卯（姓か名かまだよくわかっていない）は、少正（姓とする説もあるが、官名と考えておく）という地位にあった。まだ定説はないが、内務次官クラスと推測する。魯国では、宰相や内務大臣（司徒《しと》）の実務は、官房長官兼総務長官（太宰《たいさい》）や、総務次官（左宰《さきい》）や内務次官（少正）によってなされていた。だから、中央政庁の場合、実質的にはその動向を彼らが握っていた。少正卯は、「魯の聞人（有名人）なり」（『荀子《じゅんし》』宥坐《ゆうざ》）と言われているから、おそらく、このグループにおける指導者格であったと考えられる。つまり、中央政庁は、少正卯によって左右されていたとみてよい。

孔子は法務大臣兼警察庁長官・警視総監（司寇《しこう》）であるから、少正卯より格は高い。しかし、実務はどうであっただろうか。主君の定公が公山不狃《こうざんふじゅう》に追いつめられ、矢を射たてかけられたときでも、孔子には自分が率いて鎮圧に行ける十分な警備力がなかった。二人の大夫《たいふ》に頼んでやっと鎮圧したぐらいである。自由に指揮のできる手勢の必要を痛感したことであろう。

また、この中央政庁における勢力争いとは別に、私的な面でも少正卯は孔子のライバルであった。というのは、孔子は自邸で塾を開いていたが、少正卯も開いていたのである。孔子が「〔少正卯の学風はよろしくない。彼は〕居処（すまい）〔において〕、もって徒を聚《あつ》め群を成すに足り、言談〔を巧みにあやつり〕、もって邪〔悪な内容〕を〔上手に〕飾り衆を営《まど》わすに足る」（『荀子』宥坐）と非難しているから、少正卯の邸宅に塾があったと推測されている。

しかも、この文面では、どうやら少正卯の塾は活気があり、人も多く集まっていて話もおもしろそうな感じである。孔子より六百年も後の人物、漢《かん》代の王充《おうじゅう》という皮肉屋は「少正卯、魯に在りて孔子と並ぶ（はりあう）。孔子の門〔人たちはどちらがいいのかと、少正卯の塾に入ったり帰ってきたりして迷い、孔子の塾は〕、三たび盈《み》ち（満員）、三たび虚《むな》し〔くなってガラガラというような状態であった〕。〔しかし〕ただ顔淵のみ〔一度も〕去らず」（『論衡《ろんこう》』講瑞《こうずい》）とからかっている。これは作り話であろうが、当時、孔塾と卯塾とが公私ともに対抗的であったことは事実であろう。

孔子は、首相格となって七日目、いきなり少正卯を粛清したのである（『荀子』宥坐）。孔子は誅《ちゅう》した理由として五つの悪を挙げている。しかし、それらは、心《こころね》がよくないとか、ひがごとを行なったとか、ことばが過ぎているとか、怪異なことを記していたとか、よくないことをしていたとかといったところの、いわば、相対的、抽象的な内容の、道徳論である。事実、孔子は、少正卯の悪の中に、盗みなどというものは数えない、と法律論をはじめから拒否している。

これは、どう見ても「政を乱る者、少正卯」〈世家〉という政治的粛清である。当時のことであるから、司法権力を握っている司寇であるなら、人に対して簡単に罪にひっかけ、処断できる立場にあった。おそらく、少正卯は、きっかけとしてなにかの謀略に陥り、殺されたことであろう。

伝説的であるが、少正卯を謀殺した場所は、屋根のついた物見台が階上にある、公門の下であった。これは公然たる誅殺《ちゅうさつ》であり、その遺体を朝廷内に三日も見せしめにさらしたという(『孔子家語』始誅《しちゅう》)。死体の見せしめ、これは信じがたい。しかし、少正卯謀殺事件が魯国の中央政府に与えた衝撃は大きく、それを象徴した話として見ることはできよう。

こうして、粛清によって孔子は中央政庁において実権を握った。その後、『史記』は「国政を与り聞《あずか》く」〈世家〉と簡潔に記している。もはや孔子は、独裁的権力者となったのである。

ただちに孔子は内政の成績を上げるよう督励した。すると、まず、小羊や豚を売る者は、法外な値をふっかけなくなったという〈世家〉。これは、道徳政治が行なわれたからであるとするのがふつうの解釈であるが、そう簡単にはゆくまい。孔子は、まず、直接税の減税を行なったことであろう。しかし、地方である中都《ちゅうと》の行政長であったときと異なり、中央にある首相として、今度は長期的計画が必要であるから、おそらく、商人に対して課税し、間接税を吸いあげる方式はとらなかったと思われる。インフレの警戒である。すると、直接税の減税によって不足する歳入分を補う方法は、節約する財政抑制以外にない。すなわち、節約という不景気政策の実行である。

孔子はそれをこうはっきりと言っている。「千乗《せんじょう》〔すなわち、戦車千台を動かせる諸侯〕の国を道《おさ》むるには、事〔勢〕に敬《つつ》しみて〔民の〕信〔用が〕あり、〔むだな費〕用を節〔約〕して人を愛し、〔国〕民を〔労役に〕使うには〔農閑期の〕時をもってす」〈学而《がくじ》〉と。

この政策は、ともあれ、実行された。「用を節すること」すなわち、「節用」という財政抑制によって、いちおう物価は安定する。だから、前記のように、食料品の羊や豚の値段は上がらなかったと思われる。しかし、もともと魯国は「地、小にして、人、衆《おお》く、倹嗇《しょく》にして、罪を畏《おそ》れ邪（わるいこと）を遠ざく」気の小さい人の集まりであり、「その民、齪々《さくさく》（つつましい）、やや桑麻《そうま》の業《わざ》（布地づくり）あるも、〔スケールの大きい〕林沢の饒《めぐみ》なし」（『史記』貨殖《かしょく》列伝）であるから、節約する財政抑制に向いてはいた。だから、物価が安定して落ちついてくると、男女は道を別々に歩き、道に置いてあるものを勝手に持ってゆくこともなく、治安状態が良くなってきた。

こうした状態が続くと、魯国自身が物資の内部蓄積をする余裕さえ出てくる。魯国へ旅行に行ったものは、お土産をもらって帰ってくるようにさえなった。

こういう話は、すぐ広がる。これに対して隣国の斉国は敏感に反応した。斉国は、強化されつつある魯国のこの状況をぶちこわす必要を認め、謀臣の犂鉏《れいしょ》は、積極的な特務工作を行なったのである。すなわち、舞楽のできる美女八十人を、飾りたてた馬百二十頭に引かせた三十台の車（一台を四頭が引く）に乗せて季孫氏に贈ろうという豪華版であった。

この一行が国都の城門に来ると、内務大臣の季桓子《きかんし》は、私服を着て何度ものぞきに行った。はては、主君の定公を誘いだし、国都のまわりを周遊する名目で城を出て、一日じゅう見て楽しみ、政事をそっちのけにした。そして、ついに、この贈り物を受けて楽しみ、三日間、政庁に出てこなかったのである。

この「斉の女楽《じょがく》を受く」事件は、季桓子が道徳的にだめだった話とされているが、そういう単純なものではあるまい。「山東（斉国を指す）、魚・塩・漆・糸・声色多し」（『史記』貨殖列伝）と言われるように、斉国はもともと「声色」すなわち、「音楽のできる美女」が多いのである。言いかえれば、舞楽、演劇といった〈いわゆる文化〉が盛んであった。それが可能であったのは、斉国が地の利を得て産業が盛んであり、豊かであり、余裕があったからである。当然、商業活動も盛んであり、斉国は、基本的に消費先行型の経済であった。それにつれて〈いわゆる文化〉の水準も高かったわけである。これに対して、魯国は、昔ながらの農業国のつつましい消費節約型の経済であり、〈いわゆる文化〉に乏しかった（後述）。だから、女楽を贈ったというのは、言いなおせば、節約型経済の国に、消費型経済を導入しようということになる。これは、孔子によってなされた魯国の安定経済に対する斉国の攪乱《かくらん》という謀略である。魯国はこれにひっかかった。

第一、孔子の政策の、節約、節約は、人々にとって、実は息苦しい。聖人君子ならぬ身の大半の凡人大衆にとっては、初めはともかく、長期となると、これでいいのかと内心に不満を抱き始める。物欲がある人間の悲しい性《さが》である。季桓子が女楽に現《うつつ》を抜かし政庁に来なかったのは、孔子に対する明らかなサボタージュである。司寇《しこう》の孔子は怖い人である。孔子は、自分が陽虎《ようこ》らのクーデターに参加したとすれば同志となったかもしれないクーデター派の公山不狃を非情にたたきつぶし、人気のあった少正卯《ぼう》を粛清した怖い人物である。その威令は今や三桓を圧している。季桓子は内心おもしろくなかった。しかし、孔子が怖かった。そこへ斉国からの呼びかけである。季桓子はそれに乗ったし、主君の定公までも同調してしまっている。

孔子に対する同僚閣僚の評判もよくなかった。叔孫氏の当主、叔孫武叔《しゅくそんぶしゅく》（たぶん国防大臣）は、他の閣僚に向かって、「〔経済通の弟子の〕子貢《しこう》〔は〕、仲尼《ちゅうじ》（孔子）より賢《まさ》れり」〈子張《しちょう》〉と言い放っている。また、「叔孫武叔、仲尼を毀《そし》る（中傷する）」〈子張〉ともある。彼らの根拠地、郈邑《こうゆう》をつぶされたことを怨《うら》みに思ってであろう。

孔子は、すでに魯国政界から浮いていたのである。いやあるいは、国民全体から浮き上がっていたと思われる。庶民、いや人間は大体において勝手なものである。節約しての安定経済、それは良い。しかし、つつましい生活をせねばならない窮屈さ・まじめさが続くと、息苦しくなる。仮に重税・インフレであっても、物資が回ってきて、快楽を味わわせてくれる景気刺激経済に誘惑される。節約経済か、消費経済か、どちらを取るのか、この選択は、現代においても、なお未解決の〈人間の心の持ちかたの問題〉すなわち〈人間論的問題〉であって、単なる経済学の問題ではない。

結局、魯国の人は、快楽の誘惑に抗し切れず、しだいに消費経済に向かってゆく。堅実だった魯国の人も「〔その後〕その〔道徳的な節約的立場が〕衰うるに及び、賈《うりかい》を好み、利に趨《はし》ること〔が、中央の都会人である〕周人《しゅうひと》よりもはなはだし」（『史記』貨殖列伝）となってゆく。

さて、現実主義者であった弟子の子路は、孔子が政界から浮いている状況を見抜いた。ただちに、「夫子《ふうし》（孔先生）、もって〔ここを〕行《さ》るべし」〈世家〉と進言する。ところが、孔子は、こう答えている。いま政府はちょうど天を祭る郊《こう》の祭祀《さいし》（『史記』考証・冬至のころ）をしている。その供えた祭肉の分配（それは同族の結合の誓いを表わす）が私にあれば、まだ、私を仲間と見なしていることになるから、待っていようと。

この郊の祭祀は、本来、天子の祭祀であるが、諸侯の魯国は祖先の周公《しゅうこう》の功績によって特に許されていた（三二・三三ページ）。孔子がその大事な祭祀に参加していなかったのは、引きこもっていたためであろうか。しかし、祭肉はついに来なかった。これは、孔子追放劇の政変があったことを暗示する。夢は短かった。知らぬまに、孔子は、すでに失脚していたのであった。

流浪

三人の弟子

孔子に魯国《ろこく》を出る決心をつけさせたのは、孔子自身であると言うよりも、むしろ弟子たちであった。とりわけ子路《しろ》ははっきりとそう勧めている（前述）。孔子は、と言えば、せっかく手に入れた自分の地位に対して、相当に未練があった。魯国を去るとき、孔子は「遅々として」（『孟子《もうし》』万章《ばんしょう》下・尽心《じんしん》下）、ゆるゆると去っているのである。もっとも、孔子は、他国（たとえば斉国《せいこく》）を去るときはすばやく、祖国を去るときはゆるゆる行くのが「道」（正しいありかた）だと言っているが、はたしてそうであっただろうか。やはり、未練の気持ちであったと私は見る。

さて、その出国に際して、孔子が相談もし頼りにもした弟子は、子路・子貢《しこう》・顔淵《がんえん》の三人であったと考える。と言うのは、失脚に始まった孔子の流浪の末期、南方の強国、楚国《そこく》で用いられようとしたとき、楚国の重臣であった子西《しせい》という人物が、孔子集団の有力人材として四人の名を挙げて論じているからである。外交的手腕家としての子貢、ブレーンとしての顔淵、将帥《しょうすい》としての子路、行政家としての宰予《さいよ》と。このうち、宰予は、孔子に愛されていなかったので、孔子の立場からすれば、他人にも評価の高い子路・子貢・顔淵の三人が、側近中の側近であったと考える。

まず、子路。前途にどんな危険があるかもしれない出国である。文人の儒教集団とは言え、或る程度の武備が必要であるし、なによりも相手国との政治的折衝が必要である。そういうとき、学問はできても、すぐふらつくような気の弱い動揺分子（今日でもいわゆるインテリに多い）であっては、談判ができない。子路は、あまり学問はできなかった。たとえば、礼楽《れいがく》において瑟《しつ》（大きな琴）の演奏が下手で聞くにたえなかったので、孔子は、塾内のここでなくてどこかほかへ行って練習しろ、と注意したくらいであった。そのため他の「門人、子路を敬せず」〈先進《せんしん》〉というようになった。そこで孔子は、いや子路はすでに、「堂（学問の前座敷）に升《のぼ》れり。〔ただ〕いまだ室（学問の奥座敷）に入らざるなり」（同前）ととりなしている。しかし、孔子は子路を「果（断）」〈雍也《ようや》〉と高く評価している。多少、礼楽（学問）が不得意であっても、頼りになる男である。地位も背景もない心細い出国には、子路のような男はぜひ必要である。子路は、孔子のいわば用心棒であった。

なにしろ、孔子から、「敝《やぶ》れたる縕袍《うんぽう》（綿入れの粗末な服）を衣《き》て〔おりながら〕、狐貉《こかく》（皮製の上等の服）を衣《き》たる者と〔いっしょに〕立ち〔並んでも、気おくれもせず、平気で〕恥じざる者は、それ由《ゆ》（子路の本名）か」〈子罕《しかん》〉と言われているほどの豪の者である。こういう男がいると心強い。いわば、政治・外交・軍事面の相談相手である。

つぎに子貢。集団での出国である以上、その経費がたいへんである。いや、経費だけではなくて、流通機構も宿舎も不十分であるから、自分で食糧の現物を相当に運ばねばならない。当時は「百里（約四〇キロメートル）を適《ゆ》く者は、〔その日、行き先で〕宿《やど》する〔ため〕に〔自分が食べる〕糧《かて》を舂《うす》づき〔準備し〕、千里（約四〇〇キロメートル。たとえば、新幹線で東京—岐阜羽島《はしま》間）を適く者は、三〔箇〕月〔分の〕糧《かて》を聚《あつ》む」（『荘子《そうじ》』逍遥遊《しょうようゆう》）という調子であった。

こういった財政面の指揮は、子貢がとったと思われる。子貢は孔子学派きっての経済通であった。この子貢の財政的手腕がなければ、孔子の出国はとうてい無理であった。孔子は出国後あちこちの国を回るが、子貢の財政上の意見なしには、勝手に回ることはできなかったであろう。

最後に顔淵。子路・子貢は、主として現実的な意味で重要であった。しかし、指導者の孔子にとっては、それだけでは十分なブレーンとならない。なにしろ、前途にはこれという見こみがあるというわけではない。集団の最高指導者はもともと孤独なものであるが、集団で他国をめぐることになったこういうとき、その指揮の決断において、さらに孤独となるのは言うまでもない。もちろん、子路や子貢たちは、有用な現実的意見を述べたであろう。しかし、それらは、つまるところ、情報であり、そのベストの選択は、孔子一人の決断にかかっている。

そういう状況にずっと置かれている指導者は、孤独であり、精神は絶えざる緊張状態にある。孔子がどれほど傑出した人物であろうと、人間である以上、そうした緊張状態を免れることはできなかったであろう。

とすれば、孔子といえども、緊張をやわらげ、精神的な安定や安心を得られる話し相手が欲しかったと考える。その相手は、目的が精神の鎮静・鎮痛のためであれば、子路や子貢のような実務派でないほうがいいにきまっている。そこで選ばれたのが、顔淵という人物であった。

孔子はこう言っている。「回《かい》（顔淵の字《あざな》）や、〔実務上で〕我《われ》を助くる者にあらざるなり。〔しかし、私の話をじっと聞き〕わが言において、〔彼は〕説《よろこ》ばざるところなし」〈先進〉と。師のつらさを、弟子の顔淵はどういうときでも優しく受けとめていたのである。孔子も弱気になって愚痴をこぼし、腹を立てて他人の悪口をよく言っている。そのときの話し相手は顔淵であった。

子路を頂点にして、子貢・顔淵は、対照的であった。孔子はこう批評している。「回や、それ〔理想像に〕庶《ちか》からん。〔しかし、財布は〕しばしば空《むな》し。〔一方〕賜《し》（子貢の本名）や、〔私の〕命〔令〕を受けざるに、〔みごとに〕貨殖《かしよく》（かねもうけ）し、〔金もうけを〕億《はか》ればすなわちしばしば中《あた》る」〈先進〉と。

子貢は知性にあふれ、顔淵は愛情（仁愛）を備え、子路は勇気に満ちている。子貢は知者であり、顔淵は仁者であり、子路は勇者である。おそらくは、それを託してであろう、孔子はこう言っている。「知者は惑わず、仁者は憂えず、勇者は懼《おそ》れず」〈子罕《しかん》〉と。後世、たとえば、宋《そう》代の文人、蘇軾《そしょく》（蘇東坡《そとうば》）は、「子路の勇〔気〕、子貢の弁〔舌〕、冉有《ぜんゆう》（冉《ぜん》求《きゅう》）の智〔恵〕」とも言う（『荀卿論《じゅんけいろん》』）。もっとも、蘇軾は、この三人の上が顔淵であるとする。

このことばを、再びはっきりと子貢に向かって言っている。「君子の道なるもの〔として〕三〔箇条〕あり。〔しかし〕我《われ》は〔とても〕能《よ》くするなきなり。〔けれどもお前たちはそれができている。すなわち〕仁者は憂えず、知者は惑わず、勇者は懼れず」〈憲問《けんもん》〉と。

孔子は、仁の顔淵、知の子貢そして勇の子路これら三人の弟子の才能や人がらに対して敬意を抱いていたのである。彼らは孔子のブレーンであった。このことばを受けた子貢は謙遜《けんそん》して、「いえいえ、それは先生御自身のことです」とさわやかに答えている。「子貢曰く、夫子《ふうし》（先生）自ら〔のことを〕道《い》うなり」〈憲問〉と。出国は不幸であったけれども、役割り分担があり、信頼できるこの三人を中心に、結束の固い弟子たちに守られての放浪は、孔子の人生にとって、逆に言えば、あるいは幸福なできごとであったかもしれない。

さて、出国と決まれば、どこへ行くかを決めなくてはならない。魯を中心にまわりの国は巻末の地図のようになっている。魯国の大臣までつとめた孔子である。〈泗上《しじょう》の諸侯〉と一括される弱小零細国に行く気はない。とすれば、斉《せい》・衛《えい》・曹《そう》・宋《そう》の周辺諸国が、まず、候補となる。

しかし、斉国には、これまでの経緯から言っても、今回の失脚事件から言っても行けるはずがない。宋国（旧王朝の殷《いん》の後身）はと言えば、その国君、襄公《じょうこう》の時代、無理して覇《は》者《しゃ》の地位を得て軍事的に膨張し、その後、楚国《そこく》と泓水《おうすい》で戦って大敗して以来（前六三八年）、落ち目となり、南の楚国の軍事的圧力をひしひしと受けており（のちに楚国ら三つの国によって滅ぼされ、三分割されてしまう）、とても孔子の礼楽的政治を受け入れそうになかった。また、宋国の北にある曹国の場合、亡国寸前であった。南側の楚国の圧力を受けていた宋国が、そのマイナス分を補うために北側の曹国を圧迫していたからである。孔子が魯国を出国してから十年後、曹国は宋国によって滅ぼされ、宋国が領有してしまう。

このような状況であると、魯国の周辺の行き先としては、西北に位置する衛国しか残らないことになる。もちろん、この衛国にも複雑な国内事情があり、大事件が起こる（後述二四九・二五〇ページ）。もっとも、この大事件は、孔子が衛国に的を絞った時点では、まだ起こってはいない。この大事件がすでに起こっていたならば、あるいは、孔子は衛国を選ばなかったかもしれない。

諸国の全体的事情から言って、出国先に衛国を選んだのは妥当である。もっとも、別に具体的な選択事情があった。いくら有名になった孔子といっても、まったく縁もゆかりもないところに行けるわけがない。早い話が、観光旅行団ではなくて、求職団であるから、相手国にしかるべき縁故のルートが必要である。しかし、孔子にはこれというあてもなかったのであろう、冗談半分、本気半分で、子路に向かって、こう言った。「〔祖国の魯では〕道〔が〕行なわれず。〔それでは、ままよ、どうだ〕桴《いかだ》に乗りて海に〔でも〕浮かばん。〔そのとき〕我に〔最後まで〕従う者は、それ由《ゆ》（子路の本名）か」〈公冶長《こうやちょう》〉と。子路はこれを聞き、信頼されていることを喜んだ。

あるいは、「九夷《きゅうい》に居らんと欲す」〈子罕〉とある。「九夷」とは、漢民族ではなくて、漠然と東の方の少数民族を指す。交流があったかどうか、もちろん証拠はないが、そこには朝鮮半島や日本のことも含まれていただろう。山東半島や、その東の東海は、昔から夢を託せる地域である。このあと、弟子が、そんなところはとても住めたところでなく、どうしようもありませんよ、と言ったところ、孔子は、いや、私のような君子がおれば、その土地を必ず人間の住めるところにしてみせよう、と答えている。孔子の政治主義は、その夢物語の中にも現われている。

孔子は、もともと、非常な漢民族主義者であり、「夷狄《いてき》〔などにおいて、そ〕の君〔主〕あるは、〔それでも、漢民族の統治による諸国家、すなわち〕諸夏《しょか》〔において、政治が乱れて、正式の君主が〕亡きにしかざるなり（およばない）」〈八佾《はちいつ》〉という考えであったことを思いあわせると、どこか未開地へでも行こうと言うこのときは、よほど嫌気がさしていたのであろう。

しかし、結局、子路や子貢と相談した結果であろう、行く先を衛国にきめた。と言うのは、子路の妻の姉が、ときの衛国の君主すなわち霊公《れいこう》の寵臣《ちょうしん》、弥子瑕《びしか》の妻であったからである。これは、衛の君主に近づける大きな縁故であった。

諸国遍歴

中国古代におけるライフサイクルは、「人、生まれて十年を幼と曰《い》い、学ぶ。二十〔歳〕を弱と曰い、〔成人として〕冠《かんむり》す。三十を壮と曰い、〔妻〕室あり。四十を強と曰い、すなわち仕う。五十を艾《がい》と曰い、官〔職〕政〔務〕に服《したが》う。六十を耆《き》と曰い、〔人を〕指〔揮し〕使〔役〕す」(『礼記』曲礼上)である。五十歳の「艾」とは植物のよもぎのことで、よもぎを乾かして作ったもぐさの灰色のような白髪の五十歳台こそ、政治を担当する中心年代とされる。

祖国を出たとき、孔子は五十六歳である。今日の感覚から言えば、六十近くになっての他国への移住は、あるいは、気の毒な境遇とするかもしれない。しかし、当時はそうではなくて、むしろ、国政担当者として、適齢期だったのである。

三十代のころ、孔子は希望を抱いて斉国《せいこく》へ行った。それは、行政的官僚としての仕官のためであった。今回、五十六歳の出国は、もう一つ上の段階、すなわち自分の政治的原理を実現する政治家としての仕官のためである。やはり、大いなる希望を抱いての出国なのであって、しょぼくれた巡礼風の出国ではない。孔子は、このあと約十四年間にわたって諸国を回るが、それだけの長い遍歴を支えたのは、希望があったからこそである。

孔子たちの集団は、むしろ、堂々と衛国にくりこんだと思われる。孔子は車に乗り、弟子の冉有《ぜんゆう》（有能な行政家として、晩年、魯《ろ》国《こく》で活躍した人物）が御者をつとめた。衛国のようすを見ながら、車中の孔子は、人が多すぎる、と批評した。そこで、冉有は、どうすればよろしいか、とたずねたところ、「これを富まさん」〈子路《しろ》〉と答えた。どうやら、衛国のようすは、貧しくて人口が多かった模様である。冉有はさらにつっこんで問うた。豊かになればどうすればよろしいか、と。すると孔子は、「これに教えん」（同前）と述べた。

実際に国政を担当した経験をもつ孔子の立場は、実質的には、斉国の管仲《かんちゅう》の名言、「倉《そう》廩《りん》〔に物が〕実《み》ちて礼節を知り、衣食足りて栄辱《えいじょく》を知る」（『管子』牧民）に近づいていた。

孔子の時代より三百年もあとの漢代のことになるが、「鄭《てい》・衛の〔風〕俗〔は〕趙《ちょう》と相《あい》類す。然《しか》れども、梁《りょう》・魯に近ければ、すこしく〔義を〕重んじ、〔礼〕節を矜《たっと》ぶ。……気〔概〕を好み任俠《にんきょう》〔の気分が〕あるは、衛の風〔気〕なり」（『史記』貨殖列伝）とあり、また、一般的に、魯や衛などのあたり（「沂《ぎ》〔水〕・泗《し》水《すい》以北」）は農業に適しているが、「〔土〕地〔が〕小さく、人〔が〕衆《おお》く、〔その上〕しばしば〔洪〕水・旱《かん》〔魃《ばつ》〕の害を被《こうむ》る。〔だから、それに備えて〕民〔は、物資を〕畜〔蓄〕蔵するを好む」（同前）とある。

つまり、災害の多い土地であり、耕せる土地が狭く人が多く、節約型の勤勉な社会といった農村型である。衛と魯とには共通性がある。魯国の東側の斉国の「斉・趙は智巧を設け、機利（投機）を巧みにす」（同前）という商業型、西側の宋国の「土地小狭にして民人衆《おお》く、郡国諸侯の聚会《しゅうかい》するところにして、故にその〔風〕俗〔は〕纖倹習事《せんけんしゅうじ》（細かくて、すれている）」（同前）という都会型とは異なっていた。

農業重視の農本主義的政治家であった孔子が選んだ行き先は、祖国と同じく農村型の国であった。それを孔子は、「魯・衛の政《まつりごと》は、兄弟なり」〈子路〉と表現している。

魯国は、周公《しゅうこう》の子孫が統治し、衛国は、周公の弟の康叔《こうしゅく》の子孫が統治しており、国家の来歴としても似ている。また、魯と衛とは近接した国でもある。そういう意味での兄弟国であったが、やはり、農業型という点が最も「兄弟」的であったと考える。商業型の斉国に対して、孔子は「斉〔国の政治が〕一変すれば魯〔国のような政治〕に至り、魯〔国がさらに〕一変すれば〔礼楽に基づく最高の政〕道に至らん」〈雍也《ようや》〉と述べている。孔子は農村型の衛国において働き、もう一度自分の夢を果たそうとしたのであった。

衛国に着いた孔子は、顔讎由《がんしゅうゆ》という高官の家に泊まる。孔子はこのあと十四年間のうち、何度も衛国から他国へ行っては、また帰ってきており、衛国のどこかに根拠地を持っていたようである。もっとも、再度もどってきたときは、顔讎由でなくて蘧伯玉《きょはくぎょく》という高官の家に泊まっている。この蘧伯玉は、たとえば、「年五十にして、〔それまでの〕四十九年〔の生活〕の非なるを知る」（『淮南子《えなんじ》』原道訓《げんどうくん》）という、なかなか反省深い一廉《ひとかど》の人物であったらしい。子貢は、曹国と魯国との間を舞台にして、商売をしていた(『史記』貨殖列伝)とあるから、そこであげた利益の或る部分を衛国の根拠地へ運んできたものと思われる。商売の主たる営業地はやはり、各国の国都であろう。すると巻末の地図で明らかなように、曹国の国都、陶邱《とうきゅう》(山東省定陶《ていとう》県西北一・六キロメートル)と、衛国の当時の国都、帝丘《ていきゅう》(河南省濮陽《ぼくよう》県西南一二キロメートル)との間は、中間に黄河をはさんで直線距離約一〇〇キロ、陶邱から魯国の国都までは約一六〇キロである。曹を中間点にして、収益は魯・衛両国へ分散蓄積されたものと思われる。孔子が、政治的紛争の絶えない衛国であっても、あえて根拠地にしたのはそのためであろう。

さて、衛国に到着した孔子に、衛国の君主、霊公は接見したが、おそらくは、子路の義理の兄にあたる弥子瑕《びしか》の紹介によるものと思われる。弥子瑕は寵臣《ちょうしん》であるが、それは、若いとき、霊公の男色の相手であったからである。

こういう話がある。霊公と弥子瑕とが、果樹園で桃を食べていたときのことである。弥子瑕が食べていた桃がおいしかったので、食べかけの残りの桃を霊公に差しあげた。霊公はそれを自分への愛情のしるしであるとして喜んだ。しかし、後年、弥子瑕への愛情が衰え、彼が罪を得たとき、霊公は「こやつ、昔、食いかけの桃をわしに食わせおったわ」と言って、それを罪の数に加えたという。これを「食い餘《あま》した桃」すなわち「餘桃《よとう》(食いかけの桃)の罪」と言い、一つの事実であっても、あとになって、解釈によってはいろいろと変化するという有名な譬《たと》えとなっている。

　この弥子瑕《びしか》は、なにしろ、男色関係で寵臣となった男であり、義弟の子路に向かって、孔子が私の家を宿舎とするなら、推薦して卿《けい》の地位を保証しようと言った。『孟子』「万章」上篇に載っている話である。『孟子』では、孔子はそれを断わったと伝えている。顔讎由《がんしゅうゆ》の家に泊まったことがそれを示しているようだが、私にはどうも孟子流の孔子弁護であるようにみえる。逆に弥子瑕の援護があったとする解釈もある（『淮南子』泰族訓《たいそうくん》）。

　霊公は接見し、魯国における俸禄高《ほうろくだか》をたずねたので、「粟《ぞく》六万」〈世家〉と答えた。しかし、いくらなんでも「六万石《せき》」とは多すぎる。数百年あとに成立し、全中国を統治した大漢帝国の時代でも、「二万石《せき》」ももらえるのは、丞相《じょうしょう》ら三首脳だけではないか。そこで、計量用の容器が小さかったとか、六万斗の誤りだとか諸説があって、はっきりしない。要するに相当の高禄であったことを告げた。すると、なんと霊公は孔子に対してその額を支給したのである。ただし、おそらく無役であっただろう。

　これでは、以前からいた衛国の家臣はおもしろかろうはずがない。しばらくするうちに、はたして、霊公に孔子を中傷するものが出てきた。どういう内容であったかわからないが、そのため、霊公は公孫余假《こうそんよか》という男を使い武器をもたせて、孔子を監視したのである。孔子は、この男とトラブルを起こして、それを理由に逮捕されることを恐れ、到着後わずか十ヵ月で衛国を出て陳国《ちんこく》へ行くことにしたのである。しかし、これは緊急避難ということであろう。一月あまりで再び衛に帰ってき、今度は、蘧伯玉《きょはくぎょく》の家に泊まった。なぜ顔讎由《がんしゅうゆ》の家にとまらなかったのか、諸説あってよくわからない。

中傷を受けた孔子の態度にも問題があったようだ。家を構えてからの或る日、孔子は音楽演奏の練習をしていた。磬《けい》（薄い金属あるいは石を材料にして「へ」のような形に作り、ひもでつるした打楽器で、高音で余韻の少ない音を出す）を打っていたところ、蕢《もっこ》をかついで門前を通る者がそれを聞き、なにかわけがありそうだと思った。そこで、さらに耳をすまして聞き、まず、こう言った。「鄙《ひ》なるかな、硜々乎《こうこうこ》（硬い小石のように固執しているようす）たり」〈憲問〉と。これは、「俗っぽいね。求職一直線よ」ということである。そして、続いてこう言った。「〔他人が〕己《おの》れを知ることなくんば〔それまでであって〕、すなわち〔あきらめて世に出ることを〕已《や》めんのみ」（同前）と。

孔子は謙遜《けんそん》深い人であった一方、自分の売りこみにも熱心であった。しかし、これは矛盾でもなんでもない。人間にこの程度の二面性があるのがふつうである。

それはともかく、この一箇月ほどの緊急避難のおり、一つの試練を受けた。衛国から陳国へ行く途中、匡《きょう》（衛の国都から西南約四〇キロメートル）の街を通過したとき、かつて魯国の季孫氏《きそんし》の家老をしていて、いまは亡命中の陽虎とまちがえられたのである。以前、陽虎は匡の街の防壁を破って荒らしたことがあった。そのおり、陽虎と行を共にしていた顔《がん》刻《こく》という男が、のちに孔子に仕え、このとき孔子の車の御者をしていたのである。その顔刻が、陽虎が破った防壁を鞭《むち》で指して、昔、私はあの欠けたところから城内へ押し入りました、と言ったのを街人《まちびと》が聞いたものだから、それが伝わり、匡の公安部がまわりをとりかこんだのである。しかも、孔子のようすが陽虎に似ていたものだから、拘禁が五日も続き、危険に陥った事件である。このとき、顔淵《がんえん》は遅れて追いついた。孔子は、もうお前は死んだのかと思っていた、と言ったところ、顔淵はこう答えた。「子《し》（先生）在《いま》せば、回《かい》〔顔淵の字《あざな》〕〔が先に〕なんぞあえて死せん」〈先進〉と。

この危険なとき、弟子たちは動揺した。それを鎮めるためであろう、孔子はつぎのような有名なことばを吐いた。「〔文化を受け継いだ周の〕文王《ぶんおう》すでに没すも、〔その〕文〔化、それを表現する文章、そして、それをつきつめたものである道は、それを継承した私のところ、これ〕ここに在らずや。〔もし〕天のこの文を喪《ほろぼ》さんとするや、後死者《こうししゃ》〔後に死ぬ者、すなわち、この私は〕この文に〔参与、すなわち〕与《あずか》るを得ず。〔しかし、もし〕天のいまだこの文を喪《ほろぼ》さざるや、〔天が私を死亡させることはありえない。だから〕匡人《きょうひと》〔ごときが〕それ予《われ》を如何《いかん》せん」〈子罕《しかん》〉と。

それは、祖国で志を得られず、他国にそれを求めて出て、わずか十箇月ばかりのこの矢先、こんなところで、こんなことで死んでたまるかという気迫と現世への執着とを示している。天に運命をゆだねたような、現世を超越した諦観《ていかん》的な気分ではなくて、あえて、天に対しても、運命としてここで私を殺してしまうことに決めているものなら殺してみよ、という、挑戦的な激しいことばである。恐怖に青ざめていた弟子たちを励まし、叱咤《しった》した積極的なことばであると考える。

さて、この危難を孔子たちがどのようにして脱出したのか、その方法は定かでないが、とにかく、いちおう切りぬけ、一ヵ月あまりののち、再び衛国へ帰ってきたのである。

このあと、孔子は、衛国を根拠地にして、他国へ出入りをくりかえすことになる。その出入りについて、実は史料の相違があって、はっきりとした説はない。ただ確実に言えることは、衛国から陳国へ行ったこと、そして、蔡国《さいこく》とか葉国《しょうこく》といった国々をめぐって、再び衛国へ帰ってきたことである。また、その前に、故郷、魯国の陬《すう》（ただし、魯国の陬でないとする説もある）に一度帰国し、そのあと衛国へもどっている。そういう生活が五十六歳から六十八歳まで続くことになる。

人はあるいは言うだろう、老齢の不遇の辛《つら》い身の上であったと。確かにそう言える。しかし、不遇であったかもしれないが、本節の始めに述べるように、孔子は孔子で希望を抱いており、政治家としてふさわしい年齢と力量とを持つものとして、諸国をへめぐっていたと見るべきである。しかも、一人でなくて集団であった。

孔子から百六、七十年も後、同じく儒家の孟子という人物が、孔子と同じく、職を求めて弟子を連れて諸国を回った。『孟子』という書物の冒頭、魏国《ぎこく》の君主は歓迎の気持ちを表わし、孟子にこう呼びかけている。「叟《そう》、千里を遠しとせずして〔わが国に〕来《きた》る」と。

「叟」とは、実際、老人である人に対する「長老よ」という呼びかけである。老人を尊んで、黄河の下流地帯では、「捜《そう》（叟）」とか「艾《がい》」、上流地帯では、「公」とか「翁」とかと言っていたという（焦循《しょうじゅん》『孟子正義』引）。「五十〔歳〕を艾と曰《い》い、官政に服《したが》う。六十を耆《き》と曰い、〔人を〕指〔揮し〕使〔役〕す」（『礼記』曲礼上・一七三ページ）。老人は指導者として尊ばれていたのである。老人孔子の遍歴を、落ちぶれた姿のようなイメージで見るべきでない。むしろ、ぎらつくような、現世への執着、政治的地位への執念にとりつかれていた姿と見るべきであろう。

この十四年の遍歴中、いろいろなできごとがあった。次節において、その代表的なものについて略述することにしよう。

喪家《そうか》の狗《いぬ》のごとし

中国は昔から今に至るまで、ずっと治安のよくない国である。だから、古代の都市では城壁を作ってその中に住む。農村の場合でも、農繁期は田野の盧舎《ろしゃ》に住むが、収穫が終われば防壁のある集落にもどってくる。孔子より三百年ものちになるが、大漢帝国の場合、二十五戸で閭里《りょり》という末端の単位を作るが、そういう地域でも門を作り〔ということは、集落全体に防禦《ぼうぎょ》のくふうがあることであり〕、門番を置いて悪者の侵入を防いでいる。

中国は土地は広いが、農地に適した土地は少ない。現代でも有効な耕地面積は全世界の有効農耕地の七パーセントにも満たない。だから、耕地のないところに対して、行政権力の及ばない地域が相当に多かった。すなわち、権力の及ばないエアポケットが存在していたのである。警察力が及ばないそういうところには、独立して一つの社会を作っているいわゆる匪賊《ひぞく》という盗賊団が巣くうわけである。

たとえば、春秋時代、有名な匪賊の親分として盗跖《とうせき》という人物がいたとされる。この人物は、実在する人物のだれとあてはまるわけでない。伝説的に寓話《ぐうわ》的に、何千人という子分を率いて天下を横行し、諸侯など既成権力を屁《へ》とも思わず略奪を行ない、思うままに生き、その上、安楽に死んだ男というイメージを託された人物である。『荘子《そうじ》』盗跖には、孔子と同時代の人物として孔子との物語が描かれ、その物語中、孔子は盗跖にからかわれ、やっつけられている。

こうした盗跖的な匪賊が、孔子の当時、大小さまざまいたことであろう。その後、現代の第二次大戦が終わったころまで、つまり、つい最近までの中国に、その種の匪賊がいたのである。だから、絶えず緊張があり、のんびりした旅行はなかった。当然、こうした匪賊に対する防備があった。孔子は「文事ある者は、必ず武備あり」〈世家〉と言う。前述の匡《きょう》における災難においても、無防備であったと思えない。

匪賊による襲撃は、偶発的なものであるが、孔子集団は計画的にも襲撃されている。職を求めた孔子集団は、放浪中、匡における第一回目の場合とあわせて、四回、意図的な襲撃を受けているのである。

第二回目は、陳国へ行こうとして、衛国を出発し曹国を抜けて、宋国を通っていたときのことである。ある大樹の下で孔子が弟子と礼の訓練をしていたとき、宋国の大夫《たいふ》、司馬《しば》桓魋《かんたい》なる者が「孔子を殺さんと欲して、その樹を抜く」〈世家〉という事件が起こった。この司馬桓魋は、この事件(魯国の哀公《あいこう》元年または三年)ののち、問題を起こす。衛国から、大叔斉《だいしゅくせい》という人物が重婚したりして女性問題でトラブルを起こし、宋国に亡命し、美しい珠《たま》を贈って司馬桓魋の家臣となった。宋国の君主は桓魋にそれを献上させようとしたところ、拒否したため身が危うくなり、外国へ出ることになり(『左伝《さでん》』哀公十一年)、結局、反乱を起こすことになる(同書・哀公十四年)。

しかし、それまでは、桓魋は主君に寵愛《ちょうあい》されており、羽振りがよかった。なぜ孔子を殺そうと思ったのか、その理由はよくわからないが、あるいは、宋国の寵臣として、自国にとって孔子は油断のならぬ人物だから殺しておこうと思ったのかもしれない。そのとき、孔子集団のいた大樹を切ったというのは、「長木(大木)の斃《たお》るるや、〔まわりを〕摽《う》たざるなし」(『左伝』哀公十二年)という比喩《ひゆ》もあるように、全員の抹殺を謀《はか》った象徴的表現であろう。

このとき、孔子は礼の練習をしていた。これには二つの解釈が可能であろう。一つは、平和的な礼の訓練を見せ、けっして怪しいものでないとするデモンストレーションである。しかし、礼楽集団であることを百も承知の上での襲撃である。デモンストレーションがどれほど効果があっただろうか。いま一つの解釈は、戦闘的示威である。孔子は、「我、戦えば則《すなわ》ち克《か》つ。祭れば則ち福を受く。けだしその道を得たればなり」（『礼記』礼器）と言う。後世の注釈家は、その「我」とは「礼を知る者」とする（鄭玄《ていげん》の注）。それはそうである。すくなくとも五礼（礼の五種。この観念の成立は孔子の時代よりあとかもしれないが）の一つが、天子の軍礼である。

孔子は、衛国の君主に戦陣についてたずねられたとき、「俎豆《そとう》」（礼楽）のことは学んだが、「軍旅」（軍事）のことは学んだことはないと答えてはいる〈衛霊公〉。しかし、それは、軍事よりも礼楽が上だという彼の政治哲学を述べたことばであって、軍事をまったく知らないということではない。弟子の冉有《ぜんゆう》が、後年、魯国の季孫《きそん》氏の家老となり、斉国《せいこく》と戦って勝った。そこで、季孫氏は、軍略を学んだのか、生まれついての才能か、とたずねた。すると冉有は、はっきりと「これを孔子に学べり」〈世家〉と答えているのである。のみならず、孔子は「管仲《かんちゅう》なかりせば」〈憲問〉と管仲の軍事的成果をほめているし、「〔孔〕子の慎むところは、斉《さい》（斎戒）・戦（軍事）・疾《しつ》（病気）」〈述而《じゅつじ》〉と伝えられている。あるいは、孔子はこう言っている。「善人〔が〕民を教うること七年〔もたつ〕ならば、またもって戎《じゅう》（軍事）に即《つ》かしむべし」〈子路《しろ》〉と。すなわち、孔子はけっして軍事のまったくの無視などしていないのである。

その意味では、「子曰、以不教民戦、是謂棄之」〈子路〉という一文の場合、ふつう、「〔道徳を〕教えざる民を以《もち》いて戦うは、是《こ》れ〔すなわち〕、之《これ》〔民〕を棄《す》つると謂《い》うなり」と解釈されているようであるが、宮崎市定《いちさだ》『論語の新研究』（岩波書店・昭和四十九年）のように「〔戦闘法を〕教えざる民を」すなわち、「訓練しない人民を」と解釈することが可能である。「〔この攻防厳しい時代において、戦いを〕教えざる民をもって戦うは、是れ之《これ》を棄つと謂う」と読みたい。

軍事的防備もなく、また、危険に陥ったときに武闘的緊張を持しえない集団であったならば、襲撃されるとひとたまりもなく崩壊したであろう。当時の治安の悪さに対して、もし孔子が指導者として思いや準備をいたさなかったとすれば、そういうお人好《よ》しと凡庸さとでは、とてもじゃないが、一国の運命を担って、国政に与《あずか》るほどの器量はないということになろう。

この襲撃した司馬《しば》桓魋《かんたい》に五人の兄弟がいたが、一番下の弟を除いて、四人が桓魋を中心に同じ党派を組んで力を持っていた。たとえば、その一人の向巣《しょうそう》は、宋国の正規軍を率いて鄭国《ていこく》を討ったことがあるくらいである（『左伝』哀公十二年）。この四人組を嫌って別行動をとっていた一番下の弟を司馬牛《しばぎゅう》といい、実は孔子の弟子となっていたのである。

司馬牛は、この兄たちのことを恥じて、「人〔は〕みな〔親しい〕兄弟あり。〔しかし〕

我ひとり〔実質的に兄弟が〕なし」〈顔淵《がんえん》〉と嘆いたことがあった。そこで、同じ門人の子夏《しか》は孔子から学んだことばとしてこう慰めている。

〔人の〕死生〔には、運〕命あり。富貴は天〔命〕に在り。君子は、敬《つつ》しみて失〔望〕する〔こと〕なく、人と〔交わって〕恭《つつし》みて礼あらば、〔天下の〕四海の内、みな〔君の〕兄弟なり。君子〔たるもの〕なんぞ兄弟なきを患《うれ》えん、と〈顔淵《がんえん》〉。

司馬牛は、そのつらさをさらに師の孔子に打ちあける。君子とはどういうことでしょうか、と。孔子は勇気づけている。「君子は、憂えず、懼《おそ》れず……内に省《かえり》みて疚《やまし》からざれば、それ何をか憂え何をか懼れん」〈顔淵〉と。顔淵のような「仁者は憂えず」、子路《しろ》のような「勇者は懼れず」（一七一・一七二ページ）ということを孔子は頭において述べたのであろうか。

司馬桓魋《しばかんたい》に襲われた孔子集団の中に、弟の司馬牛がいたのかどうか、それを示す史料はない。ただ、無事に切りぬけたあと、孔子は、「天、徳を予《われ》に生ぜり。桓魋〔ごときが〕それ予を如何《いかん》せん（どうにもできないのだ）」〈述而《じゅつじ》〉と言ったとあるのみである。

しかし、浮浪的な匪賊《ひぞく》と異なり、宋国において勢力のある桓魋が、その自国において殺そうと思ったのである。あらゆる意味で孔子集団の戦闘力をはるかに上まわっている。にもかかわらず、切りぬけることができたのには、あるいは、兄の桓魋に対する司馬牛の必死の歎願《たんがん》と説得とがあったのかもしれない。

孔子が受けた危難の第三回目は、衛国内の蒲《ほ》という街を通りすぎていたときのことである。公叔《こうしゅく》という一族が、この蒲城を根拠地にして衛国に対して反乱を起こしていたため、孔子らを城内に監禁した。すると、五台もの自分の車を連ねていた弟子の公良孺《こうりょうじゅ》という者がこう名のりでた。昔、先生につき従っておりましたとき、匡《きょう》で災難に遭いました。いままた、ここで同じような災難に出遭いました。これは運命です。私は先生とともに再び災難にかかるよりも、「むしろ闘いて死せん」〈世家〉と。この弟子は、体が大きく頭もよく、武闘力もあった。その闘いぶりがすさまじかったので、蒲城の連中は恐れをなして孔子に妥協案を出した。衛の国都に行かねば出してやろうと。そこで孔子は行かないと神かけて誓約したので、東の門から出ることができた。

そのあと、孔子は平気で衛の国都へ向かったのである。子貢《しこう》は彼らの追撃を心配して、誓約を破って大丈夫ですか、と言った。孔子は、なあに強要された誓約だ、「神《しん》〔は、そんなまごころのない誓いなど〕聴かず」〈世家〉と答えてほごにしてしまった。のみならず、国都に近づくと、喜んで城外へ迎えに出てきた衛国の君主に対して、早くあの蒲城の公叔らをお討ちめされ、と言ってのけている。もっとも、結局、君主は討てなかったが。

第四回目の災難は、陳・蔡の両国を往復していたころのできごとである。

孔子は、衛国を出発して、陳国を目的地とした。なぜ陳国に狙《ねら》いを絞ったのか、真相はよくわからない。当時の陳国は、曹国と状態がよく似ていた。曹国は、南側の隣国である宋国に軍事的に痛めつけられていた。同じく、陳国は、南側の隣国である蔡国ともども、もう一つ南側にある楚国《そこく》や、楚国の東側の呉国《ごこく》や、あるいは北方の強国、晋国《しんこく》に、代わるがわる痛めつけられていた。孔子が亡くなった年、陳国は楚国に滅ぼされてしまっている。いわば、当時、希望のない国であった。しかも、二流国であるこんな国に、なぜ孔子は行こうとしたのであろうか。

孔子の根拠地は衛国である。しかし、衛国の君主霊公《れいこう》は「老いて政《まつりごと》〔治〕を怠り、孔子を用いず」〈世家〉という状態である。孔子はいらだち、「かりそめに我を用うる者あらば、期月《きげつ》（ここの文では一年の意）のみ〔で十分な政治を行ない〕三年にして〔完〕成〔す〕るあらん」〈世家〉と嘆いている。

おりしも、晋国において佛肸《ひつきつ》という高官が反乱を起こした。配下に人材を求めて孔子を召しだそうとした。「孔子、〔そこへ〕往かんと欲す」〈世家〉。もっとも弟子の子路にたしなめられて行かなかったけれども、確かに、孔子はしだいに焦ってきていたのである。

孔子が鄭国へ行ったとき、弟子たちとはぐれて、孔子ひとり城郭の東門に立っていたことがあった。その様子を、鄭の人が子貢にこう言った。容貌《ようぼう》は昔の賢人・聖人とよく似ているが、疲れていて、「喪家《そうか》の狗《いぬ》のごとし」〈世家〉だと。「喪家」とは、家を失った〔腹をすかせた〕野良犬、あるいは、葬儀を出して喪中の家の〔えさを十分にもらえずやせてしまった〕犬の意味である。

　これは、かけことばである。孔子の様子が、〔他国をうろつき、自分の〕家を「喪《うしな》」った「喪」〔（葬儀）に詳しい儒〕家の犬、とことばをかけて言っていると解する（現代中国語で「喪」字を読むとき、発音は同じだが、「喪（失）」の「喪」と葬儀の意味の「喪（儀）」とではアクセントが異なる）。このかけことばが、あまりにもぴったりだったからであろう、この批評を聞いて、孔子はかえって愉快そうに欣然《きんぜん》と笑って、「形状（容貌）」についての批評ははずれているが、「喪家の狗に似たりと謂《い》うは、然《しか》るかな、然るかな（もっとも、もっとも）」〈世家〉と言った。

　こういうことがあって、そうして、陳国へ行ったのである。明らかに、目的は、政治家としての地位を得るためである。孔子とても、衛国のような中級国よりも、やや劣る陳国のほうが、機会が多いと思ったからであろう。諸説あるが、私は、孔子は陳国の時の君主、湣公《びんこう》（名は越《えつ》あるいは周《しゅう》）の家臣になろうとしたと考える。だからこそ、数年も陳国に滞在していたのであろう。

　孔子は衛国に始まり、宋国や鄭国などいわゆる中級国に対して狙いを定めて地位を得ようとしていたようであるが、後半、陳国や蔡国という中級国ではあるが、むしろ、弱小国に近い国を回ることとなり、さらには、楚国の葉《しょう》（宋代の鄭樵《ていしょう》『通志』氏族略では、読みかたが「葉《よう》」と変わっているが）という城市を訪れている。

この葉城の首長、沈諸梁《しんしょりょう》という男を『論語』では「葉公」と記している。「公」と言えばふつうは、国君のことであるが、春秋時代、公認では、「葉」という国はない。あくまでも、当人の属している楚国の葉県の長官でしかない。そこで、大国では陪臣《ばいしん》でも公というランクの家臣がいたとするが、別説に拠《よ》れば、どうやら、勝手に国君気取りで、人々に葉公と言わせていたようである。楚と言えば、ずっと南のほうにあり、周王朝など中央の威令が行きとどかない独立的な地域である。楚国の国君自身、国君の上を行き、楚王と僭《せん》称《しょう》していた。

そういう事情を孔子が知らないわけがない。とすれば、あるいは、葉城で地位を得ようと思ったのかもしれない。事実、政治思想上、この葉公と重要な議論を行なっている（後述二三四ページ）。とすれば、楚国の一地方であるものの、事実上、葉県は、葉国という零細国と考えても不自然でない。

中級国から弱小的中級国へ、さらには、零細国へと、明らかに孔子はランクを下げて回るようになってしまっている。これは、時の流れとともに、まさに「喪家《そうか》の狗《いぬ》」となってしまっていったことを物語っている。

さて、話をもとにもどすと、孔子が陳・蔡両国を訪れ、滞在していたときのことである。どうも陳・蔡両国で地位を得られそうにないような様子であったとき、南方の雄、楚国が人を送って孔子を招聘《しょうへい》したのである。孔子は、さっそく楚国へ行こうとした。すると、楚国の圧力に苦しんでいた陳・蔡両国の首脳は、孔子が楚国で地位を得ると自分たち両国のためにならないと判断し、共謀して、軍勢を送り、孔子一行を行かせまいとして取り囲んだのである。「孔子を野《や》に囲み、〔そのため孔子らは〕行くを得ず」〈世家〉。

四度の災厄のうち、この災厄が最も厳しかった。食糧を完全に絶たれたのである。七日間も絶食し（『荀子《じゅんし》』宥坐）、体が弱って弟子たちは起《た》てなかったほどである。しかし、そういう状態の中でも、孔子は礼楽の練習をして、その勢いが衰えなかったという。

このとき、弟子たちの中心である三人、子路・子貢・顔淵はそれぞれどうしたか。主情派の子路は、血相を変えて孔子にねじこんだ。「君子もまた〔困〕窮することあるか」〈衛霊公〉と。孔子は答えた、「君子も〔みなと同じく〕固《もと》より窮す。〔しかし〕小人《しょうじん》〔は〕窮すれば、すなわち濫《みだ》る」（同前）と。主知派の子貢は子路のように孔子にねじこんだりはしなかったが、怒りが顔に出ていた。孔子は子貢にこう言った。「なんじ、予《われ》をもって多く学びてこれを識《し》る者となすかと」（同前）。子貢は、そう思いますと答えたところ、孔子は、いやちがう、「予《われ》は、〔唯《ゆい》〕一《いっ》〔の立場を〕もってこれを貫く〔一以貫之〕」（同前）と言った。この「一」が何を意味するのか、議論のあるところだが（私は、「唯一の立場」という意味というよりも、この「一」はいろいろな考えを「集約して」とか「帰納して」とかという意味ではないかと考えている）、知性派の子貢には、ゆっくりと考えさせたのである。一方、顔淵はと言えば、食べられる野草を黙って摘《つ》んでいたという(『荘子』譲王)。こういうときにも、三人三様のそれぞれの性格が現われていたわけである。

この「陳蔡《ちんさい》の〔災〕厄」は、後世、いろいろな史料にいろいろと描かれている。中には、この危急時、孔子自身にもうろたえがあったとする。たとえば、顔淵が孔子のために米を炊《かし》いでいたとき、その中にごみが落ちた。顔淵は困った。そのままだと汚いし、かと言ってこの窮乏中、せっかく用意した御飯を捨てるわけにもいかない。そこでごみのあるところをさらって、そのあと捨てるのはもったいないので食べた。ところが、孔子は遠くからそれを見ていて、顔淵が盗み食い(窃食《せっしょく》)をしたな、と思った(『論衡《ろんこう》』知実)。しかし、孔子は知らんふりして、御飯を持ってきた顔淵に向かって、食物は清潔でなくてはいかん、と遠まわしに言った。顔淵はその意味を悟って、自分がすくって食べたわけを言った。孔子は、誤解していたことを知り、人間の目や心は頼りにならないものだ、弟子たち諸君よ、よく覚えておけ、「人を知る〔ことは〕、固《もと》より易《やす》からず」(『呂氏春秋《りょししゅんじゅう》』審分覧・任数)と言ったという。

あるいは、こう伝えられている。災厄が十日続いたとき、「子路〔はどこかで手に入れて〕享《きょう》(又は「烹《ほう》」)豚《とん》(祭に供える犠牲《いけにえ》の豚)あり。孔某(孔子)〔は、その〕肉の〔どこから手に入れたのか、その〕由《よ》りて来《きた》るところを問わずして食らう。〔また、子路が〔あるいは或る弟子が〕他〕人の衣を褫《うば》いて、もって酒を酤《か》う(買う)。孔某、酒の由りて来《きた》るところを問わずして飲む」(『墨子《ぼくし》』非儒)と。

もっとも、この史料は、儒家に対抗して成立した墨家という集団の文献であり、かなりの悪意をもって儒家のことを記しているので、割り引きする必要はある。しかし、〈陳蔡の厄〉のときの混乱の雰囲気をかなり伝えているように見える。

結局、子貢がなんとか囲みを抜けだした。おそらく、包囲軍のあるグループを買収したか、あるいは、商売人たち独自のルートによるものか、いずれにしても、知謀の人、子貢流にうまく脱出し、楚国へ走り、楚王に訴えたのである。孔子を招聘した楚国の昭王《しょうおう》は事態に驚いて、さっそく軍隊をくりだして救出した。

昭王は迎え入れた孔子に対して、高禄《こうろく》を与えて家臣にしようとした。どの程度の高禄かと言えば、一万七千五百家(世帯)のある土地をあてようとしたのである。当時、二十五家(世帯)で一里という単位を作り、それぞれ社を立てていたが、その七百社分をあてようという極上の待遇である(〈世家〉。ただし、〈世家〉は、「書社」という地名にしているなど、問題のある箇所)。一民間人に対して、七百社とは破格の待遇である。あるいは「三百社」とも言われ(『荀子《じゅんし》』仲尼《ちゅうじ》)、この数字については、昔から疑われている。だから、数字をいじくってもあまり意味はなかろうが、とにかく、別格待遇をしたようである。

楚国にも事情があった。楚国は、春秋時代の当時、長江《ちょうこう》(揚子江《ようすこう》)の中流から上流にかけての広大な地域を制圧しており、つぎの戦国時代には、長江の下流をも収め、さらに、南下して、今日の福建《ふっけん》省（台湾省の対岸）あたりまで進出し、当時の中国の約南半分を支配する強国となるに至る。中国古代史は、北方の黄河《こうが》流域を中心に展開したが、長江流域を支配した楚国は南方（現在の中国領土全体から言えば中間地帯）の歴史の展開者であった。

しかし、古代の北方系の中国人の意識からすれば、黄河流域こそ中国文化の中心地であり、長江から南という地域などは、蛮人どもが住むところの「南蛮」にすぎなかった。事実、南方は秘境であり統治しにくいところであった。秘境と言えば、当時の楚国に隣接した西側は、今日の四川《しせん》省にあたるが、この四川省西南部あたりに住む少数民族の彝《い》族（夷《い》族・猓々《ろろ》族・羅々《ろろ》族と言われてきた）などは、一九五八年になってはじめて、奴隷制を廃止し、奴隷を解放したほどである（曾昭掄著・八巻佳子訳『中国大涼山ィ族区横断記』・築地書館・一九八二年）。また、『三国志《さんごくし》』の英雄、劉備《りゅうび》が建国した蜀国《しょくこく》は四川省であるが、その南方で争乱が絶えなかった。そのため、重臣の諸葛孔明《しょかつこうめい》が南征する。そのとき、小説風に言えば、軍略に長《た》けた名将の孔明が、反乱軍の猛将、孟獲《もうかく》を擒《と》（捕）らえては放ち、放っては擒（捕）らえることが七回にも及び、ついに、孟獲は孔明に降服した「七擒孟獲《ななきんもうかく》」（七縦七擒《しちしょうしちきん》）という故事がある。この孟獲も四川省西南部出身である。あるいは、彝《い》族と関係があったのかもしれない、と言われている（前引の八巻佳子訳書）。いずれにしても、軍略家孔明の掌《てのひら》の上でしかなかったものの、何度も何度も反乱を起こしたということは、逆に言えば、非常に統治しにくかった土地であることを示している。

広く一般的に言って、南方の諸民族は、黄河流域の〈中央政府〉に対抗できる地の利と、ゲリラ的戦闘力とを持っていた。しかし、民度の低さから、漢民族の〈礼〉文化が、他民族の地方文化よりも優れているとする観念に対抗できなかった。だから、北方の〈礼〉文化を消化し、北方の漢民族と同一水準化を行ないたいという劣等感があった。そこで、私は、楚国の君主、昭王が、孔子に目をつけたのは、孔子の政治的能力や、政策に対してではなくて、〈礼〉文化の情報提供者としてではなかったかと考える。

孔子が礼について一流の専門家であったことは、当時、だれもが認めている。その孔子ならびにその集団を全部ひっくるめて抱えこむことは、楚国がけっして野蛮な南蛮国ではなくて、文明国であることを内外に宣伝できる絶好のチャンスである、と昭王は思ったのであろう。孔子を救出したあと、七百社という破格の待遇を与えたのである。

しかし、昭王は若い。現実政治を担当している重臣の目から見れば、政治的には若僧でしかなかった。〈礼〉文化を抱えこみ、上からの文明化などという、哲学青年・文学青年の歯の浮いたような書生論が、当時の厳しい政治的状況にふさわしくないことを、重臣たちが一番よく知っていたのである。文明国とか礼（その象徴は周王朝）とかではなくて、軍事的実力が現実を動かしているのであって、平和や文化や既成の秩序維持をさえ唱えておれば、他国が自国へ侵略することはありえないとする天下泰平の書生論議の〈平和論〉が、かえって国家の存在を危うくすることを重臣たちはよく知っていた。そこで重臣の代表格であった子西《しせい》という人物が反対した。

老獪《ろうかい》な子西は、さすが大国を預かる器量人だけあって、やみくもに孔子登用に反対しない。その代わり、孔子によって代表される〈既成の秩序維持〉に対する痛烈な批判を行なった。そのため、のちに孔子は子西を「論ずるに足らぬ」と不愉快そうに人物批評したほどである〈憲問〉。

子西は言う。孔子は、〈礼〉を柱とする既成の秩序、すなわち、周王朝体制の擁護者である。だから、孔子を登用すれば、その優秀な弟子の子貢・顔淵・子路・宰予《さいよ》らは、楚国の重臣となり、崩壊中の周王朝体制回復運動へと走り出すであろう。ところが、周王朝体制と楚国との関係とはいったい何か。周王朝は、諸侯中における楚国のランクづけとしては、南蛮と馬鹿《ばか》にして、低い子爵・男爵クラスとしている。すると、〈礼〉理論的に言えば、子・男クラスの諸侯は、五十里平方の小規模国家ということになる。そういう〈礼〉理論を実践するとなると、これまで苦労しながら、切り取ってきた現有の堂々数千里平方の土地を捨て、楚国みずから国家規模を縮小せざるをえないことになるのではないかと。そして、最後に、子西は言う、孔子ならびにその集団を登用し、「孔子〔が、楚国という〕土壌に拠《よ》るを得て、〔孔子の〕賢弟子〔が、我が国の重臣となり、補〕佐をなすは、楚〔国〕の福《さいわい》にあらざるなり」〈世家〉と。頭でっかちの偉い人たちにまかせたらエライことになるわ、という痛烈な皮肉である。

周王朝の礼的体制という秩序の維持やそこへの回帰は、話は高尚だが、とりもなおさず、楚国が早くからその体制からはみ出て、実力で拡大してきた自国を縮小させるという自己否定になるではないかという、〈既成の秩序維持〉理論に対する痛烈な批判である。

子西によって、孔子の理論の非現実性が、はっきりと暴露されたのである。孔子の流浪中、これほど痛烈な批判を受けたことはなかった。

子西のことばを受けてふらついた昭王は、孔子登用をやめた。しかし、この登用中止は、単なる中止とはならなかった。孔子に対するこれまでの妨害のそのほとんどは、その国の重臣たちの嫉妬《しっと》とか、自分の地位を奪われることへの恐怖といった個人的理由が多かったようであるが、今回のそれは理論的な反対、原理原則への批判という反対理由がはっきりと示されたのであった。

これは、孔子の求職流浪に対して、とどめを刺すこととなった。孔子は、これまで、何度も就職に失敗していて、それでもあきらめなかったのは、その失敗は、相手政界における次元の低い妨害によるものと思っていたからである。ところが、今回、はからずも、自分の立場に対する根本的批判が、自分の就職をだめにしていることを知ったのである。孔子は、大きな挫折《ざせつ》をした。孔子は、求職への情熱を急速に失ってしまう。

孔子は、その一生、自分を売りこむことに懸命であった。弟子の子貢が、譬《たと》え話の形で、ここに美玉がありましたら、先生は箱に収めておきますか、それとも売りますか、と問うた。この美玉は、もとより孔子を指す。この質問に対して、孔子は、「これを沽《う》（売）らんかな、沽らんかな。我《われ》は〔それを買う商人、すなわち〕賈《こ》を待つ者なり」〈子罕《しかん》〉と答えている。

この「これを沽らんかな」ということばは、「どうして、これを売りに行こうか。向こうから買いに来るのを待つ」という解釈、「もちろん、売りに出そう」という解釈の両方に昔から大きく分かれるが、そのどちらにしても、「売り出す」という気持ちとしては同じである。それは孔子の偽りないほんとうの気持ちであった。

その気持ちが、前記のように、楚の宰相、子西の痛烈な批判によって大きく崩れていったと私は見る。もちろん、突如として起こったわけではない。十数年にわたる流浪の試練から、現実政治において、自分の場所がないことをしだいに実感を持って知っていっていたという背景がある。もうそれは、忍耐の限界であったそのとき、子西の痛烈な批判が引退の気持ちへの大きな引きがねとなったと私は見る。楚国は、いわば、中央舞台から外れた地方舞台である。中央舞台に場所を得られず、せっかく立とうとした地方舞台においてすら、自分の場所がないとするならば、現実社会において、もはや自分の活躍する可能性はないではないか。

孔子は言う、「その位《くらい》に在らざれば、その政《まつりごと》を謀《はか》らず」〈泰伯《たいはく》〉と。このことばは、ふつう、その職分にない者が、とやかく越権行為をするなという意味に解されているが、現実政治との訣別《けつべつ》を表わした悲痛な終止符のことばであったとも読める。このことばは、『論語』中、二度記録されている重要なことばである。孔子集団における忘れがたい孔子のことばであったのだろう。

こうした現実へのあきらめは、孔子の精神を現実の〈生の世界〉のみならず、〈生の世界〉と並ぶ〈霊的世界〉への思いを許す。「子曰《いわ》く、〔めでたい〕鳳鳥《ほうちょう》至らず、〔黄〕河《か》〔から、亀がめでたい〕図《と》を出《いだ》さず。吾《われ》、已《や》んぬるかな」〈子罕〉と。

孔子は、その出身から言って、もともとは、〈死の世界〉の理解者である。だから、〈死の世界〉と〈生の世界〉との中間に在る〈霊的世界〉の理解者でもある。この三つの世界の内、〈生の世界〉における願望がいま絶たれようとしたとき、〈霊的世界〉や〈死の世界〉に、しだいに身を寄せていったとしても、すこしも不自然でない。

孔子は、陳国にいたとき、すでに現実へのあきらめの気持ちを抱いていた。弟子たちに対して、孔子は「帰らんか、帰らんか」〈公冶長《こうやちょう》〉と言っていたのである。十数年にわたる流浪の旅を終えようと、孔子が決心したのは、楚国における失意が、最も大きな原因であったと、私は考える。

もとより、「孔子衛を去りし以後、〔魯国の〕哀公《あいこう》十一年衛より魯《ろ》に還《かえ》りしまで……其歳《そのとし》月に至りては殆《ほとん》ど一も確定せらるべきものなし」（蟹江《かにえ》義丸《よしまる》の前引書）。また、楚国から魯国に帰ったのではなくて、いったん衛国へ帰った。

ただ、〈世家〉によれば、祖国である魯国の君主、哀公をはじめ、重臣の季康子《きこうし》（季孫氏の当主）らが、孔子を呼び返そうとした。その使いの者が丁重に衛国へ迎えに来たので、魯国に帰ったともいう。とすれば、敬意を受けての魯国政界への復帰ということになる。

しかし、「魯、終《つい》に孔子を用うる能《あた》わず。孔子もまた仕《つか》うるを求めず」〈世家〉とある。孔子は引き退っており、その後、他国へ出て仕官を求めることもなかった。すなわち、魯国の呼び返しの結果がどうであれ、孔子はもはや、現実政界へ出る希望を失っていたのである。孔子はすでに、六十八歳という老境に在った。〈霊的世界〉や〈死の世界〉にほど近いところにすでに来ていたのである。

弟子

孔子の学校

魯《ろ》に帰国した後の孔子の地位はどのようなものであったか。蟹江義丸《かにえよしまる》は、国老の地位にあり、国君や重臣の顧問官であったとする（前引書）。

これは『左伝《さでん》』哀公《あいこう》十一年などの記録に基づくものであるが、その記録に基づき、蟹江はさらに、当時、孔子の弟子、冉求《ぜんきゅう》は魯国の名門である季孫氏《きそんし》の筆頭家老であり、同じく弟子の樊遅《はんち》は、魯軍の将官として戦功があり、また、子貢《しこう》も、季孫氏と並ぶ名門、叔孫氏《しゅくそんし》に仕えて、呉国《ごこく》との外交折衝に当たるなど、孔子の高弟が魯国政界で活躍していたとする。

また、「孔子の弟子、多く衛《えい》（国）に仕《つか》う」〈世家〉ともあるので、魯・衛両国にわたって、孔子集団は相当な勢力を有していたと考えられる。事実、哀公や魯国の宰相格の季康子《きこうし》が、孔子に教えを乞《こ》うている記録が、『論語』中、いくつか見えている。

だから、孔子は魯国に帰国後、隠然たる政治的影響力を有していたと見るべきであろう。そういう孔子のもとへ弟子入りしてくる青年たちは、単に〈学ぶために学ぶ〉という抽象的な目的ではなくて、〈仕える資格を取るために学ぶ〉という現実的目的をもって現われてきた者が多かったであろうことは想像に難くない。要するに、流行《はや》っている塾、それも就職塾ということになる。

晩年、「孔子、〈詩書礼楽〉をもって教う。弟子けだし三千。身、六藝《りくげい》（全教科）に通ずる者七十有二人」〈世家〉であったというから、私立大学を開いていた、と言ってよいであろう。孔子が中国教育史における重要人物となっている理由の一つである。

魯国に帰国した六十八歳のときから、七十三歳で亡くなるまでの五年間の学校生活中、特に多数の弟子が入門してきた、と考える。もちろん、青年が多く、孔子より三十歳も四十歳も若い人たちである。すると、いつの時代でもそうであるが、集団において、青年と年配層との間は大体においてしっくりしない。

孔子の弟子の場合も、大きく二つに分けるというのが、一般的解釈である。すなわち、孔子壮年期の弟子と晩年期の弟子との二大別である。前者は孔子が三十代のときから、ずっといっしょに苦労してきたグループ（子路《しろ》・子貢などが代表）であり、後者は、たとえば、曾子《そうし》を代表とする青年グループである。しかし、孔子が六十八歳で帰国した年で言えば、諸説に拠《よ》って有名な弟子をひろうと、子路五十九歳は別として、冉求三十九歳、顔淵三十八歳、宰予《さいよ》三十八歳前後、子貢三十七歳、子夏《しか》三十四歳（あるいは二十四歳）、子游《しゆう》三十三歳（あるいは二十三歳）、子張《しちょう》三十歳（あるいは二十歳）、澹台滅明《たんだいめつめい》二十九歳、曾参《そうしん》（曾子）二十二歳というふうに（あるいは、（　）内に示すように、二十代とその他に大別したとしても）、年齢は比較的なだらかに並んでいる。

最晩年、孔子は回顧の懐かしい気持ちから、陳国《ちんこく》・蔡国《さいこく》に行ったときにいた弟子の名を挙げているが、そのなかに、若い子游・子夏の名が挙がっている〈先進《せんしん》〉。すると、二つのグループと言っても、年齢の大きな断層を認めていいものかどうか、疑問である。せいぜい三十代以上のグループと二十代のグループとの分別であり、年齢の断層というよりも、むしろ、流浪経験の有無というものが二大別の標準となっていたのではなかろうか。前者は、弟子というよりも同志であり、孔子とは、運命共同体的な感覚や経験的交流で結ばれている。一方、後者は、どちらかと言えば、官僚になるための教養を学ぶという、利益的な関係(もちろん、単なる利益という意味ではないが)と知的交流とで結ばれている。

すなわち、年齢と言うよりも流浪経験の有無によって、いわゆる世代のずれや断絶という問題が出てきたのではなかろうか。そこから、いわゆる、世代論が出てくる。その場合、孔子は、自身が年長者であるから、自然に、どうやら、昔からの弟子たちの立場に立ったようにみえる。となると、古今東西、共通する世代論、すなわち、「このごろの若い者は……」という発言が出てくる。もっとも、「このごろの若い者は……」と言うとき、ストレートには非難のことばではあっても、逆に言えば、恐れの表現でもある。この恐れの表現を、さらに善意で包みこめば、若い人たちへの期待となる。孔子は、そういう形で世代論を述べた。すなわち、「後生《こうせい》(若いもの)〔は〕、畏《おそ》るべし」〈子罕《しかん》〉という名言である。

孔子は、衛国の高級官僚であった孔文子《こうぶんし》という人物(弟子ではない)を褒《ほ》めたとき、この人物の良さとして「下問を恥じず」〈公冶長《こうやちょう》〉と言った。「下問」とは、わからないことがあったとき、目下の者に対して、はばからずに教えを乞うということである。孔子自身、「下問を恥じず」の精神であった。

また、陳国に滞在中のとき、或る人物との問答で誤った答えをしたことがあった。そこで、その人物がそのことを指摘した。それを弟子の巫馬期《ふばき》が孔子に伝えた。すると、孔子はこう言った。「丘《きゅう》（孔子の名）や幸《さいわい》なり。苟《かり》に〔私に〕過《あやまち》あらば、〔他の〕人〔が〕必ずこれを知〔って教えてくれ〕る」〈述而《じゅつじ》〉と。これは、巫馬期に向かってのことばである。目下の者に教えを乞うたり、誤りの指摘を受けて感謝すること、これは並みの人間にはなかなかできないことである。鄭国《ていこく》の子産《しさん》の行為（六二ページ）とそれに対する孔子の共感が思い出される。孔子が、地位を求めて、ぎらぎらとする自己顕示欲に燃えていた人物であったことは、まちがいない。しかし、その一方、事実や真理の前には、謙虚であった。自己顕示と謙虚さと――この両者は矛盾するように見えるが、実は矛盾でない。

というのは、その向かってゆく対象が異なっているからである。孔子の自己顕示は、孔子集団を規準とするとき、この集団から見て対外的な場合である。その謙虚さは、集団への対内的なものである。集団において、外へ向かっては攻撃的、内へ向かっては融合的であることは、共同体の指導者としての重要な条件である。集団内部を結束させるものは、指導者の権威ではなくて、構成員との情的融合である。有り体《てい》に言えば、いわゆる〈親分子分〉の関係である。権威や強制では、「馬前に死を誓う」熱情は生まれない。集団構成員に対して、形式的権威をふりかざす指導者は、その集団を保ちえない。一方、指導者が、対外的には戦闘的であることを構成員は期待する。集団自身の地位が、指導者の対外的地位によって上下するからである。これは、組織論の定石である。

いみじくも、孔子は、共同体組織論の定石を十分に心得ていた。孔子は、対外的には厳しかったが、対内的には、優しかった。孔子集団の結束の堅さは、孔子の弟子たちが、困難なときにもなかなか孔子と離れなかった事実から見て明らかである。対外的には権威である人物が、対内的には率直、謙虚であることが、その人物のスケールをいっそう大きくしてゆく。

『論語』の中にくりかえし出てくる孔子の謙虚さを示すことばは、弟子たちの心にくいこむ。

過《あやま》たば、すなわち改むるに憚《はばか》ることなかれ〈学而《がくじ》〉〈子罕《しかん》〉の二箇所)。

〔もし〕人の過《あやま》つや、おのおのその党〔仲間〕〔のしかた〕において〔処理をな〕す。〔だから〕過ち〔のあとの処理のしかた〕を観れば、すなわち仁〔最高のありかた〕〔をどの程度理解しているか〕を知る〔ことができる〕〈里仁《りじん》〉。

吾《われ》、いまだ能《よ》く〔自分の〕その過ちを見て、内に自《みずか》ら訟《せ》むる〔反省する〕者を見ざるなり〈公冶長〉。

過ちて改めざる（態度）、これを過ちと謂《い》う〈衛霊公《えいれいこう》〉。

これ（過ち）を改むるを貴《たっと》しとなす〈子罕〉。

以上は、孔子自身のことばであるが、その影響を受けてであろう、古くからの弟子、子《し》貢《こう》もまた、「君子の過《あやま》ちや、日・月の食《しょく》（日食・月食）のごとし。人、みなこれ（欠けていて光が十分でないこと）を見る。（しかし、ちゃんと）更《あらた》むるや（もとどおりの形にもどって光を放ち）、人みなこれを仰ぐ」〈子張《しちょう》〉と言い、新しい弟子の子夏もまた、「小人の過つや、必ず文《かざ》る」〈子張〉と述べている。

さて、孔子は、現実政界において、地位を得ることに成功しなかった。しかし、孔子集団の領導には成功している。筋から言えば、家族集団的な孔子集団での成功した方式を、政界に適用してゆけば、成功可能のはずであった。身を修め、家を斉《ととの》え、国を治め、天下を平らかにできるはずである。しかし、成功しなかった。なぜか。

その大きな理由は、意識と現実とのずれにある。孔子の生きていた時代、もとより血縁共同体の原理が支配していた。下は家族や農村の小集落から、大部族に至るまで。そういう中で育ってきた孔子にしてみれば、そうした共同体の相似的拡大が邦国（あえて国家とは言うまい）であった。たとえば、祖国の魯国がそれである。その限りでは、理論的に言って、身を修めることは、直線的に国を治める道につながる。そういう共同体的意識は自然である。

しかし、現実はどうであったか。人間の歴史は、基本的には、物質的豊かさを求めてきた歴史である。物質はけっして賤《いや》しいものでない。山下正男『新しい哲学』(培風館・一九六七年・一一三ページ)はこう述べる。「ギリシアでは貴族ないし自由民であることの資格として当然財産を持つことが必要とされた。したがって富は立派な人間に備わるべき徳であり善にほかならなかった。英語の good は道徳的な善という意味で使われるが、しかし、また goods のように名詞の複数形にすれば財という意味になる。つまり、物質的富と良きもの、さらには、善きものとはもともと一致していたのである」と。

興味深いことに、中国古代においても似たような観念がある。「徳《とく》とは、得《とく》なり」(『礼記』楽記など)という理解である。ふつう、「得」を「理《ことわり》(道理)を得ること」と解釈しているが、そういう抽象的な意味が原義であったとは思えない。やはり、これは、「物を得る」ということが基本的観念である。

人間の物質的生活水準の向上は、その長い歴史の上では、上がるか、上がらないか、めだたない程度の遅々とした歩みであったとしても、時代を経るに従って確実に上がってきている。それは人間の正常な要求である。中国古代も例外でない。新しい物、いい物、多くの物を求めて、人間は商業活動を生み出す。商業活動は地域の拡大へつながる。交易が盛んとなる。となってくると、農業を主体とする共同体は単独の自給自足的経済では成りたたず、他の諸共同体と交流し、しだいに、いろいろな共同体を結ぶ〈交流関係〉を生じてくる。この〈交流関係〉は、共同体における関係と異なる。共同体では、習俗・慣習・不文律、それをひっくるめて言えば〈礼〉による縦の関係が保たれるが、新しく生まれてきたこの〈交流関係〉は、知らぬ他人どうしが新しく約束を作る横の関係である。そのため、相互平等的に強制や罰則を伴わざるをえない。ことばを換えて言えば、共同体自身を律するものは性善的な〈道徳的礼教的了解〉であるが、異なった共同体間を律するものは性悪的な〈法的了解〉である。

この〈法的了解〉は、交流の規模の拡大とともに広がってゆく。孔子の二百年ほどのちには、その極致として法を重んずる法家思想を生むことになってゆく。

しかし、孔子の時代、〈法的了解〉は、まだ一般的了解にはなっていなかった。けれども、将来、その方向への拡大は明らかであった。共同体派の孔子は、この〈法的了解〉を敵視した。〈法的了解〉によって新しい交流を形作ることは、周王朝下の礼教的体制への挑戦であると考えたからである。そのさらに根本的観点を言えば、前述したように、孔子は節約経済派であったからでもある。具体的道徳的な共同体を根拠とする儒家の節約経済（そのモデルは農村的魯国）と、共同体と共同体との間を結ぶ抽象的法的関係を根拠とする法家の景気刺激経済（そのモデルは商業的斉国《せいこく》。ならびに斉国の管仲《かんちゅう》という政治家の政策）

とは、相容《あいい》れない関係にあり、両者の対立はずっとつづいてゆく。

ついでに言えば、塩や鉄の専売をめぐって、漢代になると、儒家・法家の両者がその思想的対立をむきだしにして、激しい議論を行なうことになる。

生活の向上という人々の要求の下、現実は、法的社会へと動きつつあった。しかし、従来の生活に根をおろした共同体の意識は、依然としてつづいてゆく。この、意識と現実とのずれが起こっていた時代に生きていたのが孔子であった。孔子の共同体的な農村型の節約経済理論が、法社会的方向に沿って現われてきた商業型の景気刺激理論に勝てなかったことが、現実政界において地位を得ることに成功しなかった大きな理由である。

しかし、共同体的な師弟関係という集団内においては、孔子の共同体的体質は、その指導上、成功をもたらす。孔子が、弟子たちに向かって絶えず説いたのは、共同体的そして自律的道徳であり、絶えず非難したのは、商業的利益や他律的な法であった。はっきり言って、共同体的農村政治型人材の養成にその目的があった。その根本は、中国の産業構造として農業を抜くことができないと考えていたからである。奇しくも二十世紀に登場した毛沢東《もうたくとう》も農業を産業の中心と見た。当時、依然として農業社会であったからである。

孔子の生活

十四年の流浪生活ののちに帰国した孔子は、そのあと五年間、亡くなるときまで家で落ちついた生活を送ることとなる。有力な弟子たちが、魯国《ろこく》だけでなくて、各地でしかるべき地位を得て活躍し、孔子は教祖的な地位にある生活となった。自らはついに政界に志を得なかったものの、その晩年、まずは平穏にして幸福な生活であったと言うべきであろう。閻若璩《えんじゃくきょ》という清《しん》朝初期十七世紀の人物が、独特の意見として、なかなかおもしろい解釈を出している。『孟子《もうし》』という書物は、孟子自身の手に成るものだから、孟子自身の出処進退について詳しい。一方、『論語』は、孔子でなくて孔子の弟子によって筆録されたものであるから、容貌《ようぼう》など孔子自身のことについて詳しいと（「孟子生卒年月考」）。

確かに『論語』の中の孔子像は、他人それも弟子の目から見たものである。また、とりわけ〈郷党《きょうとう》〉篇に集中しているというのが、ふつうの『論語』解釈である。この〈郷党〉篇の中の話は、非常に具体的な生活描写である。以下、主として同篇の記述に従って述べてゆくことにする。

生活の基礎は収入である。青年期を終わるころまで、孔子は豊かでなかったであろう。これは、その出身そして父親の地位の低さから言って、想像できる。

しかし、三十代の斉国《せいこく》遊歴以後、それほど生活が苦しかったようには見えない。多くの弟子をかかえていること自体、その収入が相当のものであったことを暗示している。もちろん、弟子の支払う授業料収入のことではない。授業料の収入などたかがしれている。この事情は昔も今も変わらない。授業料以外の収入——それは、たぶんに政治資金的なものであるが——があったと思われる。加えて、弟子で経済面を担当した子貢《しこう》に抜群の力量があり、巧みに資金を調達していたようである。具体的な資料はないが。孔子が流浪中に出遭った危機は、経済上からのものではなくて、政治的問題からきていたものであったことは、前述したとおりである。

孔子は、「酒は量なし。〔もっとも、飲んでも〕乱に及ばず」〈郷党〉・「酒に困《みだ》されず」〈子罕《しかん》〉という。乱れないというのであるから、その酒量は相当のものであっただろう。また、危機のときでも、どうやら酒を飲んだようであるから（一九四ページ）、酒好きと言うほうがいいだろう。

もっとも、「沽酒《こしゅ》」（市販の酒）や「市脯《しほ》」（市販の干し肉）はいやだと言っている〈郷党〉。前後の文脈から推せば、どうもその理由は、不潔だからということらしい。とすると、孔子は、家で造った酒を愛飲していたことになる。ということは、家で酒を造る余裕があった、すなわち、相当に経済的余裕があったことを示している。

それに、市販の干し肉は不潔でいやだとか、「肉の〔腐〕敗したるは食らわず。〔肉の〕色の悪《あ》しきは食らわず。臭《におい》の悪しきは食らわず」（同前）と言うのは、衛生的でないといやだというだけの意味ではない。これは、ぜいたくの表現である。

そのわけは、一般大衆の中国料理の場合、焼いたりいためたりして、また香辛料をたくさん使って、少々腐った肉でも、もったいないから捨てないで、なんとかごまかして食べるのがふつうだからである。この、極端に強い香辛料を使い、なにもかも油だらけの料理法、これは、素材の味をとどめないごまかしの料理である。中国人が生《なま》ものを食べないのは、材料に新鮮さを求めえないためである。にもかかわらず、孔子が材料を吟味するというのは、生活水準が高かったことを物語っている。

事実、孔子は「食《し》（ごはん）は、〔どれほど〕精〔白していてもそれ〕を厭《いと》わず。膾《なます》は〔どれほど〕細〔分していてもそれ〕を厭わず」（同前）と言う。

中国人の主食は、秦漢《しんかん》時代は粱《りょう》飯、魏晋《ぎしん》南北時代では北方は麦飯、南方は米飯というふうに中心的なものがあったようであるが、孔子の時代では、まだ、特定の主食はなかったようである。ごはんは、黍《もちきび》（黄色のねばりけのあるコウリャン）・稷《きび》（白色のねばりけのないコウリャン）・菽《まめ》・粱（稷の良質のもの）・麦などいろいろな穀類を蒸して「飯」として、あるいは炊《た》きだして粥《かゆ》として食べていた。いずれにしても精白すれば、目べりするわけであるから、孔子のようにできるだけ精白しようというのはぜいたくというものである。

また、膾は、ふつう生肉の細切りにしたものといわれるが、この時代の膾がどういう料理法によるものであるのか、実ははっきりしていない。膾は、痩肉《そうにく》（赤身の部分の肉）と肥肉《ひにく》（白色の脂肪分のところ）とに切って分けて、和《あ》えたもの（たとえば、春にはねぎ、冬には辛子醤油《からしじょうゆ》を使って和える）、あるいは、酒や酢や塩などで保存した生肉とも言われていて、実態ははっきりしないが、いずれにしても、肉の刺し身ではなくて、やはり、加工品であると考える。その細切りということがどういうことを具体的に言っているのかわからないが、前半の「精」との対句表現から言えば、ぜいたくな手順を多く加えるということであろう。第一、肉を食べることができるのはぜいたくである（『春秋左氏伝』荘公十年）。官吏を「肉食者」、人民は「藿《かく》食者」（「藿」は豆の若葉）と言うくらいである（『説苑』善説）。

また、「肉は多しと雖《いえど》も、食気《しき》（ごはんの量）に勝たしめ〔るほどには食べ〕ず」〈郷党〉と言っているので、「君子〔たるもの〕は、食〔に対して〕飽くことを求むることなかれ。居〔住について〕安きことを求むることなかれ」〈学而《がくじ》〉ということばの場合も、食べすぎはいけないということであって、君子はぜいたくなことを求めてはいけないというような意味あいではないように見える。むしろ、孔子は、良いものをしっかりと、しかし、腹八分目に食べよ、と考えていたのである。これなどは、食費に困らない生活からきた食事観である。食費にこと欠いていたならば、かえって、腹いっぱい食べたいのであって、そんな余裕のある悠長なことを言っておられないはずである。同じく、「飪《じん》（適切な烹《に》だしかた）を失いたるは食らわず。時ならざる（時節はずれ旬《しゅん》はずれであるもの）は、食らわず」〈郷党〉も、かなり余裕のある食生活であったことを示している。

〈郷党〉篇の記述では、衣生活もかなりぜいたくである。衣服の色は、祭祀《さいし》用の紺色や葬儀用の緅色《すう》（濃い黒に近い赤色）はふだん着の飾りの色として使わなかったし、紅色・紫色も女性用の色であるとしてふだん着に使わなかった。

着こなしとしては、夏の場合、ふだんは単衣《ひとえ》の衣服だが、外出のとき、必ず上衣《うわぎ》を着た。冬の外出の場合、皮のコートを着るが、そのときコーディネート（配色の組み合わせ・調和）を重んじ、黒色の上衣のときは、黒羊の皮コートを、白色の上衣のときは、同色系の鹿《しか》の皮コートを、黄色の上衣のときは、同色系の狐《きつね》の皮コートを着た。

また、ふだん着の皮コートは、防寒用に丈を長くし、動きやすいように右の袂《たもと》は短くし、実用向きにしていた。寝るときはかならず寝間着を着たが、丈の長さは、身長の一・五倍にしていた。

孔子のふだん着の皮コートは狐や貉《むじな》のもの、すなわち、毛の厚いものを使っていたが、庶民の皮コートは、犬や羊の毛の薄いものがふつうであった。狐や貉の皮衣を着ることがぜいたくであることは、孔子自身が言っている（一六九ページ）。にもかかわらず、孔子はそれをふだん着用に使っていたのである。寝間着に至っては、庶民にはそのような睡眠用に別に作った衣服の余裕などなかったであろう。昼に着ていた服のまま寝ていたことであろう。ごろ寝である。まして、衣を余分に使って身長の一・五倍分に仕立てる余裕などあろうはずがない。

住生活の場合、具体的な記述はないが、多くの弟子が起居をともにしていたのであるから、相当の構えであったと言えよう。中流階級以上の場合、家全体は南向きであり、門を入ると、中に庭《てい》があり、そこを通りこすと、前面に家庭における祭祀を行なう場所である「堂」があり、ふだんは使わない。この堂の後ろに「室」があり、人が住む。室の両側に「東房」と「西房」という部分の住居区域がある。「堂に升《のぼ》る」ということばのように、建物は地面より高くなっている。そして建物に囲まれた中央の広場の部分が「庭（院子《ユアンズ》）」である。これは、四角形の平面状で、祭祀などに堂とともに使う。日本庭園のような、池や石や木などを備えない。

「由《ゆう》（子路の本名）や堂に升れり。いまだ室に入らざるなり」（〈先進《せんしん》〉・一六九ページ）・「鯉《り》（孔子の子の本名）趨《こばしり》して庭《てい》を過ぐ」〈季氏《きし》〉という文がある。このとき、鯉に孔子は詩や礼を学べと訓《おし》えている（「過庭《かてい》の訓《おしえ》」いわゆる「庭訓《ていきん》」）。またこのとき、鯉は他の弟子から孔子に特別になにか教わったかとたずねられており、おそらく、魯国に帰って落ちついてからの話と思われる。

こうした衣・食・住の生活を見ても、孔子の晩年は、国老という名前だけではなくて、実際に、経済的に恵まれていた。青年時代、或る時期までは、すでに述べたように経済的に苦しい生活であったと言えるが、三十歳を越え、弟子を連れて政界・官界への進出を図って以後は、経済的に困ったと思えない。そして、晩年は、隠然たる勢力を有した国老格の上流生活であった。

孔子は、貧窮の生活から脱出して世に出ようとした、上昇志向の人物である。体も大きく、エネルギッシュで欲望の強かった人間である。彼にとって、現世の感覚的欲望を満足させることは悪いことではなかった。孔子の衣食生活は、美的でさえあった。

孔子は、生活が豊かであることとそのこと自体を非難したりなどしない。むしろ、人間がそれを求めるのが通常であると認める。「富《とみ》と貴《たつとき》とは、これ人の欲するところなり」〈里《り》仁《じん》〉と。そして、財産を蓄えるのが上手であった公子《こうし》荊《けい》という衛国の人物についてこう言っている。あの君《くん》は、「〔家を建て、家具など整え、〕始めて〔家財〕有るや、曰《いわ》く、苟《いささ》か合《あっ》めりと。少しく〔たまった財産が〕有るや、曰く、苟《いささ》か完《まった》しと。富に有《ゆたか》るや、曰く、苟《いささ》か美《よ》しと」〈子路《しろ》〉いう調子であったな、〔財産隠しの〕言いかたが上手だな、と。これはそのことばたくみさを褒めていると同時に、財産を貯《た》めていったことをも暗に褒めているのである。いや、「邦《くに》に〔正しい〕道〔が〕有りて〔正しい政治が行なわれているのに、出仕しないで〕貧〔乏ぐらし〕にして、かつ〔地位がない〕賤なるは、恥なり」〈泰伯《たいはく》〉とさえ言うのである。

ただし、当然のことながら、その富貴を不正な手段で手に入れることは許さない。「富と貴とは、これ人の欲するところなり。〔しかし、正しい〕その道（方法）をもって〔得ることを〕せざれば、〔たとい〕これを得るとも〔そこに〕処《お》らざるなり」〈里《り》仁《じん》〉・「邦《くに》に〔正しい〕道〔が〕無くして〔不正な政治が行なわれているのに〕富みかつ貴きは恥なり」

〈泰伯〉と。

もちろん、その逆も成り立つ。「貧と賤とは、これ人の悪《にく》むところなり。〔しかし、正しい〕その道（ありかた）をもってせざ〔るその結果によるものであるものな〕れば、これを得るとも〔自業自得であって〕去らざるなり」〈里仁〉と厳しい。

もっとも、正とか不正とかと言っても、本来それは相対的なものである。正不正はともかく、人間だれしも富は得られれば得たいものである。孔子はこう言っている。「富《とみ》〔が〕、求むべくんば（求めて得られるものならば）、執鞭《しつべん》の士〔という御者のような低い仕事〕と雖《いえど》も、吾《われ》またこれを為《な》さん」〈述而《じゅつじ》〉と。もうかるものならなんでもしようというわけである。しかし、この世にそんなうまいもうけ口などあろうはずがない。とすれば、大金ならともかく、小銭の程度ぐらいのもうけなら、あくせくしたくないというのが、孔子の本音である。孔子は続けてこう言う。「もし〔富が求めても〕求むべからざれば、〔そんなものにとらわれず〕吾《わ》が好むところに従わん」〈同前〉と。

もっとも、こうした達観は、晩年のものであった、と考える。というのは、自分の一生をふりかえり、欲望について、三つの戒めを言っているからである。

君子に三戒あり。少《わか》きときは、血気いまだ定まらず。〔そのため感情が不安定であるから〕、これを戒むること〔の中心は〕、色〔欲〕に在り。その〔人が〕壮〔年〕なるに及ぶや、血気〔がしっかりと安定して〕まさに剛〔盛〕なり。〔こういうときは〕これを戒むること〔の中心は〕、闘〔争〕に在り。その老〔年〕に及ぶや、血気〔はもはや〕すでに衰え〔守る一方となるので〕、これを戒むること〔の中心は〕、〔利益・収〕得〔心〕に在り〈季氏〉。

青年期の性欲、壮年期の権勢・地位欲、老年期の物欲と、少〔青〕・壮・老、三時期の特徴的欲望への反省である。老年の孔子は、この物欲をずいぶんと警戒し、淡白な生活をほめそやす。

士〔が〕、道に志して、悪衣・悪食を恥ずる者〔であるならば、そのような人物と〕は、いまだともに議《はか》るに足らず〈里仁〉。

疏食《そし》（粗末な食事）を飯《くら》い、水を飲み、肱《ひじ》を曲げてこれを枕《まくら》とす。楽しみ、またその中に在り。不義にして富みかつ貴きは、我《われ》において浮雲《ふうん》（つまらぬもの）のごとし〈述而〉。

孔子自身は、衣食において美的な享受をしていて、一方、淡白な生活を人に勧めているのは、一見したところ、矛盾しているように見えるが、そうでない。孔子にとって、貧窮や卑賤《ひせん》はかつて自分が経験してきたものであるから、そういう経験性を重んじて、若い者に向かって、苦労を厭《いと》うな、と言っているのであろう。

しかし、貧賤をくぐりぬけ、富貴となった孔子は、富貴よりも貧賤にあるときのほうが、在りかたがむつかしいことを言う。「貧にして〔その愚痴をこぼすような〕怨《うら》むこと無きは、難《かた》し。富みて〔そのことを〕驕《おご》ること無きは、易《やす》し」〈憲問《けんもん》〉と。

それはそうである。経済的に豊かであれば、物的に余裕があるから、マナーや心構えにおいてもまた、余裕が出てくる。「金持ち喧嘩《けんか》せず」である。その逆は、俗に言う「貧すれば鈍《どん》する」である。おそらく孔子晩年のことと思われるが、孔子は、財政家の弟子、子貢と、さらに進んだ貧富問答を行なっている。

子貢曰《いわ》く、貧にして〔しかし他人に対して〕諂《へつら》うことなく、富みて〔も他人に対して〕驕《おご》ることなき〔という境地〕は、何如《いかん》（どうでしょうか）と。子〔答えて〕曰《いわ》く、可なり〔まあまあだ。しかしその上がある〕。いまだ貧にして〔心やすらかに正しい道を〕楽しみ、富みて〔さらに向上心をもって〕礼を好む者にしかず（及ばない）と〈学而《がくじ》〉。

孔子晩年の生活は、「富みてなおかつ礼を好む」というものであった。その対比としての「貧にしてなおかつ道を楽しむ」者がいた。顔回《がんかい》（顔淵）である。孔子は、「賢なるかな〔顔〕回や、一箪《いったん》（竹を割って作った弁当箱一杯分）の食《し》（ごはん）、一瓢《いっぴょう》（ひさご一杯分）の飲《いん》（のみもの。おそらくは水）〔そういう粗食であり〕、陋巷《ろうこう》（貧民の住むところ）に在り。〔ふつうの〕人〔なら〕その憂いに堪えず。〔ところが〕回やその楽しみを改めず。賢なるかな回や」〈雍也〉と褒めている。

　こういう顔回のような生活は、弟子のうち、彼一人だけではなかったようである。原憲《げんけん》という弟子もそうであった。この原憲は、かつて孔子が魯の司寇《しこう》となったとき、孔子の知行所の長官に任ぜられたほどの、できる人物である。しかし、孔子が亡くなったあと、「草沢《そうたく》（草深いところ）」に住んだ。世捨て人である。

　ある日、旧友の子貢《しこう》が訪れてきた。このとき子貢は、衛国の宰相であり、四頭立ての馬車を連ね、草深いところ、藜藿《れいかく》を踏み分けてやってきた。「藜」とはあかざの葉、「藿」とは豆の葉のことで、ともに食用であり、藜藿と言えば、粗食を表わすことばとなっている（二二六ページ）。すなわち、子貢たち一行が踏みしだいた藜藿は、原憲の食べ物となる草であった。

　原憲はぼろの上衣を着、冠をかぶって子貢を迎えた。子貢はその姿をとがめ、病気でもしているのかと遠まわしに言った。すると原憲は、答えた。私はこういう風に孔先生から学んだ。すなわち、「財なき者、これを貧と謂《い》う。道を学んで行なう能《あた》わざる者〔をば指して〕これを病と謂う。〔私、原〕憲のごときは、貧なり。病にあらず」と〔『史記』仲尼《ちゅうじ》弟子列伝・以下〈弟子〉と略記〉。

子貢も一流の人物である。自分のことばについて慚愧《ざんき》に堪えず、一生、「終身、〔自分の〕その〔ときに発した〕言の過《あやま》てるを恥ず」〈弟子〉と言ったといわれている。

孔子と顔回と、あるいは、子貢と原憲との対比、これは、「富みて礼を好む者」孔子・子貢と、「貧にして〔道を〕楽しむ者」顔回・原憲との対比である。「富みて驕る者」や「貧にして怨む者」の多いなかで、それはさわやかであった。

「富」は悪いことではない。「貧」も悪いことではない。問題は、その境遇それぞれにおける心の持ちようであることを、孔子とその弟子たちとは探っていたのであった。

愛されなかった弟子たち

孔子の弟子たちは多かった。当時、これほど多くの弟子の名がわかっている学派は珍しい。『史記』は〈弟子〉という一編を置き、弟子たちのことについて詳しく記録してくれている。それなどに基づき、中島敦《あつし》の有名な作品『弟子』は、その生態を小説的に活写している。史料の不十分な現在、それもまた、参考となる見かたであろう。

さて、孔子とて人間である。完全ではありえない。「〔すべてが〕備わらんことを一人《いちにん》に求むることなかれ」〈微子《びし》〉である。多くの弟子たちにすべて平等に接したわけではない。愛した弟子もおれば、愛さなかった弟子もいた。

たとえば、闕《けつ》という土地から来た少年（童子）に来客の受付役をさせていた。或る人が孔子にその少年の将来性についてたずねたところ、批評して、「〔腰を落ちつけて学問を〕益《ま》すを求むる者にあらざるなり。速成を欲する者なり」〈憲問〉とにべもなかった。

あるいは、孔子の古くからの知りあいで原壌《げんじょう》という人物がいた。この人物は、自分の母が亡くなったとき、木に登って歌を歌ったという（『礼記』檀弓下《だんぐう》）。そのことの意味する真相は、不明であるが、いちおう、礼儀知らずということになっている。孔子は、その母親の葬式を出すのを助けてやったとあるから、おそらく、古くから出入りしていた居候《いそうろう》的関係の者と思われ、広い意味での弟子と言えよう。この原壌が、外でうずくまって、孔子を待っていた。相変わらずの礼儀知らずである。孔子はこう言った。こいつは小さいときから横柄で、大きくなっても人にほめられもせず、「老いて死〔にも〕せず〔のんべんだらりとまだ生きながらえておるわ〕。これを賊《ごくつぶし》となす」〈憲問〉と。そして、杖《つえ》で原壌の向こう脛《ずね》をたたいた。もっとも、このたたきかたは、軽く冗談半分という解釈がふつうであるが、別にその根拠はない。強くたたいたととってもよい。

あるいは澹台滅明《たんだいめつめい》という三十九も歳下の弟子の場合、醜男《ぶおとこ》で、その「状貌《じょうぼう》はなはだ悪く」、そのためか、孔子は「材、薄し」〈弟子〉と思い、たいした才能でない人物としていたという。ところが、この人物、のちに長江《ちょうこう》（揚子江）あたりに移り住んでからは、三百人もの弟子ができたという。そこで孔子は、「容〔貌〕をもって人を〔選び〕取り、これを子羽《しう》（澹台滅明の別名）〔の場合〕に〔おいて〕失〔敗〕す」〈弟子〉と反省している。

この澹台滅明の力量を孔子は見抜けなかったが、弟子の子游《しゆう》はすでに見抜いていた。子游は孔子より三十五歳下である。武城《ぶじょう》という城邑《じょうゆう》の長官であったとき、孔子は、人材を得たか、とたずねた。すると子游は、四歳下の澹台滅明を部下にしたと答えている。そして、そのすぐれている点として、この人物は「行くに径《こみち》に由《よ》らず」（近道があってもそれを通らず、必ず正規の大道を通り）、「公事（公用のとき）にあらざれば、いまだかつて偃《えん》（子游の別名）の〔私〕室に至らず」〈雍也〉であったとしている。

澹台滅明の評価を誤ったとして孔子が反省した前引のことばの前に、実はこういうことばがある。「言〔説〕をもって人を〔選び〕取り、これを宰予《さいよ》〔の場合〕に〔おいて〕失〔敗〕す」〈弟子〉と。宰予あるいは宰我《さいが》は、孔子よりほぼ二十九歳下であったが、いわゆる才子であった。口はたいへん達者であったが、実行性に欠けており、も一つまじめさが足らなかったようである。おそらく、頭の回転が速かったので先のことがよくわかり、よくしらけていたようだ。

あるとき宰予は、日が高くなったのに、まだ寝ていた。朝寝である。孔子はそれを非難して、「朽木《きゅうぼく》〔に〕は、彫《え》る（彫刻する）べからず。糞土《ふんど》〔で作ったところ〕の牆《かき》〔に〕

は、杇《こてぬ》る（鏝《こて》で塗る。上塗りする）べからず」〈公冶長《こうやちょう》〉と罵倒《ばとう》している。これは、宰予の怠惰を叱《しか》ったことばとされている。

あるいは、原文の「宰予晝寝」すなわち、「宰予、晝《ひる》〔となり、日が高いのに〕寝〔室において休憩〕す」は、朝寝のことでなくて、いわゆる、昼寝のこととする説もあるが、これは疑問である。中国では、昼寝は悪いことでない。「午睡《ウーチュイ》（午寝）」と言って、今も中国において広く行なわれている習慣であり、一種の健康法となっているからである。

そこで、別解もある。原文の「晝寝」の「晝」（「昼」の正字）字は「『畫（「画」の正字）』字の誤りならん」であろうという説である（韓愈《かんゆ》『論語筆解』）。この説であると、「寝室に繪《かい》（「絵」の正字）畫《かく》（絵画）する」こと、すなわち、寝室に絵を画《か》いていたということになる。寝室における絵画であるから、当然、それが怪しげな絵であっただろうことは想像に難くない。それを見つけた孔子が怒ったと解釈することは十分可能である。

この宰我は、のちに斉国に仕官し、大夫《たいふ》（高級官僚）となって、時の国君、簡公《かんこう》に仕えた。ところが、斉国には、国君の地位を脅かすくらいの力を持っていた家臣がいた。すなわち、田常《でんじょう》である。前述（一二〇ページ）したように、田常は主君の簡公を殺した人物である。隣国のこの事件のとき、孔子は身を清めた上で、魯国《ろこく》の君主、哀公《あいこう》にお目どおりし、田常討伐の軍を起こすよう迫っている。政界から引退したはずの孔子のこの興奮ぶりは異常である。

しかし、この異常さの背後に一つの異聞がある。すなわち、斉国に仕えた宰我は、田常と競いあい、両者は政敵となり、結局、宰我は田常によって殺され、続いて簡公も殺されたという説である〈弟子〉。どうやら、簡公は宰我と組み、専横な田常の追い落としを謀《はか》っていたようである。

もっとも、『史記』〈弟子〉の書きかたでは、孔子は宰我寄りでなくて、宰我が田常と争って敗れ、その一族まで殺されたことに対して、「孔子これを恥ず」とある。そのため、宰我の出すぎを恥じたとか、いや宰我は国君に忠実であったから恥じる必要はないとか、というふうに諸説が生まれてきた。そうした混乱の大きな原因は、『論語』中、宰我を褒《ほ》めない話が多いことにあるとされている。

しかし、『論語』が形を整えたのは、後の戦国時代のことであり、しかも、斉国や魯国にいた儒者の手によるとされている。ところが、そのころの魯国はもう弱小国であり、強国の斉国は田氏が全権を握っていた状態であったから、それに遠慮して魯国で宰我は悪者にされていたにすぎないと批判する説もある（銭穆《せんぼく》『諸子繫年』「宰我死斉考」）。

このように、諸説入り乱れて混沌《こんとん》としているが、もう一度『史記』〈弟子〉の原文をふりかえってみると、「孔子これを恥ず」の「これ」とは、はたして宰我の暗殺や一族の死を指してであるのかどうか、疑問である。あるいは、「田常の起こした事件」そのものを指していると読んで読めないことはない。

もし、そうであるとすると、非業の死をとげた弟子、宰我のための弔い合戦というほどの意識ではなくとも下剋上《げこくじょう》を憎み、三日も身を清めた後、田常討つべしと国君に迫った孔子の興奮ぶりとつながることになろう。いずれにしても、宰我は問題児であったことは否めない。

また、宰我と同年輩（孔子より三十歳下）の弟子に、高柴《こうさい》（子羔《しこう》）という男がいた。五尺（当時の寸法では、約一メートル一〇センチ強。あるいは六尺すなわち、一メートル三五センチとも言われる）の背たけに満たなかった。この弟子に対して、孔子は「愚」と思った。ところが、年長の弟子、子路《しろ》が費城（魯国の権門、季孫氏の本拠地で、一度こわした後、再建したと思われる。一五六ページ）の長官とさせた。すると、孔子は、「あんなのが長官では土地の者が困るだろう」と言った。これに対して、書斎派でなくて、もともと行動派の子路は高柴に好意を抱いていたものか、「読書ばかりが学問をするということではありますまい」と答えた。高柴の行政家としての手腕を高く買ったわけである。ところが、孔子は、「この〔そういう屁理屈《へりくつ》〕故に、佞者《ねいじゃ》（口達者な奴《やつ》）を〔私は〕悪《にく》む」〈弟子〉と負け惜しみを言い捨てている。

あるいは、申棖《しんとう》という弟子に向かっては、「慾《よく》（欲）あり」〈公冶長〉とけなしている。

孔子はかなり口うるさかったようである。「群居《ぐんきょ》〔して〕終日（一日じゅう）、言〔説は〕義〔のあること〕に及ばず。好んで小慧《しょうけい》（こざかしいこと）を行なう。〔私は〕難ぜん

（非難するぞ）」〈衛霊公〉と言っているのは、弟子たちのむだなおしゃべりに対する非難である。あるいは、おしゃべりならまだしものこと、一日じゅうごろごろしている弟子たちもいたようだ。「飽食〔して〕終日〔ぼんやりと暮らし無気力であって〕、〔何に対しても〕心を用うるところなし。〔私は〕難ぜん（非難するぞ）。〔この世には〕博奕《ばくえき》（かけごと）なるもの有らずや。〔有るではないか。このばくち〕これを為す〔ほうが、腹いっぱい食べてぶらぶらしているよりは、まだ〕、なお已《や》むに賢《まさ》れり」〈陽貨《ようか》〉とまで言っている。

さて、以上のような場合の弟子たちは、孔子に愛されなかった弟子である。あるいは、澹台滅明《たんだいめつめい》や高柴《こうさい》の場合を考えると、孔子は、容貌《ようぼう》や風采《ふうさい》の劣る者、読書派でない者は、あまり、好まなかったのかもしれない。

孔子とて人間であるから、たくさんおれば、愛さなかった弟子が出てきたとしても、けっして不思議でない。神ならぬ身、すべての者を愛するなどということは、できるはずがない。

しかし、愛した弟子は多かった。子路・子《し》貢《こう》・顔淵《がんえん》といった高弟三人をはじめとして、ここにいちいちその名を記さないが、七十数人と伝えられる中心的弟子たちの大半は、孔子に認められ愛された人物たちである。

わけても、七歳下であった冉伯牛《ぜんはくぎゅう》という病気の弟子を見舞った孔子の態度は、感動的である。伯牛は重い病気にかかっていた。今日と異なり、当時は不治であったハンセン病であったとされている。この伯牛を見舞いに来たものの、伯牛は人に会いたくなかった。その気持ちを思ってか、孔子は、牖《まど》からその手をとり、永《なが》の別れをしたという。孔子は言った、運命である、「この人にしてこの疾《やまい》あり、この人にしてこの疾あり」〈雍也《ようや》〉と。

もっともこれにはいくつかの異説がある。たとえば合山究《ごうやまきわむ》『論語解釈の疑問と解明』（明徳出版社・昭和五十五年）は、当時、ハンセン病は南方の伝染病であり、北方で伝染したとは思えないという説（程樹徳『論語集釈』）に拠《よ》り、孔子には医学の心得があり、脈をとり、重病であると判断したことだとする。

対話

政治について

政治について、孔子は多く語っている。一般に、中国人は、形而上学的《けいじじょう》問題に対して、あまり関心がないと考える(拙著『中国論理学史研究』第一部・研文出版・二〇一二年)。関心があるのは、人間をはじめとして、具体的な物に対してである。孔子はその典型であり、彼には宇宙論などはない。孔子は人間を語り、そして、人間が作る社会についての中心的問題、すなわち、政治について懸命に語ったのである。その政治論の中で、最も重要なものは、葉《しょう》(一九一ページ)という城市を訪れたとき、首長の沈諸梁《しんしょりょう》という男(葉公)と行なった、つぎのような問答である。

葉公《しょうこう》〔が〕、孔子に語《つ》げて曰《いわ》く、吾が党に直躬《ちょくきゅう》(正直者《まっすぐもの》の躬《きゅう》)なる者あり。〔心がまっすぐだから〕その父〔親が〕羊を攘《ぬす》むや、〔息《むす》〕子《こ》〔の彼は〕これ(この事件)を〔公安機関に〕証〔明〕せりと。〔すると〕孔子〔は答えて〕曰く、吾が党の〔正《せい》〕直《ちょく》なる者は、これ(そういうありかた)と異《こと》なり。父は〔もし子がそういうことをしたときは、その〕子のために隠し、〔逆に〕子は〔もし父がそういうことをしたときは、その〕父のために隠す。〔ほんとうの正〕直〔の真のありかたは〕その中に在りと〈子路《しろ》〉。

この議論は、中国の政治思想史において最高に重要な史料である。この議論が指摘する問題は、中国の全歴史に関《かか》わっていて、しかも、現代において、なお未解決だからである。それはいったい何であるのか。

それを考えるには、これまで述べてきた、国家の規模の面（二七・二八ページ）、経済上の面（一二一・一二二・一四五・一四六・一六四の各ページ）、政治上の面（二一〇・二一一ページ）などで触れてきた社会構造の変動という当時の背景を、ここで、もう一度集約し、整理して述べる必要がある。

結論を先に言えば、農業社会から、その農業社会に発生した商業社会の発達へ、城市・城邑《じょうゆう》国家から領土国家へという〈点から面へ〉の拡大、魯国《ろこく》をモデルとする農村型節約経済から、斉国《せいこく》をモデルとする都市型景気刺激経済への転換という、政治上、経済上、そして、社会上の大変動がかなり激しくなってきたときがちょうど春秋《しゅんじゅう》時代であったという事実である。

この傾向が、つぎの戦国時代においてさらに徹底し、もちろん、基本的には農業国家ではあるものの、加えて、ついには、商業の地位の確立、領土国家、景気刺激を認める経済に基づく秦漢帝国を形成してゆく。それを思想史面で一言で言えば、魯国型の儒教思想から、斉国型（あるいは秦国型）の法家思想への展開である。道徳・礼教中心から法中心への移行である。それらをひっくるめて言えば、血縁的地縁的共同体から、法的契約社会へのはっきりとした歩み出しである。

このことを順序立てて以下に整理して述べることにしよう。

人間の集まりは、もともとは血縁の集まりである。しかし、そのうち、しだいに、近くに住む非血縁のものとも親しくするようになる。そこから地縁的親しさが生まれてくる。さらには、異姓であるので、婚姻関係を結び、親戚《しんせき》となってゆく。この血縁や親戚や地縁によるつながりの意識は、感覚的なものである。親戚であること、同郷出身であること、そういう理由で人間はたがいに許しあい、情感的に親しくなってしまう。そこに理屈などはない。

そういう集団が、部族となり、氏族となり、規模が大きくなっていっても、意識の上では変わらない。同族意識・同郷意識と言われるものである。こうした集団がいわゆる共同体である。もちろん、共同体には、発達段階や、諸類型があるが、いまはそれは問わない。

こうした共同体は、族長や長老（多くは呪術《じゆじゆつ》師的性格を帯びる）に率いられ、主として長年の習俗や礼に基づいて規律を守る。たとえば仮に規律を乱す者があって制裁を加えるとき、近代国家流の罪刑法定主義（ある犯罪に対して、刑罰の上限を法令で定めて公開しておき、それの範囲内で刑を定めて執行するしかた。たとえば、現在の日本の近代的刑法では、窃盗《せっとう》罪は懲役十年以下の刑となっているので、窃盗罪で死刑になることはありえない）の立場ではなくて、多くは礼の形で表わされている習俗・慣習・先例などに拠《よ》って裁決するものの、しかし、一方、そのときの族長や長老の判断によっては、重い刑を科すこともある。このように、裁量の幅が大きく、たとい、窃盗罪でも、時によっては、死刑となることもありうる。また、たとえば、共同体では慣習的に長幼の順序が自然とできあがっている。だから、着席の場合は、それに従う。このような〈長幼の序〉という慣習が、やがて、共同体の道徳となり（道徳化され）、みながそれを守り従うようになるのである。一族の者で悪事を犯した場合、やむをえず処罰する。しかし、その処罰は、その事情を十分に考慮した上で決めるので、共同体内の慣習的処罰である。そうした処罰は、あくまでも共同体道徳内のものであり、法（刑）が独立しているわけではない。

つまり、共同体が依りどころとするものは、その共同体の慣習やその表現の礼であり、それらは、道徳によって守られているのであって、罪刑法定主義的な公開された法ではない。西洋では法と道徳とは対立関係とされているが、東北アジアでは、法は道徳内の一部と理解されていた。

こういう共同体的処理は、小集団の場合、非常に有効である。たとえば、共同体の典型である小家族の場合、朝起きてから夜寝るまでの一日のきまりは、規約でなくて習慣・先例に拠る。罰則は特になくて、その場合場合に応じて適宜に処理される。それを決定するのは、家族のリーダーであり、裁決権をほとんど占有している。今日の核家族と言われる史上最小の家族集団においても、この実態は依然として変わらない。

こうした家族的な共同体は、規模としてどの程度まで拡大できるであろうか。家族と家族と、部族と部族と、氏族と氏族と、というふうに相似的に大きくしてゆくとき、城市・城邑国家の邦国ぐらいが限界、いやそのあたりは、もう無理なくらいとなる。邦国の場合、国君・領主の姿をまだ直接に目で見ることができ、共同体的である。

この、目で直接見ることができるというのは重要なことなのである。長年親しんできた国君・領主の姿が人々の目に映るとき、共同体の連帯の感覚が盛りあがる。孔子の生きていた春秋時代あたりの記録には、よく国君・領主の具体的行動が記されており、人民もそのことを知っている。

だから、仮に税金の場合でも、その税金があの国君・領主のもとに納められることを知るという具体性がある。逆に、その税金が自分たちの歩く道路の補修に使われたり、城門の新調にあてられたりしていることを知るという具体性がある。

共同体のこういった一体性、連帯性は、規模が小さければ小さいほど強くなる。逆に規模が大きくなればなるほど弱くなり、城市・城邑国家の邦国クラスをもってほぼ上限となると考える。

ところが、もし、ある城邑が戦争などの理由で他国の支配下に置かれ、戦敗国へ戦勝国から代官が派遣されたときはどうであろうか。もはや、かつての国君・領主の姿はなく、他国から来た代官がとりしきる。新しい国君・領主は、どこか見知らぬ遠い別のところに住んでいて、どういう顔をし、どういう声であるのか、だれも知らない。とすると、それまでの共同体的連帯が切れることになる。

この断絶は、新しい国君・領主側にとって不利である。そこで、代官が徴税という重要な仕事を貫徹するために、現在、代官が従来の国君・領主の地位に在ることの合理化理論が必要となる。いわば、同じ共同体に属さない知らない他人同士を結びつける新しい理論、或る共同体と他の共同体とを結びつける新しい理論が必要となってくるのである。

これは新しい事態の発生であるが、春秋時代から戦国時代へ移りゆく間、この新しい事態がつぎつぎと広がってゆく。多くの戦争による亡国や併合があり、ついには、秦の始皇帝がそれまでの諸侯を滅ぼし、親族のために、一部に邦国的なものを残しつつも、全国的には代官を各地に派遣するという、いわゆる、郡県制による中央集権的国家を作ることに成功する。

そこで、この新しい事態に対応する理論として、法という観念が生まれ、広げられていったのである。法は、或る共同体と別の共同体と、或る人間とその地域の代官とを結びつけるものであり、不完全ながら罪刑法定主義的性格を帯びていたのである。

この法が、国民のためという、あるいは国民によって作られるという、近代的なものでなかったのは当然である。なぜなら、法を作る最終的根拠、法源は、人々にではなくて皇帝に在ったからである。中国に生まれ、日本や朝鮮など東北アジアに伝えられていった法の概念が、為政者の管理手段という性格が強く、西洋流の個人の権利を守るための契約という性格でないのは、こうしたその発生事情によるところが大きい。日本においても、今日に至るまで、法に対する庶民の感覚として、法はお上《かみ》の武器という意識が依然として残っている理由の一つはここにある。

もちろん、人間の意識や制度の場合、なにごとでも、線を引いて右左とはっきり分けられるものでない。法の観念は、突如、春秋戦国期に出てきたわけではない。それ以前から姿を見せていたし、また、この時期、完全な罪刑法定主義が成立したわけでもない。法律重視という傾向が強く現われたというにすぎない。もっとも、中央集権的な秦漢帝国にあって、社会構成の最上層部がなんとか法的組織に編成されていたとしても、圧倒的大部分の下部機関、下部基層が依然として共同体組織であったことは言うまでもない。

さて、中央集権的秦漢帝国の成立は、いわば、中国政治史における、法的規律に拠る社会組織と、礼教的・道徳的秩序に依《よ》る社会組織(共同体)との戦い(前者が後者をだんだんと砕き、細かくつぶしてゆく戦い。皇帝から独立的な豪族や貴族の解体がその典型)の正式のスタートであった。思想史的には前者が法家思想的立場、後者が儒教思想的立場であった。以後、この両者のせめぎあい、戦いが続いてゆく。換言すれば、中国の政治史とは（いや世界史一般がそうであるが）法的規律に拠る社会組織化に対して、道徳的秩序に依る諸共同体が、頑強に抵抗してきた歴史である。そして、大きな共同体がしだいしだいに砕かれていって、今日、形態的には、最後に核家族のみが共同体として残り、他の社会は、法的規律の社会と化している。

近代国家とは、罪刑法定主義に基づく法律に拠る社会体系のことである。歴史はそういう方向に流れてきており、近代国家では、大きな共同体はすでに破壊されており、小共同体がばらばらの形で存在している状態である。共同体の機能としては、わずかに最小共同体である家庭が、共同体の機能を果たしているにすぎない。

もっとも、そうは言っても、長い歴史を有している共同体によって培われた〈共同体的意識〉の方は、現実に共同体が破壊されていても、依然として存在しつづけている。近代的な法規律に基づく社会においても、人々の意識として共同体的なものはいまなお根強い。現代政治においてもなお根強い。

たとえば、共同体においては、その集団を律する最高の規準は、礼教・道徳である。だから、共同体の指導者は、そういう礼教や道徳を身につけ、言動において、礼教的道徳的であることが絶対不可欠の条件となる。儒教は共同体の意識を反映した思想であるから、そういう立場をとる。儒教において、政治的指導者――為政者、君主、皇帝、さらには、その代官である行政官たち（その理想像こそ「君子」である）――の条件として、礼教的・道徳的であることを最も強調し要求したのはこのためである。

儒教では、礼教的・道徳的にすぐれた最高の人格者を聖人と言う。そして、その聖人は政治的指導者（最終的には天子）となる資格があるとする。その実例が、堯《ぎょう》・舜《しゅん》・禹《う》……といった過去の先代の聖人兼天子、すなわち、先王であり聖王である。こうした礼教者・道徳者のりっぱな言動の影響を受けて、人々はその良風に〈風化〉される。その文《あや》に〈文化〉される。すなわち、その教えに〈教化〉されるのである。

たとえば、現代日本における場合でも、首相に始まり末端の公務員に至るまで、いや企業など諸組織においても、一般に、まずは道徳的であることに重きがおかれている。これは、今も続いている。

しかし、法律に拠る社会の場合、政治的指導者は、国民の承認した法の忠実な執行者、擁護者であることが第一に求められ、また、国民の現在や将来にわたる幸福のために、それにふさわしい新しい法律や政策を作ってゆく先見性や判断力などの政策能力が要求される。指導者個人の道徳的深浅は二次的となる。先例ではなくて、現代すなわち後世における問題の処理能力、具体的には、法律を作り、改革してゆける能力のある天子こそ、政治的指導者としての資格がある。すなわち、先王でなくて後王（のちの時代の王、すなわち現代の王のこと）が大切となる。

共同体の指導者である礼教的道徳的先王・聖王と、法的組織の指導者である政策派的後王と、という対比は、儒家と法家との大きく相違する政治観であり、この対立が中国政治思想史の太い流れとなっているのである。

また、この相違は、政治や意識を支える経済にも大きな影響を与える。そのことについて述べる。

人間の歴史において、共同体が最初に作られていったのは、もちろん、生物学的理由による。すなわち、人間が生物である以上、生きてゆくためにまず必要なものは食物である。その食物を得てきた歴史の細かい点はともかくとして、食物の自然採集ではなくて、農業生産によって、食物を自力獲得できるようになったことは、画期的なことであり、農業が人間生活の基盤となったのは当然である。

ところで、その農業は（今日の農業は別として）、典型的な共同作業であった。人手を多くし、手を入れる（水や肥料を与えること、雑草や病根を除くことなど）ことが多ければ多いほど作物によい。そして日光や大地の恵みを背景とする神々への祈り——祭祀《さいし》は、人々の団結をさらに高める。この農業と共同体組織との関係は非常に深い。また、かつての農業は、経験的に生産の限界を教え、天災などによる不作の年のための備蓄を心がけさせるし、また、収入は、原則的に年一回、または、二回の収穫のあるときだけであることを頭に入れることになる。こういったところから、農業においては、自然と、節約ということが経済観となる。

一方、人間は本性として、物的豊富さや新しい物資を求める。けれども、その地域の農業による新種の開発はなかなかできないし、牧畜や漁業も片手間でできるものでない。工業製品に至っては、資本を投じて設備を整えたところで、技術は別ものである。つまり、片手間仕事では、設備《ハード》・技術《ソフト》ともにそう簡単に得られない。とすれば、交易によって製品を得るというのが、最も確実であり現実的である。ここに商人の発生とその存在の支持とがある。

この商人は、定着的な農民と異なり、移動的であり、未知の世界や人間との関わりを常とする。だからその発想は、定着的な共同体的感覚と異なる。未知の人間同士を結びつけるものは人間的信用もさることながら、罰則を含めた契約的性格を帯びざるをえない。また、商業は、新しいもの、新しい事態に敏感に適応する。先例に縛られない自由さがある。

すると、この商業の性格と、或る共同体と別の共同体とを結びつける法的連関という性格とは、たがいに利害を一致させるところがある。また、商業は、消費者の購買力の増加を求める。しかし、物資が人々にゆきわたるための購買力の増強は、それにつれてインフレ現象を起こしてゆく。これは自然のなりゆきである。もちろん、過度のインフレは国民生活を破壊してしまうが、ゆるやかな適度の収入増加は、購買力を高め、人々の物的生活を満足させ充足感・幸福感を与える。すると、全国的な法的連関（度量衡の単位や運搬に必要な道路の幅の統一など）は、商業活動をさらに活発にする。

このような事情のもとに、景気刺激型的の物的充足という経済観が、法的観念の普遍化とともに行きわたるようになる。それを経学《けいがく》（儒教から発展した古典解釈学）は、魯国型（農村型）経済と、斉国型（都市型）経済との対照において見ている。すなわち、モデル化すると、魯国に代表される節約型経済モデルと、斉国に〔管仲《かんちゅう》を二重写しにして〕代表される景気刺激型経済のモデルとの二つになる。換言すれば、儒教型経済観と法家型経済観とである。つまりは、礼教的・道徳的共同体型経済と、法的な契約社会型経済との対立である。

基盤のこの相違が、人々のありかたの相違として表われることは、言うまでもない。共同体型の場合、いみじくも孔子は葉公《しょうこう》に対してこう言っている。「近き者は〔指導者の恩恵を承《う》けて〕説《よろこ》び、〔その道徳的すばらしさを聞いて〕遠き者は〔その国まで〕来《きた》る」〈子路〉と。すなわち、指導者の道徳性が問題であった。これに対して、法律管理型の場合、法家思想を持ち、秦の始皇帝に法家政策を推進させた李斯《りし》という宰相は、始皇帝に対してこう建言している。「もし〔法令を〕学ばんと欲するあらば、〔官〕吏をもって師となせ」（『史記』李斯伝）と。すなわち、指導者の行政的力量、政策的有効さをこそ優先すべきものとするのであった。

以上、述べてきたことを念頭において、この節で最初に挙げた、葉公と孔子との対話をふりかえってみると、問題点がはっきりとする。すなわち、葉公は、法律に拠《よ》る組織という新しい時代に対応しているのに反して、孔子は、礼教・道徳に依《よ》る共同体という従来の立場に立っているわけである。法律に拠る社会では、親の罪を子が告発することになる。礼教・道徳に依る共同体的社会では、親は罪を犯した子の気持ちを問い、族長に寛大な許しを秘《ひそ》かにあるいは人前で泣いて乞《こ》うであろう。まして、共同体社会において親の犯した罪をどうして子が告発できようか。

この告発に代表されている犯罪や非行の問題は、現代においても、なおかつ未解決の問題である。法的な現代においても、軽い犯罪をした初犯の者は、ほとんど起訴されない。法に従う検察や警察が、なんと逆に共同体的発想に基づき、できごころであった本人の将来を考え、内密に処理してしまうからである。検察や警察は、法的にでなく、道徳的訓戒に依って事件を処理することが多い。法的処断と道徳的訓戒との両者が入り混っているのである。そして、それは実は妥当な処理である。なぜなら、共同体的処理にもすぐれたところがあるからである。また、人々の意識に共同体的なものがまだ根強く、その意識の波長に合うことが社会的にも認められているからである。孔子の共同体的立場は、現代においてもなお確実に生きている。

そういう事例は限りなくあるであろう。その典型は学校である。近代国家として、学校は法的に有効な罰則規定を持っているが、よほどのことがない限り、それを使わず、大部分は法的処断ではなくて、道徳的訓戒によって問題を処理している。あるいは、法的近代国家では、政治家に対して、政策能力を第一に問うべきであるのに、共同体の指導者の場合と同じく、道徳性を求めるということが行なわれている。このように、現実に共同体的慣行と意識とは、依然として生きているのである。

あらゆることについて完全に法的に組織化することは、人間の社会である以上、困難である。礼教的・道徳的相互了解は、これからも生き続けてゆくことであろう。その意味で、葉公に反論して孔子が提出した道徳的訓戒重視の問題は、古くて、しかも新しい問題なのである。

孔子は政治について多くを語ったが、この節の冒頭にあげた葉公との対話以上に重要なものはない。そこに、孔子の政治思想ならびに孔子に代表される共同体における政治観のすべてが表わされているからである。

ことばについて

孔子は、ことばについて多く語っているが、最も重要なものはつぎの三条である。

㈠必ずや名を正さん〈子路《しろ》〉。
㈡辞は達せんのみ〈衛霊公《えいれいこう》〉。
㈢述べて作らず〈述而《じゅつじ》〉。

簡単に言えば、㈠正名、㈡辞達あるいは達辞、㈢祖述（述作）とでも言えようか。

まず、「正名」問題であるが、実は、これには、或る政治的事情、すなわち、孔子が南《なん》子《し》という女性と対面した事件がからんでいる。南子とは、孔子が流浪地の就職運動先として、最初に選んだ、衛国の国君、霊公《れいこう》の夫人の名である。

この霊公の治める衛国は、西方の大国、晋国《しんこく》の圧迫を受けていたが、即位して三十八年目、孔子がやってきたのである。孔子を優遇したが（一七九ページ）、うまくゆかず、孔子は去ってしまう。しかし、この衛国を根拠地にして、孔子は約十四年間の流浪生活を続けることになったので、孔子と衛国とは深い関わりが続いた。

さて、この霊公という国君は、特異な性格であった。霊公には、男色の相手として、弥《び》子瑕《しか》という人物がいた。この弥子瑕の妻は、孔子の高弟であった子路の妻と姉妹である。

一方、もちろん、正夫人の南子がいたが、この「夫人〔の〕南子のために〔宋国《そうこく》から〕宋〔国出身の〕朝《ちょう》（公子の朝《ちょう》なる人物）を召す」（『左伝』定公十四年）ことを行なっている。

南子は宋国から嫁して来たのであるが、その娘時代、宋国の公子、たいへんな美男子の朝と恋愛関係にあった。すなわち、霊公は、夫人の南子に、昔の恋人を公認の情人としてあてがったわけである。

すると、弥子瑕と男色関係にあった霊公が、美男子の宋朝を招いた別の目的は、宋朝に対する男色的関心からではなかったかと考える。すなわち、弥子瑕と霊公と、霊公と南子と、南子と宋朝と、宋朝と霊公と、という複雑な関係がそこに起こる。この入り乱れた関係から言えば、弥子瑕と宋朝とは、霊公の寵愛《ちょうあい》を争って対立関係にならざるをえまい。孔子は弟子の子路と弥子瑕との親戚《しんせき》関係から言って、弥子瑕寄りであっただろう。

もっとも、孔子は他国者《よそもの》の浪人であり、第三者にすぎない。この乱交的性スキャンダル、とりわけ、南子と宋朝との関係に対して、最も憤慨したのは、南子の実子であり、霊公の跡継ぎである太子の蒯聵《かいがい》であった。吉川幸次郎『中国の智慧』（『吉川幸次郎全集』第五巻所収・筑摩書房・一九七〇年）は、つぎのように記す（『左伝』定公十四年）。

蒯聵《かいがい》が、母の故郷でありまた母の情人の故郷である宋の国を通りすぎると、百姓たちの歌ごえがきこえた、

——めぶたの種とりすんだなら
おいぼれおぶたは帰すがよい

めぶたとは母の王妃をさし、おぶたとは母の情人である宋朝をさすごとく聞こえた。また歌は、蒯聵《かいがい》自身の出生についての秘密を語るようでもあった。

はたして、蒯聵が霊公の子であったのか、宋朝の子であったのか、それはもうわからない。ともあれ、蒯聵はこの歌を恥じ、家臣を使って南子を殺そうとした。母殺しの計画である。しかし、その家臣の臆病《おくびょう》さから、この計画は失敗し、蒯聵は太子の位を捨てて、なんと宋国へ、さらに晋国へ亡命した。そして、蒯聵の実子が位につく。出公《しゅっこう》という。ここから衛国の紛争が始まる。その後の紛争の経過は、たいへん小説的でおもしろいのであるが、長くなるので結論だけを言えば、蒯聵は出公に帰国を拒否され、長い亡命生活の末、奇襲戦法で逆襲に成功し、出公は亡命する。

逆襲において、蒯聵《かいがい》が的を絞って戦いの相手とした衛国の実力者、孔悝《こうかい》（蒯聵の姉の子）の知行所の長官となっていたのが、孔子の高弟の子路であった。子路は、主人の孔悝の危難にあたり、敢然として蒯聵たちに立ち向かったが殺された。

このとき、有名なエピソードがある。子路が戈《ほこ》で撃たれたとき、あごの下に結んでいた冠《かんむり》の纓《えい》（ひも）が切れた。重傷を負いながらも、子路は、「君子は、〔たとい不慮に〕死すとも〔作法どおりに冠をつけておくぞ〕、冠を〔地上に〕落とさないぞ。〔絶対に〕免せず〔脱がない〕」と叫び、作法どおり、纓をきちんと結びなおし、息絶えた。礼秩序を破る反乱に対する、痛烈な皮肉である。礼を守る孔子の忠実な弟子として、無作法だった青年時代の子路とは、まったくようすが変わっていた。

さて、こうして苦労して蒯聵はやっと国君（荘公《そうこう》）となったものの、人望がなく、わずか三年足らずで、晋国軍に圧《お》されて他国へ逃亡することになる。そのあと、国君の位にロボット君主が二人つぎつぎと立つが、いずれも他国や家臣の圧力で捕らえられたり追われたりし、結局、実子の出公が一年後に、すなわち、亡命して四年目に、最後の亡命先の斉《せい》国《こく》から帰り、再び位についた。その後、七年在位する。

二十年以上ものこの長い紛争の発端となった蒯聵の母殺し計画の当時、孔子は衛国にいた。時間的前後ははっきりしないが、その孔子に、霊公夫人の南子が、使者をよこしてきて、会いたいと申し入れてきたのである。これに対して、「孔子、辞謝するも、やむをえずして、これ（南子）に見《まみ》ゆ」〈世家〉とある。孔子は南子に面会した。夫人は帷《とばり》の中におり、たがいに、礼式作法どおりに挨拶《あいさつ》した。夫人がおじぎをしたとき、腰に佩《お》びていた玉の音が鳴る。「璆然《きゆうぜん》」と、美しい音であった。

退出してきた孔子に対して、反宋朝であっただろう子路は不機嫌であった。そこで孔子は、こう弁明している。「予所否者、天厭之、天厭之」〈雍也《ようや》〉と。この文の読みかたには諸説がある。ふつうは、「予《よ》の否《ひ》なるところ（礼法にそむいているところ）のもの〔がある〕ならば、それに対して〕、天〔が〕これ（私）を厭《た》たん（断絶せん）、天、これを厭たん」

と読む。自分にはやましいところがない、という気持ちである。

しかし、私は、そういう弁解じみた抽象的なことではなくて、もっと現実的な、せっぱつまった意味ではないかと考える。すなわち、「否」は、南子に面会しないこと、「天」は南子を指し、「厭」は文字どおり「きらう」こと、「之」は孔子を指すという解釈がある（劉宝楠《りゅうほうなん》『論語正義』）。これに拠《よ》れば「〔もし〕予の〔固執して面会しない、そういう〕否とするところのもの〔があるならば、それに対して、衛国で〕天〔すなわち南子が〕これ（私）を厭《えん》せん、天、これを厭せん」という解釈となる。一度は面会を断わったものの、その態度をとりつづけたならば、南子の怒りに触れることを恐れたわけである。

この解釈のほうが自然であり、私はこちらをとる。衛国へ流れてきた孔子にしてみれば、霊公に影響力のある南子に憎まれては、衛国を追われることになり、根拠地を失ってしまうことになる。他日を期しているいま、根拠地を失っては困るので、南子に会っておこうという政治的判断を下したのであろう。また、政治的判断による面会であったがゆえにこそ、子路は不機嫌であったのだ。なぜなら、前述したように、子路の親戚の弥子瑕《びしか》は、霊公の寵愛をめぐって、宋朝と対立的関係にあっただろう。その宋朝と南子とがぐるになっているわけであるから、南子と孔子とが、政治的に結びつくのは、おもしろくない。子路もまた政治的発想であったと言えよう。

いずれにしても、孔子は、すくなくとも、南子とまずい関係にはならなかったようである。孔子としては、即《つ》かず離れずの関係にしておくことに成功している。

しかし、そんな孔子の思惑など知らぬ気に、無邪気な霊公と南子とは、あるとき、車に乗って宦官《かんがん》（去勢された男子で、宮廷内の仕事をする者）を自分たちの車に添え乗りさせ、二台目の車に孔子を乗せさせ、市《まち》へ出て遊びまわったのである。スキャンダルで街じゅうのうわさ話のたねとなっている霊公と南子との関係である。そのはしゃいでいる国君夫妻の車のあとに、魯国の元宰相、礼制の大学者、老体の孔子の乗った車が続く。あれが孔子か、とこれは見ものであっただろう。

霊公と南子とは、失意の孔子を元気づけてやろうという善意であったのかもしれない。あるいは、いつの世でもいるところの、有名な芸人や学者を引き連れ歩くことに喜びを持つパトロンの心理であったのかもしれない。いずれにしても、私は、それほど悪意であったとは思わない。孔子は、その立場上、苦笑しながら、ついて回らざるをえなかったことであろう。

このあと、孔子はぽつりと言った。「吾《われ》いまだ〔道〕徳を好むこと〔女〕色を好むがごとくなる〔ような人物〕を見ず」〈子罕《しかん》〉と。これは、あるいは荻生徂徠《おぎゅうそらい》の「徳〔のある人〕を好むこと」という解釈のほうがいいかもしれない。孔子は、この日のできごとで衛国がいやになり、また、他国へ出てゆくのであった。この「好色者」とは霊公たちと言うよりも、スキャンダルを楽しんでいる「衛国の人々一般」という解釈もある。

さて、この霊公のころであったか、あるいは、次の代の出公《しゅっこう》のころであったのか、はっきりはしないのであるが、子路が孔子にこうたずねたことがある。もし、「衛の〔国〕君」が、先生を重臣に任用しますとすれば、政治において何から最初に始めますか、と。この問いに対して、孔子はこう答えた。「必ずや名を正さんか」と〈子路〉。

この一句は、前述のような当時の衛国の政治情勢を背景にして言えば、文字どおり〈名分を正すこと〉ということになる。もっとも、何の名分か、その孔子の真意を探ることは、なかなかむつかしい。霊公や南子のスキャンダラスな生活への諫言《かんげん》であるのか、実母殺しを計画した蒯聵《かいがい》を批判したものであるのか、あるいは、亡命している父親の蒯聵をさしおいて国君となり、実の父親の帰国を許さない出公の〈子としてのありかた〉を非難したものであるのか、そのどれであるのか、いまとなってはわからない。ただ、現実派の子路は、その答えに対して即座に、「子《し》（先生）の迂《う》〔遠〕なる」ことを言っているから、衛国の実情では、とても無理な意味での「名分を正す」ということであったと考える。子路のこのことばに対して、孔子は、長々と、その必要を説いた。「名、正しからざれば、則《すなわ》ち、言〔語が〕順ならず。言、順ならざれば、則ち、事、成らず。事、成らざれば、則ち礼楽、興《おこ》らず。礼楽、興らざれば、則ち、刑罰、中《あた》らず。刑罰、中らざれば、則ち、民《たみ》、手足を〔ゆっくりと〕措《お》くところなし」〈子路〉と。この問答に限って言えば、孔子の〈正名〉の論は、政治的議論にすぎないと言えよう。

しかし、歴史は、孔子のそのときの意図とは別のものに展開してゆく。孔子の〈正名〉の論は、衛国におけるつまらない政争劇における意味と無関係に、その後の中国思想史において、言語哲学あるいは論理学として独り歩きするようになる。その背景を切り落として、〈正名論〉としてののちの時代に決定的な影響を与えてゆく。そして、中国における〈ことばと思考との関係〉という大問題を提起していったのである。

すなわち、名（ことば）と実（対象）との関係という問題である。実（その現われは〈物〉）とは、対象のことであり、その実に対して、名づけたものが名である。だから、名は記号と言ってよい。その記号とは、言語学者のソシュール流に言えば、或る対象の概念と聴覚（音声）映像という両者の結合である。名は、或る対象の概念であり、同時にそれを表現する音声的現象である。中国における論理学的思考は、この〈名と実と〉の関係をめぐって発展する。名と実とはどのようにして一致することが可能であるか、という大問題である〈名実論〉が、この〈正名論〉から以後、始まることとなったのである。

これは、ことばと論理と、ことばと思考と、という世界の思想史上の根本問題であり、中国人のその特有の立場を示すことから、哲学の問題として現代性を有しているのである。このことについては、前引の拙著『中国論理学史研究』が詳述している。あるいは拙著『中国人の論理学』（中公新書・昭和五十二年。現在はちくま学芸文庫・二〇一三年）が説明している。

孔子は、その〈正名〉論において、「名、正しからざれば、言、順ならず」と言う。「名」は、対象の概念・その音声表現、そしてそれを表わす記号であるが、「言」は、この場合、言語行為である。あえて言えば、〈名〉を〈正す〉とは、単に個々の単語の正しい命名を行なうということを意味するだけではなくて、それを〈正す〉ことによって、話し手も聞き手も、共通に理解できる正確なる言語体系となることをも意味する。だから、言語体系（ラング）が〈正しからざれば〉、この言語体系を使って表わされる〈言〉すなわち、言語行為（パロール）が〈順ならず〉すなわち、〈みながすんなり理解できない〉つまり〈現実化されない〉というわけである。

もちろん、こういう〈名〉や、〈言〉は、中国独自のものではなく、世界の古今東西に通用する一般的なものではある。しかし、中国人（漢民族）は、漢字に基づく独特の言語を使っている。その特性は、一字一字の漢字が、本来ただ概念だけを表わしている概念語であるという点にある。たとえば、「雨」という文字は、「空から落ちる水滴」という概念を表わすことに目的があるので、この「雨」字が使われる場面によって品詞が変わる。使われる場合によって、「アメ」という名詞であったり、「アメフル」という動詞であったり、「アメノ」という形容詞であったりする。こういう性格であるから、日本語のようなこまごました助詞や助動詞や、語尾変化（活用）は不要である。たとえば、ごたごたと「これで、会はお開きにします」と言わなくとも、「散会《サンホイ》」というたった二文字でことが足りる。

それというのも、「散」「会」それぞれに、概念が充実しているからである。そして、正確に意味を伝えうる。こういう特性のある言語であるから、言語活動においても、できるだけ簡潔な達意の表現が最も尊ばれる。すると、孔子が、「辞（ことば）は達するのみ」と、概念の率直な伝達を重んじたということは、中国の言語の特性を知りぬいていたからであると言える。

それでは、何を表現するのかと言うと、孔子は、世界のこと、人間のこと、この世のすべての知恵は、聖人（理想的人間）がすでにすべて言いつくしているので、その聖人のことば（つまりは古典のことば）を〈述べる〉（祖述する）ことが最も大切であるとする。この祖述をしないで、新説を作るというのは、おこがましくてよろしくないとした。いわゆる、「述べて作らず」である。

この態度は、のちの中国文化に決定的影響を与える。すなわち、ここから、聖人のことば、古典の学習を第一とし、もし、自分の意見があるとすれば、古典に対する注解、注釈、解釈学の形式で論じることを最高とするようになったのである。この、儒教の古典の解釈学を経学《けいがく》と言い、漢代に始まり、その後、中国思想史の中心のそのまた中心となるに至る。類比的に言えば、ヨーロッパの聖書解釈学、神学と似ている。この経学は、儒教の特殊な発展形態であり、後に中国の文化、社会、政治、経済等々にさまざまな大きな影響を与えてゆくこととなったのである。

人間について

ふつう人間は最初から政治に関心を抱いているわけでない。青年時代には異性に、壮年期には仕事に、というのが、古今東西を問わず、ごく一般的な関心の型である。そして、四十を越え、五十を越えると、政治に興味を抱く。もちろん、その政治は、国政だけを意味しない。その人間それぞれが属する社会の政治までを意味する。たとえば、会社に勤務する者は社内政治に、学校に勤務する者は、学内政治に、という具合である。

こういうふうな政治活動への参加を、日本では、俗悪なものとして馬鹿《ばか》にする傾向がある。しかし、それは職業(たとえば学者)として選んだものについて、その道一筋を尊ぶ日本人特有の単純な発想にすぎない。青年期にはその経験の狭さから、まず、個人の人間、それも異性に関心を持つことから、人生が始まるにすぎない。この〈個人〉への関心から、人生経験を積むに従って、その〈個人〉が作る〈組織〉に関心が移ってゆくのは、むしろ自然である。壮年期がそれにあたる。そして、さらには、その〈組織〉を動かす機能、すなわち、〈政治〉に関心を抱いてゆくのは、これまた、当然のなりゆきである。

さて、孔子の場合はどうであったか。彼の場合、青年期の最初から、政治に関心を抱いていた政治的人間であった。もちろん、孔子の当時、学者という特定の職業などはなく、知識人は常に行政や政治と密接な関わりがあった。その意味では、孔子だけが特異であったのではなくて、中国古代における知識人がたどっていった、ごくふつうの生きかたであった。

しかし、知識人のだれもがすべて政治的人間であったわけでない。むしろ、それを嫌った知識人もおり、在野《ざいや》で一生を終わる。そういう知識人は、中国では隠者《いんじゃ》と呼ばれる。広い意味での隠者の一人として、たとえば、孔子ののちの時代では、荘子《そうし》などがいる。

孔子のころ、もちろん、この種の隠者がいた。彼らは、孔子のような政治的人間に対して、厳しく批判した。そういう隠者と孔子との間に生まれたエピソードがいくつか残っている。

孔子が楚《そ》の国を流浪していたとき、接輿《せつよ》という隠者がいた。「接輿」というのは、あだ名らしく、「車（輿）に接する男」、すなわち、車に乗っている人がいると、その車について歩く狂人であったようだ。この隠者が、孔子の車を見つけると、寄ってきて歌った。「鳳《おおとり》（大鳥。孔子を指す）さんよ鳳さん、世の中まっ暗。すんだことはそれまで。これから先《さき》ゃなんとでも。止《や》めなされ、止めること。お上《かみ》はみな、やばいよ」（拙著『論語全訳注』・講談社・二〇〇九年）と。この歌を聞くと、孔子はわざわざ車から降りて、「これ（接輿）と〔ものを〕言わんと欲す。〔ところが、接輿は〕趨《こばしり》してこれ（孔子）を辟《さ》け〔たため〕、これ（接輿）と〔ものを〕言うを得ず」〈微子《びし》〉という結果に終わった。

孔子が何を話そうとしたのか、接輿がなぜ避けて話そうとしなかったのか、それを示す史料はない。しかし、以下に挙げる別の隠者との対話から推測すると、接輿の批評に対して、自分がなぜ流浪しているのか、そのわけを説明しようとしたのではないかと考える。つまり、教えてやろうとしたのである。政治家ならば、隠者の接輿の意見など無視すればよいものを、おせっかいにも関わりをつけようとするのは、孔子が教師型人間でもあったからである。

孔子は、自分のことについて「黙してこれ〔学問〕を識《し》り、学びて厭《いと》わず、人に誨《おし》えて倦《う》まず」〈述而《じゅつじ》〉、また接輿と出会った楚国流浪のころ、「発憤して〔勉学し〕食〔事〕を忘れ、〔学問を〕楽しみてもって憂いを忘れ、老いのまさに至らんとするを知らずと」〈述而〉と言っている。楚国を回っていた流浪末期のころであっても、孔子の信念は微動だにしていなかったのである。

また、長沮《ちょうそ(しょ)》と桀溺《けつでき》という二人の隠者と出会ったことがある。この二人の名前は、本名ではなくて、「沮」（湿地）も「溺」（小便）も、農作業で足が泥だらけということ、「長」「桀」は体が大きいことを表わすことばである。これは、本名がわからないとき、そのようすの特徴で仮の名とする言いかたで、いまでも名がわからないときそういう言いかたをする。この二人がペアを組んで農作業をしていた。孔子は子路にこの二人に道をたずねさせた。そのとき、長沮は、車に乗って手綱を執っているのはだれかと聞き、孔子とわかると、「是《こ》れ、魯《ろ》〔国〕の孔丘《こうきゅう》か」〈微子〉と言っている。あの有名な孔子か、という口調であった。前記の接輿といい、この長沮、桀溺といい、隠者にまで孔子の名は広く知れわたっていたようである。

桀溺は子路にこう言っている。「〔孔子のように、仕えるべき人をよりごのみして、いやな〕人を辟《さ》くる士に従う」よりも、われわれのような「〔こういういやな〕世〔自身〕を辟くる士に従う」ほうがいいのではないかと。そして、あいかわらず、農作業をつづけたという（同前）。

この報告を聞き、孔子は彼らの考えに失望して、「憮然《ぶぜん》として曰《いわ》く、〔自然の〕鳥獣〔などは、〔われわれ人間と〕ともに群《ぐん》を同じくす（生活をする）べからず。〔あの二人のような隠者的田園生活を送るというわけにゆかないのであって〕吾《われ》、この〔世界の〕人とともに〔生活を〕するにあらずして、〔いったい他の〕誰《だれ》とともに〔生活〕せん」（同前）と。

ただ、そのあとにつづくことばの意味が、はっきりしない。原文は「天下有道、丘不与易也」（同前）であり、ふつう、「〔いま〕天下に〔もし〕道有らば、丘《きゅう》〔は、しゃしゃり出て〕ともに〔あるいは「もって」〕〔世を〕易《か》えざるなり」と解釈する。

しかし、孔子は、別のあるときに「天下〔に〕、〔もし〕道有らば、則《すなわ》ち〔仕えるために世に〕見《あら》われ、〔もし道が〕無くんば、則ち隠る」〈泰伯《たいはく》〉とも言っている。条件づきの隠者生活を肯定しているわけである。

この両文の「道」を「善政」という共通する具体的な意味に解釈すると、矛盾することになる。もちろん、人間には考えが変わることもあるから、意見の変化と考えても、それはかまわない。しかし、できることなら、矛盾のないほうがいいだろう。

吉川幸次郎『論語』(朝日新聞社・昭和三十八年)は、「ただし、仁斎《じんさい》は、『天下有道』の四字を、世界には、おのずから秩序がある、と解し、『丘不与易也』を、私は別に改革者ではないと解する」と述べている。すなわち、伊藤仁斎は、この場合の「道」を、具体的な「善政」という意味でなくて、一般的な「道理」と解し、その前に桀溺《けつでき》に対して述べた批評とは別に、独立した意見と考えるすぐれた見解である。だから、「天下(には)、(人間の従うべき)道(理が)有り」で、いったん文を切るわけである。あとは、前引解釈と同じ。このように解釈すれば、善政・悪政によって「見《あら》わる・隠る」場合と矛盾がなくなるわけである。

さて、長沮《ちょうそ》・桀溺というこの二人の隠者との対話で明らかなように、孔子が抱いていたのは、徹底的に現実の世の中、そして、その世にいる人間への関心であった。人間一般というような抽象的なものではなかった。そのことは、また、別の隠者との対話にも現われてくる。

子路が、孔子一行に遅れたことがあった。そのとき、杖《つえ》で竹かご(蓧《あじか》)を担った老人に孔先生を見なかったかとたずねた。すると、その老人は、なにが先生か、「四体を(動かして働くという〕勤〔労を〕せず、五穀〔の区別もつかず〕分かたず」〈微子〉と言った。この老人は子路を自分の家に泊め、鶏をつぶし、黍飯《きびめし》を作って歓待した。翌日、子路は孔子一行に追いつき、その話をすると、孔子は「隠者なり」と言い、もう一度、子路をその隠者のところに差し向け、自分の立場を告げさせた。あなたはこの世に見切りをつけて隠退し、「その身を潔《きよ》くせんと欲して〔いるが、実はその態度は、結果的には、かえって、世の道理・〕大倫を乱す〔ことになっている〕。〔私は〕君子の仕うる〔ということの目的〕や、〔人間社会の〕その義を行なわんとするなり。〔いま、世の道理、〕道の行なわれざること〔という現実については、私は〕、すでにこれを知れり」(同前)と。

右に述べてきたように、同じ教養人、知識人と言っても、政治的人間の孔子と、隠者的人間との立場の相違は、結局、平行線をたどるだけであった。

政治的人間が持つ、他者への強烈な関心と、隠者的人間が持つ、自己自身への強烈な関心との相違、対立、対比は、これまた、人間の歴史における未解決の問題である。あえて言えば、政治的人間は、人間がこの世に生きてあること、その〈生〉への関心に生き、隠者的人間は、人間が永遠を生きること、〈生〉を越え〈死〉を含んだ人間存在の全体への関心に生きている。

この、どうしようもない決定的相違を、孔子は、はっきりと自覚していた。そして、孔子は、自分の性格、自分の生きかたに忠実であろうとした。この世に生きてあること、その証《あか》しを確実に知ろうとしたのである。すなわち、自分という、この唯一の自分の価値を認めてもらいたい、この世における自分の存在意義を確かにしたい、そういう思いに生きたのである。

しかし、それは口で言うほどたやすくはなかった。他人に認められないという苦しみが待っているだけであった。そのつらさ、それに耐える日々が孔子の生涯であった。われわれは、ここで再び、彼の人間論を想い起こすべきであろう。「〔他〕人〔が自分を〕知らずして、慍《うら》みず」「〔他〕人の己《おの》れを知らざるを患《うれ》えず。〔逆に、己れが他〕人を知らざるを患う」〈学而〉――ということばを。一方、孔子には、有名な女性論がある。すなわち、つぎのことばである。

子曰《いわ》く、ただ女子と小人《しょうじん》とは、養い〔取りあつかいや、つきあい〕がたしとなす。これ〔女子・小人〕を〔気に入り〕近づくれば、則《すなわ》ち、不孫《ふそん》〔不遜〕なり。これを遠ざくれば、則ち、怨《うら》むと〈陽貨《ようか》〉。

孔子に最も近かった女性は、もちろん、夫人である。その結婚生活がどういうものであったのか、それを伝える史料はない。

ところが、孔子はこの夫人と離婚したという説がある（『礼記』檀弓《だんぐう》上「伯魚《はくぎょ》之母死」の

『正義』・六八ページ）。もっとも、はたしてそうであったかどうかについては、決定的な証拠はない（前引の蟹江《かにえ》義丸《よしまる》『孔子研究』の四〇ページ）。しかし、前記の女性論が、夫人の生活とまったく無関係であったとは思えない。

終焉

死の自覚

孔子は、祖国の魯国《ろこく》で晩年を送ることになったが、けっして、いわゆる隠居生活に終わるということではなかった。隣国の斉国《せいこく》で、君主を弑逆《しいぎゃく》する事件が起こると、ただちに、国君の哀公《あいこう》にお目どおりして、斉国の逆臣どもへの討伐を起こせ、と迫ったりしているのは、単なる隠居生活でなかったことを物語っている。

事実、こういう記録がある。当時、高弟の冉求《ぜんきゅう》は、魯国の権門、季孫氏《きそんし》の宰《さい》、すなわち、総務長（最高責任者。かつて陽虎《ようこ》がこの地位にいた）であったが、ある日、帰りが遅かった。孔子に、なぜか、と問われ、冉求は、公務が残っていたためだ、と答えると、孔子は、いや、それはお前の私事であろう。もし、〔お前が残業してまでせねばならないような重要な〕公務があったとすれば、「〔現在、祖国は〕吾《われ》を以《もち》いずと雖《いえど》も〔必ず国老の私に相談があり〕、吾、それ（そもそも）これ（その政務）を与《あずか》り聞かん」〈子路《しろ》〉と言い切っている。

生きてある限り、孔子は、自分の〈生〉の意味を政治に求めていた。しかし、七十歳（平均年齢が一世三十年すなわち三十歳の当時としては非常な高齢）の坂を越えた孔子は、高齢であるがゆえにつぎつぎと親しい者と死別してゆく現実に出会うこととなった。

孔子が七十一歳のとき、子の鯉《り》（伯魚《はくぎょ》）が亡くなった。享年、五十である。鯉には、優秀な才能はなかったようである。孔子は、顔淵《がんえん》の葬儀のことに関連して、鯉の例を引いたとき、「才〔があろうと〕不才〔であろうと〕、〔親は〕また、おのおのその子（自分の子）と言う」〈先進《せんしん》〉と言っている。このことばは、暗に鯉の才能がふつうであったことを伝えている。しかし、子どもに対する親の気持ちは、その才・不才によって左右されるわけでない。鯉の死は、孔子にとって、大きな痛手であった。

続いて翌年、高弟の顔淵が亡くなる。孔子は衝撃を受けた。孔子はこう言っている。「ああ、天〔は〕予《われ》を喪《ほろ》ぼせり、天、予を喪ぼせり」〈先進〉と。

この顔淵の葬儀の際、孔子は、葬儀の礼法に従って哭《こく》すべき礼のとき、慟《どう》したのである。「哭」は大声をあげて泣き、「慟」は体をふるわせて泣くことを示す。孔子は、形式ではなくて、ほんとうに悲しかったので、慟したのである。随行してきた者が、あとでそのことをたずねたとき、孔子は、「〔哭する礼のおり〕慟するあり。〔ふつう、それはないことだが、顔淵〕かの人のために慟するにあらずして、誰《だれ》のために〔慟することを〕かせん」〈先進〉と述べている。

のちに、魯国の実力者、季孫氏の当主、季《き》康子《こうし》が孔子に弟子の中でだれが学問好きか、とたずねたとき、孔子は、「顔回《がんかい》（顔淵）なる者あり。学を好めり。〔しかし〕不幸〔にも〕短命にして死せり。今や則《すなわ》ち〔この世に〕亡《な》し」〈先進〉と答えている。

魯国の国君、哀公から同じ質問を受けたときも、孔子は同じ答えをしている（あるいは、哀公と季康子とが同席していての一つの対話が、二つの別の記録となったのかもしれないが）。「顔回なる者あり。学を好めり。怒りを〔他に〕遷《うつ》さず。過ちを弐《ふた》びせず。〔しかし〕不幸〔にも〕短命にして死せり。今や則ち亡し。〔その後、私のまわりでは〕いまだ学を好む者を聞かざるなり」〈雍也《ようや》〉と。

その翌年、七十三歳のとき、高弟の子路が、衛国の争乱の中で、不慮の死をとげる（二五〇ページ）。

孔子の晩年、三年ほどの間に、孔子と最も親しかった者であった、子の鯉、高弟の顔淵と子路とを、たてつづけに失った。ふつうの順序から言えば、年長者の孔子が、子や弟子に見送られて、他界することになる。にもかかわらず、孔子は、年長者が歳下の者を見送る逆縁の葬儀に、三度も参列することとなったのである。

私は、この一連の死が、孔子に決定的な影響を与えたと見る。すなわち、〈死の自覚〉である。

本書は、その始めから前章まで、孔子が最も関心を抱いていた〈生の世界〉における、孔子のありかたを述べてきた。しかし、この最終章において、〈死の世界〉に対する孔子のありかたを述べるに至らざるをえない。孔子一生の伝記は、鯉（伯魚）・顔淵・子路の死によって、大きく転換するのである。〈生の世界〉から、〈死の世界〉へと。

とこのように記すと、早くも非難する声が出てこよう。孔子は、死を語らなかった人であると。しかし、この声に対して、私は、断乎《だんこ》として否定する。孔子は、死を語らなかったどころか、死を最も意識した人物である、と言って。あえて言えば、孔子は、死の哲学者であった、と。

それは、いったいどういう意味であるか。

中国人の宗教心について、ふつう「中国人は合理的・現実的であって、宗教に関心を持たない」とする。いわゆる、通説である。しかし、これが正しくないことは、すぐ証明できる。この通説で言う宗教の意味が、超越的な絶対者を認めそこに救済を求めることを宗教とする特定の宗教観（いわゆる一神教）にすぎないからである。たとえば、キリスト教の場合、現世や人間を超越した唯一絶対者の存在としての神を信ずること、そしてその神に己れの救済を求めることをもって、宗教的立場とする。近代の中国思想研究者の大部分は、この観念を中国思想史にもあてはめ、たとえば、絶対者を志向してゆく仏教との関わりをもって、中国における宗教の成立と考える。その結果、儒教を、祖先崇拝にすぎず、宗教でないと言うのである。

しかし、絶対者の存在の自覚と救済とを求めることを宗教とするというのは、たとえば、キリスト教に代表されるところの一つの宗教観の立場にすぎないのであって、なんら普遍的な公理となるわけでない。

私は、宗教が存在する価値は、〈死ならびに死後の説明者〉としてであると規定する。人間は〈生の世界〉の疑問に対する解決方法として、哲学をはじめとして、多くの文化を生み、説明してきた。しかし、〈死の世界〉については、それを説明できる文化は限られている。医学は〈死〉を確認しえても、〈死の世界〉を説明することはできない。

死は避けえないものであること、これこそ、人間だれもが認める公理である。であるならば、死を避けえないものとするならば、死後、人間はいったいどうなるのか、〈死の世界〉とはどういうものであるのか、という関心が生まれてくるのは当然である。すなわち、避けえない死は覚悟するとしても、そのあとの世界について納得できる説明を人間は求めてやまない。それは、近づく死に対する恐怖をすこしでもやわらげてくれる説明を求める心である。その説明には、史上、さまざまなものがあった。人間は、その説明の中で、己れの心に最も響くものを信じる。そのとき、死の恐怖を避けえて、心が安らぐ。そしてその説明を信じる。すなわち宗教としてその説明を信じるのである。死の恐怖をやわらげてくれる説明への求めに応じうるものこそ、宗教であり、ここにこそ、宗教の価値があると私は考える。

私が〈宗教とは死ならびに死後の説明者である〉と規定するのは、そのためである。しかし、各民族の性格によって、死の納得できる説明は異なる。民族性の相違である。たとえば、砂漠の民は、熱い砂漠で道に迷って死なないために、集団的行動に徹し、そのリーダーに従うという砂漠の思考に基づき、絶対的指導者を求める（鈴木秀夫『森林の思考・砂漠の思考』・NHK出版・昭和五十三年）。砂漠地帯から生まれたキリスト教の独善的とも言える唯一絶対者への志向はその反映であり、絶対的唯一指導者である神に従い、死後、そのもとに召されて天国で安らえるという死の説明に納得する。

しかし、いわゆる〈現実的・即物的〉（「合理的」ということばはとらない）である中国人は、そういう抽象的な説明に満足できない。彼らが信ずるのは、五感という官能が確かとする世界、すなわち、この現世である。そういう中国人に対して、どういう死の説明が彼らを納得させることができるのか。

そこから生まれてきた死の説明者こそ、古くは儒教であり、のちには道教であった。道教は、不老長生を説く。肉体の死は避けえぬものとしても、修行して羽化し仙人となれば、軽やかに軽やかに空中に浮遊し、この世に永遠を生きることができると説き、中国人の気持ちにぴったりと適合したのである。

これに対して、儒教は、霊魂の存在を認め、これを呼び降《おろ》す再生理論を説く。シャマニズムである。たとい肉体は消滅するとしても、その遺体を保存し、命日に家族が霊魂再生の儀式を行なえば、すなわち、神降し、魂振《たまふ》りをすれば、この懐かしい現世に再び現われることができるとしたのである。その行事を行なうのは、家族であるとする。この再生理論によって、儒教は、現実的即物的中国人の宗教として（死の納得できる説明者として）、中国人の支持を得たのである。儒教とは、何を隠そう、現実的中国人に対する死の説明者であり、死の儀式者なのである。

こうして、儒教が死の説明者として西暦前はるか昔、中国において、確かな地位を得ていたからこそ、仏教が一世紀（通説。後漢の明帝・永平八年・西暦六五年）になって中国にはいってきても、儒教に代わって死の納得できる説明者としての地位を得ることができなかったのである。それはそうである。仏教は、死ねば一切を無とし、肉体は焼いて灰として捨てる、あるいは輪廻《りんね》の理論によって、悪いことをすれば、たとえば畜生道に陥《おちい》り、動物に生まれ変わり、来世は人間に生まれる保証はないと説く。まして、輪廻を絶ち切って解脱《げだつ》のできる人間はどれだけいるであろうか。そして、この世は空《むな》しい、と説くわけであるから、感官を信じる中国人はその理論を信用しないわけである。学問としてはともかく、宗教として、結局、仏教が中国に根づかなかったのは、再生理論の儒教に勝てなかったからである。事実、中国仏教は、唐《とう》代をもって、事実上、宗教としての生命を終え、学問として生きてゆく。しかし、仏教の学問性のほうも、やがては宋《そう》学の中に吸収されていってしまうのである。

余談になるが、この唐代に、仏教が日本に渡ってくる。すると、儒教の葬儀理論（命日、焼香、再生、墓など）をとりいれ、死の担当者としての色彩を濃くしてゆき、死の説明者という形で、日本において宗教としての地位をしっかりと築いてゆく。一方、儒教は、日本では、律令《りつりょう》体制の天皇家の官僚である博士家の占有的学問となり、しだいに、死の担当者としての色彩を弱くし、むしろ、学問としての地位を得てゆく。それは、江戸時代において、みごとな展開を見せる。すなわち、日本では儒教でなくて、儒学となっていった。すなわち、仏教は、中国において仏学という学問として生き残り、日本では仏教すなわち宗教となって花開き、今日に至っている。儒教は、中国においては、儒教という宗教となって生き残り、日本では、儒学という学問として今日に至っている。この両者の二本の線は、唐代を交差点にしてはっきりとクロスしている。この対照的な転換は、一にその民族に適した死の説明者としてのありかたによるものと考える。

さて、孔子にもどる。孔子は、もともとが儒である。儒は、本来死者と交わる者である。その意味でも、孔子は死と絶えず接触していたと考える。

ところが、孔子には、つぎのように訓《よ》まれる有名なことばがある。「いまだ生を知らず。いずくんぞ死を知らんや」〈先進〉。この句は、子路が鬼《き》（霊魂）神《しん》への仕えかたをたずねたときの答えであり、生のことがわかっていないのに、どうして死のことがわかろうか、という意味とふつう解釈されている。そして、「死」即「宗教」とことばを置きかえ、孔子は、死や宗教に関心がなかった例証とするのである。しかし、私は、この句はそういう意味ではないと考える。

子路が鬼神に仕える方法をたずねたとき、孔子は、まず、最初に「いまだ人に事《つか》うる能《あた》わず。いずくんぞ能《よ》く鬼《き》に事えん」と答えている。そして、この後、子路が追いかけて、「敢《あ》えて死を問う」たとき、「いまだ生を知らず。いずくんぞ死を知らんや」と答えているのである。

「鬼」は「霊魂」、「神」はまさに「神妙なもの」であるから、「鬼神」の一般化は「死」である。子路とのこの二つの問答は、明らかに連関している。すなわち、「人」と「鬼神」と、「生」と「死」と、という対比は、「人・生」と「鬼神・死」と、という対比であると考える。

さて、鬼となることは、死を意味する。そこで、問答中の「人」は親に対してはばかった言いかたであって、実は「親」のことであると解する。生・死についてという一般的な意味ではなくて、在世の親（人）に対してちゃんと仕えることができなくて、鬼となった親に対して、どうしてお仕えすることができようか、在世の親（生）に対してちゃんとお仕えできない者が、どうしてその御霊《ごりょう》（死）にお仕えできようか、という具体的な意味であると考える。すなわち、鬼神・死に対して、しっかりと仕えることを求めているのである。いわゆる、「〔親の生・死・鬼神という三つの場合において親の〕生には、これに事《つか》うるに礼をもってし、死には、これを葬るに礼をもってし、〔鬼神には〕これを祭るに礼をもってす」〈為政《いせい》〉である。

それを言いなおせば、親が生きてあるときは生きている人に対して、「民の義を務め、〔親が亡くなれば、亡くなった人に対して、その〕鬼神を敬してこれに遠ざかる（狎《な》れ汚さない）」〈雍也《ようや》〉ということである。必ず、祭礼をきちんと行なうことを求め、「〔対象が、自分の祖先の〕その鬼にあらずして、これを祭るは、諂《へつらい》なり」〈為政〉とまで言い切っているのである。このように、孔子は正しい鬼神を尊重するからこそ、「子は、怪力・乱神（私は「怪・力・乱・神」の四つに分けない説をとる）を語《つ》げず」〈述而《じゅつじ》〉と言われているのである。

という根拠から、私は「いまだ人に事《つか》うる能《あた》わずんば、いずくんぞ能《よ》く鬼に事えん」「いまだ生を知らずんば、いずくんぞ死を知らんや」と訓《よ》む。この訓みかたが正解である。

このように、孔子は、根本的には死者と交わる儒の系譜を引いていて、個人としても死や鬼神に対して深い関心を有していた人物であったのである。しかし、どちらかと言えば、その〈死〉の観念は、議論としてのそれであり、実感に乏しい。人間は、〈死〉について議論するとき、それはまだ、自分の身に迫ってこないときが多く、そのときは、実感が乏しく、ただ観念だけが軽快に前へ前へと滑ってゆく場合が多い。

けれども、もし、死の実感を持つに至ったとき、その議論は、もはや単なる議論に終わるのではなくて、〈死〉という人生の深淵《しんえん》を前にした〈聖なる凝視〉と化する。その契機となる最大のものは、自分にとって親しい者の死である。

その中で、最も親しい者とは、ふつうは、肉親、それも親である。しかし、孔子の場合、父はまだ物ごころのつかない幼いころに亡くなっており、母も少年時代に亡くなっている。幼少年期から青年前期のころは、自分自身が生命の溢《あふ》れでる時代にあるため、親の死もしだいに遠い過去の記憶となってゆき、死の実感は消えていってしまう。おそらく、孔子もそうであっただろう。

しかし、或る時期を越えての、親しい者との死別は、死の実感を与えてやまない。晩年であれば、なおさらのことである。孔子がまさに、それであった。自身の死をまもなく迎えようとする晩年において、最も親しかった者、最も愛していた者の死に際会したのである。子の鯉、顔淵、子路の死、この三人の死は、孔子に〈死〉を実感させ、〈死〉を自覚させたのであった。

孝の意味、愛の意味

死の不安、死の恐怖、それを解消し、死を恐れさせない説明を、その民族が最も納得する適合した形で成しえたとき、その説明理論は、その民族において、最も力のある宗教となる。

すなわち、この世を最高とする現実的・即物的な漢民族においては、この世と永遠に関わりを持つことを目的とする死者再生理論の儒教、あるいは、永遠不死の道教が、中国における最も強力な宗教の地位を得たのである。

孔子のことを考えるいま、道教については、問うまい。それは、孔子の死後、六、七百年もたったのちに成立した宗教であって無関係だからである。孔子と関わるのは、もちろん、儒教である。

さて、儒教の宗教性における根核は、人間は、死後、再生が可能であるとする再生理論である。もちろん、死後の再生理論は、儒教だけのものではない。古今東西、あらゆるところにそうした宗教を見ることができる。ところが、そうした諸宗教と異なり、儒教が高い教義と独自性とを持ちえたのは、その再生理論を、死後の問題だけに限定しなかったからである。すなわち、再生理論を、この〈生の世界〉との連関において位置づけた点である。それはいったいどういうものであるのか。

死後の再生理論という点は、原始的な宗教によく見られるものであって、儒教が、再生理論を持っているということは、その発生起源が非常に古いものであることをまず示している。

ところが、儒教は、それだけにとどまらず、再生理論において、死者の魂をその命日に呼びおこす、招魂、魂振《たまふ》り、魂降《たまおろ》しを執行する遺族側のありかたを構築したのである。魂振りをするのはシャーマン（儒）ではあるが、その魂降しの行事は、実は遺族の申し出による。それがなくては魂降しは成立しない。

それでは、いったい、だれが招魂の行事を行なうかと言えば、それは決まっている。遺族である家族である。その子である。当主である。すると、ある一家の当主が、その家の祖先の魂降しをきちんと行なわなければ、死者はこの世に再生することができないことになる。だから、祖先を祭る祭祀《さいし》が、たいへん重要なものとなる。そこで、当主（子）が、祖先（親）をきちんと祭祀することが、祖先（親）に対する愛情の表現となる。

子の親に対する愛情とは何か。中国人は、それを〈孝〉と言った。すなわち、孝は、生きて在る親に対するものだけではなくて、死して鬼として在る親に対するものをも含むのである。いや、それだけにはとどまらない。もし、魂降しの行事を行なう役の子孫が絶えたならば、死者の再生がかなわない。とすれば、一族として子孫を絶やさぬこと、それもまた孝の行為ということとなる。

こうした意味での、子孫を絶やさぬこと、それは、中国を中心とする日本・朝鮮などかつての儒教圏における独特の観念となる。かつての儒教圏において、子を生むことは、農作業における労働力を増やすためとか、老後の保証のためとかといった、経済的理由ばかりに依《よ》るものではない。子を生み、自己の生命をこの世に残し、また、その子の祭祀によって、死後、自分はこの世に再生できるとする宗教的意味を強く持っているのである。労働力のためとか、老後の保証のためとか、というのであれば、子が多ければ多いほどよい。

しかし、現実には、歴史上、中国の農家は一家族平均五人ぐらいにすぎなかった。なぜなら、それ以上の数であると生活が苦しくなり食べてゆけなかったからである。
結婚しても「三年、子なきは去る」という、子を生めない女性に対する離婚の理由も、その本質は、宗教的理由にある。その「子」も、実質的には「児子《アルズ》」すなわち、男子のことである。男子が祭祀者であるからである。あえて言えば、儒教においては、厳密な意味での一夫一婦制を守る倫理観は稀薄《きはく》である。儒教では、離婚して再婚してでも、あるいは、正夫人以外の女性によってでも、当主が子（男子）を生むことが、正しい倫理であると言えるからである。儒教のこういう宗教的理由による女性観が、今日においても、なお根強く生き残っている。

これで、前引の孔子のことばがはっきりとする。「〔親の生・死・鬼神という三つの場合において〕生には、これに事《つか》うるに礼をもってし、死には、これを葬るに礼をもってし、〔鬼神には〕これを祭るに礼をもってす」〈為政《いせい》〉――この孔子のことばは、実は、孟懿子《もういし》という人物が「孝とは何か」とたずねたことについての答えであったのである。

ついでに言えば、儒教における「〔私の〕身《み》は〔私の〕父母の遺体（遺《のこ》した体《からだ》）なり」（『礼記』祭義）・「不孝に三あり。後《あと》〔つぎ〕なきを〔最〕大なりとなす」（『孟子《もうし》』離婁《りろう》上）ということばが中国的孝の意味をよく伝えている。

ただし、諸事情によって、子がない場合が当然ある。そのときは、己れの甥《おい》や姪《めい》を愛することである。同一世代（この場合は、子と同世代のいとこたち）は、子と同様なのである。一族である以上。唐代の韓愈《かんゆ》の「十二郎を祭る文」は、甥の老成（十二郎）の死を悼《いた》む真情のこもった名文であるが、韓愈にとって、甥は世代を同じくする我が子と同様であった。

自分に子がいなければ、一族のだれかを愛するのが儒教である。現代日本における個人主義的な核家族には、そうした一族感覚が欠落してしまっているため、一族主義の時代にはなかった〈核家族の子なき苦しみ〉が生まれている。

このように、儒教における孝とは、死と関わる宗教的なものであり、生・死全体を包みこむ広い意味のものである。対照的に言えば、明治以後の日本では、親の生きてあるときの孝のみを主張するところの、道徳的孝である。日本人のこうした道徳的孝と、中国人の宗教的孝とは、決定的に異なる。

儒教におけるこの孝理論は、その系譜をたどれば古い。平岡武夫『経書の成立――天下的世界観』（創文社再刊・昭和五十八年）は『書経』「梓材《しざい》」篇における或る王の祭祀文に基づき、「そこには個人の死がない。死は滅びることではない。家族の一員として享祀《きょうし》を受け、親しく温かく共存してゆくことである。かうした所においては、死が厭世観《えんせいかん》を成立せしめ得ないことは当然である。また原罪の思想も存立し得ない」（同書二〇六ページ）と述べている。

さて、こうした孝とは、基本的には、子の親に対する愛である。この愛とは何か。孔子は、愛について、どのように考えていたのであろうか。つぎにそれを述べることにしよう。

孔子や孔子学団の人たちが、〈愛〉そのものについて議論をしたことはなかった。しかし、〈仁〉について議論をしていたとき、すなわち、弟子の「樊遅《はんち》〔が〕仁〔の概念〕を問う。子曰《いわ》く、人を愛すと」〈顔淵《がんえん》〉と答えている。これは重要な問答である。孔子はしきりに〈仁〉を説いた。その〈仁〉とは〈人を愛す〉ことであるとその意味を明快に答えているからである。

この「仁」とは、どういう意味のことばであるかと言えば、白川静の説によれば、「仁」字の「二」は敷物を二枚重ねている意で、そこから「暖かい」という字義が生じたとする。明快なすぐれた解釈である。一方、加藤常賢が傾聴すべき解釈を示している（前記『中国古代の宗教と思想』）。すなわち、神降しをするシャーマンであった儒が、人知が開けてゆくとともに、人々からその信憑性《しんぴょうせい》に疑いが持たれてきたとする。神降しが、見かけだけで、実は彼らは日常的な感覚のままで、神降しをし、鬼神のことばを、勝手に遺族に迎合的に放言していたときもあったとする。そのように、周囲に迎合して、口あたりも顔つきも、相手の顔色をうかがう傾向があったとする。

これは、なかなか写実的解釈である。加藤はさらに、その挙句が、パトロンや観客の機嫌をとる芸人（優倡侏儒《ゆうしょうしゅじゅ》）的言動にもなりさがっていったとする。つまり、相手の立場を優先させての〈忍《じん》〉（辛抱）が〔「仁《じん》」〕と語源的にも同一であり〕、儒たちの生活の知恵になったとする。たとえば、つぎのような文は、すべて辛抱を表わすことばであるとする。

子曰《いわ》く……それ仁者は、己《おの》れ〔が〕立たんと欲して人を立て、己れ〔が〕達せんと欲して人を達せしむ〈雍也《ようや》〉。

仲弓《ちゅうきゅう》（弟子の名）仁を問う。子曰く……己れの欲せざるところは、人に施すことなかれ〈顔淵《がんえん》〉。

以上のような諸説を基本的に前提として、私は、「仁とは人を愛すること」の意味を、つぎのように考えたい。

仁（忍・辛抱）は、社会的地位が低くなってしまっていた儒の知恵であっただろう。しかし、それは、消極的立場である。相手を優先し、辛抱するということは、相手に対する消極的愛である。孔子が、儒の考えや生活環境に影響されて成長してきた以上、そうした消極的愛の立場が、たしかに身についていたことであろう。そして、孔子が、もし、ありきたりの、ふつうの儒としての生涯を送ったとしたならば、そのままであっただろう。

しかし、孔子はそうではなかった。大昔の呪術《じゅじゅつ》全盛時代ならばともかく、孔子の当時は、儒の社会的地位も低くなってきていて、祈禱師《きとうし》集団の小人儒《しょうじんじゅ》グループが主流であった。その中で孔子は、小人儒のそういう個人の幸福のための祈禱ではなくて、多数の人々を対象（それは最終的には政治）とする幸福のための実践をする君子儒《くんしじゅ》を志した以上、相手を第一とする受身の消極的儒であってよかろうはずがなかった。そこで、孔子は、この消極的愛を逆転し、積極的愛へと変革したのである。媚び諂《へつら》いの受身ではなくて、こちらから進んで他者を愛そうと。弟子の子貢《しこう》が、「貧にして諂うことなき」態度であることで十分かとたずねたときに、孔子が、いやそれよりも、「貧にして楽しむ」のが上だと答えたのも、ここに、その関わりがあると考える。

ここに、孔子の思想家としての真価がある。それまでだれもがすなおになじんでいた或る概念を、自分の思考や自分の信念の網を通して、自分の理解する新しい概念を出してくるところに、思想家としての本領が発揮されている。それまでの概念を、ただ墨守するだけでは、有能な教師となれても、思想家とはなりえない。

しかし、そうした変革は、ただ机上での思いつき、ただ観念の上だけでの薄っぺらな饒《じょう》舌《ぜつ》から生まれるものではない。あくまでも、その哲学者の実体験を通じての〈自覚〉があればこそ、揺るがぬ確信となってゆく。

その〈自覚〉に、私は二段階あったと考える。第一段階は、儒出身の孔子が、かつての遠い昔には社会的地位が高かったものの、孔子の当時、事情が変わり、すでに低くなっていた儒の復興に努力しようとした段階である。すなわち、儒の得意とする、個人内の、家族内の、〈礼〉を、より広い社会に適応できる理論化、組織化を図りながら、政治社会へ乗り出そうと試みた意図の時代である。こうした理論化、組織化には、天才が必要であったことは言うまでもない。孔子はその任に耐える人物であった。

それを、孔子自身の立場に置いて見るとすると、孔子自身の生きかたと相即している。すなわち、孔子は、個人儀礼、家族儀礼の専門家（小人儒）で終わりたくなかったのである。それを超えて、社会儀礼、政治儀礼の指揮者（君子儒）であることをめざしたのである。若い弟子の子夏《しか》に言ったことば、「女《なんじ》、君子儒となれ、小人儒となるなかれ」〈雍也〉・七八ページ）は、孔子のそのときの気持ちを表わしている。

だから、小人儒の愛と、君子儒の愛とは、対象が異ならざるをえなかった。「〔戦争に〕千乗《せんじょう》〔千台もの戦車を動員できるところ〕の〔諸侯クラスの〕国を道《みち》〔導〕びくには、事〔務〕を〔行なうのに〕敬《つつ》しみ〔慎重にし〕て〔民にとって〕信〔があり〕、〔費〕用を節〔約〕して、人を愛し、民を〔工事に〕使うに〔農閑期の〕時をもってす」〈学而《がくじ》〉と孔子は言う。

また、「弟子《ていし》（わかもの）〔は家に〕入りては則《すなわ》ち孝、〔外に〕出《い》でては則ち弟《てい》（悌）〔であれ〕。〔社会にあっては、言動において〕謹《つつし》みて信〔があり〕、汎《ひろ》く衆を愛して仁〔愛することに親しみ、〔これらのことを〕行ないて〔まだ〕余力あらば、則ちもって文を学べ」〈学而〉と言う。これは、〈生の世界〉を思いきり生きようとした孔子の積極的立場の現われであった。

しかし、晩年の孔子は、いまや、〈死の世界〉を前にしている。不遇であればこそ、何度でも世に自分を現わそうとして、ぎらぎらとした気持ちで生きてきた〈生の世界〉と異なり、死は一回限りの世界である。この時期、孔子は、仁そして愛の意味に、新しい自覚を経験するのであった。積極的愛の自覚の第二段階である。このとき、第二段階の愛の自覚と、孝と、そして、死とが重層し、一体化されるのであった。それはいったい、どういうものであるのか。

愛と死と孝と

ただ語るだけならば、死を語ることは、たやすい。それこそ、茶飲み話でもするように、酒を飲みながら語る話のように。

しかし、そういう形で語られる死は、本物でない。ただ、軽やかに頭の中で飛び交うことばの上だけの話である。その〈死〉は、自分とは関わりのない、遠いところでのできごとであり、まるで実感などはない、抽象的なものでしかない。けれども、もし現実に目の前で人の死があったとき、そのときに受ける実感は、本物である。それこそ、まちがいない事実であるのだから。

それでは、われわれはいつ人の死を見るのか、となると、これは限られてくる。まず、死と向かいあわせに生きている職業、すなわち、医療関係者は別にせねばならない。あるいは、戦争・事故といった事態における死も、特殊の内にはいると言えよう。とすれば、ふつうの生活を送っている人間が死に接する機会のほとんどは、家族の死である。言いなおせば、親しい人の死なのである。

これは、人間に対する残酷な仕打ちである。ことばの上だけにすぎなかった遠い〈死〉を実感するときが、実は、親しい者の死によってであるとは。

それだけに、そのときに与えられる死は、極度に現実的である。それは、ことばや観念をはるかに超えたものであり、親しい人の死を知らない者には、とうてい理解できない経験である。

この事実、この〈死の現実を実感させる事実〉に代わって、本当に死を示しうるものは他にない。この経験的事実をこそ、感覚的な現実的な即物的な中国人は、第一とするのである。そして、その意識を真っ向からすくいあげたのが儒教であった。あえて言えば、孔子によって理論的に組織化された儒教であった。

孔子は、原儒集団の作法や教義を吸収して出てき、この原儒集団の作法や教義を再編成した人物である。しかし、再編成と言っても、厳密な意味での前後の相違を明らかにするのは、今日となっては、相当に困難である。しかし、そういうこまごました事実の穿鑿《せんさく》は、思想の歴史において重要なことでない。孔子が、それまでの原儒と決定的に異なる重要な一点は、儒の知識や教義を、単なる知識として受け継ぐというのではなくて、その意味、その価値を人間の問題として自覚したところにある。この自覚ということを抜きにして、知識や教義をいくら説いたところで、それは、伝達を目的とする単なる教師の役目でしかない。そういう伝達は、何百年、何千年の長い間、何千人、何万人の凡庸な教師が行なってきたことである。しかし、一人の天才的思想家が、人生の深淵《しんえん》におけるその意味を新たにして提示してくるとき、人間の心の深奥に迫ってくる生きたことば、生きた思想と化する。孔子は、まさに、この役目を果たしたのである。

すなわち、死は、親しい人の死の事実によって実感されること、そして、そのときの死こそ、つまりは親しい人の死であるからこそほんとうに悲しいのであると。これは、人間の本音である。

人はよく死を悲しいと言う。しかし、いったいだれの死をほんとうに悲しむと言うのであろうか。隣人の死か、一〇〇メートル向こうの人の死か、有名人の死か、外国人の死か。否、それらの直接には知らない人、自分と親しくない人、そういう人々の死は、実はほんとうに悲しい死ではない。はっきり言えば、口先だけの〈悲しい死〉でしかない。ほんとうに〈悲しい死〉とは、自分と親しい人の死、自分が愛する者の死である。これが、人間の本音である。

顔淵の死を極度に悲しんだ孔子、それは、本音の姿である。いつわることなく、本音に徹したところに、独り立つ思想家の凄味《すごみ》がある。たてまえだけを言う円満な知識人、凡庸なモラリスト、このような人々は、本音の迫力を恐れるうそつきである。死を（葬儀を、神降《かみおろ》しの祭礼を）職業とする原儒は、だれの死に対しても職業的に悲しむ。いや悲しむふりをする。そういういつわりを排したのが孔子である。親しい人の死、愛する人の死をこそ悲しむという、この〈死の現実性の自覚〉、そこに徹したところに、思想の歴史の上において、大きな意味がある。〈死の意味の自覚〉、この瞬間、儒教は人間を映した思想として成立したのである。作法や教義の習得や訓練に明け暮れするそれまでの原儒集団の知識から、普遍性を持つ、体系を持つ、思想として成立したのである。

孔子は、まず、儒の原点である〈死と交わる意味〉を明らかにする。すなわち、親しい人、愛する者の死をもって最も悲しむべきものとする。その親しい人、愛する者とはだれか。それをごく一般化すれば、家族である。その家族の中でも、両親である。

それを逆に、〈生の世界〉に置き直して言えば、愛するとは、両親を愛することであり、それが最高の愛となるのである。これを受けて、のちの時代に、こう言う。「〔自分の〕その親を愛さずして、他人を愛するは、これを悖徳《はいとく》（背徳）と謂《い》う」（『孝経』聖治章）と。

いま、この関係を図形で示すとすれば、円の中心に、父母の死を置くことができる。そして、中心から遠ざかるに従って、比例的に遠くなってゆく他者の死を置いてゆくとしよう。すると、父母の死を中心に置くとすれば、近い家族を順に置くことができ、つぎには、親しい友人となり、しだいに親愛の程度の高くない人の死を置くことになり、円の外周に至れば、もはや、無縁の人であり、本音からすれば、その死は、すこしも悲しくないことになる。

人間のこの本音の順序、それを形式で表わすとすれば、葬（喪）儀のしかたとなる。自分の親の死は最高に悲しいからこそ、最高の葬儀となる。そして、親愛の程度が自分から遠くなってゆくに従って、葬儀への態度が簡略となってゆく。伯父《おじ》の死は、父の死よりも悲しくない。遠縁の者の死は、伯父の死よりも悲しくない。他人の死は、遠縁の者の死より悲しくない。親しくない友人の死は、親しい友人の死より悲しくない……その悲しみの程度は、具体的には、悲しみを表わすために着る喪服に表わされることになる。これは、今日においても厳然として生きている。他人の死の葬儀に参列するとき、親の葬儀のときに着るような重々しい喪服を着るであろうか。

儒教における葬（喪）礼の規定は、親の死をもって最高の規準とする。その教義の意味を、孔子は自覚的に主張したのである。たとえば、父母の死後、喪に服する期間は三年（実際には、理論的には二十五箇月または二十七箇月。仏教はこれをとりいれ三回忌としている）とされているが、なぜ三年なのかと言えば、自分が生まれてから三年の間、赤ん坊として父母にすべての世話を受けたからであるとしているのが、その一つである〈陽貨《ようか》〉。

これは、〈愛〉の意味の反省である。

＊厳密に言えば、儒教では、死（凶）を遠ざけるという考えから、真の命日の一日前を命日とする。すると、二年を経てその翌日（真の命日）は、一日といえども数え年からいえば一年に当る。すなわち満二年プラス一日で、数えて三年目とする。これを「三年の喪」といい、仏教はこれを取り入れて三回忌とする。

こうした葬礼の規準は、情的な（〈愛〉的な）分別であるが、礼において、天子・諸侯・卿《けい》・大夫《たいふ》・士・庶人という身分によってする知的な（〈敬〉的な）分別とならぶ重要なものとなっている。

葬儀におけるこの情的なものの自覚、これを行なった瞬間、死の深淵の真実の意味を教える思想と化す。孔子が、それまでの原儒集団と異なり、思想の歴史の中で重要な地位を得る大きな理由の一つはここにある。私は、こうした孔子に始まる思想そして宗教を儒教と考える。附言すれば、のちの漢代の中期から始まるところの経学《けいがく》（儒教の経典に対する解釈学）ともまた、区別すべきものである。経学は儒教と称するよりも、儒学と称するほうが分かりやすい。

さて、こういう〈愛〉は、親と子との二者の間という限られたものである。すると、前述したような、原儒たちの媚《こ》び諂《へつら》う消極的な〈愛〉から、外へ打って出て示す、社会や政治における〈愛〉すなわち、見知らぬ他者に対しても示す〈愛〉という積極的なもの、

「汎愛《はんあい》・衆愛」というものとは異なるように見える。

いや、異なりはしない。同じく積極的愛なのである。ただ、その対象が多数の場合と、個人レベルとの相違であるまでである。ただ、前者がたてまえに近く、後者の本音の迫真性に比べて、ずっと抽象的・観念的であることは否めない。

さて、愛する以上、父母の死への距離、すなわち、父母の年齢は、子にとって重大な関心事となる。孔子は言う、「父母の年は、知らざるべからず（知っていなければならない）。一《いつ》〔方ではそれ〕に〔よって〕則《すなわ》ち、〔元気だと思って〕もって喜び、一《いつ》は、則ち、〔危ないと思って〕もって懼《おそ》る」〈里仁《りじん》〉と。だからこそ、親の病気に対して最も憂うのである。すなわち、「父母に〔対して〕は、ただ〔父母の〕その疾《やまい》をこれ憂う」〈為政《いせい》〉（劉宝楠《りゅうほうなん》『論語正義』所引の『論衡《ろんこう》』問孔・『淮南子《えなんじ》』説林の高誘の注などに基づく）。

この〈子の親に対する愛〉こそ、換言すれば〈孝〉なのである。死の現実性、そして、積極的な真実の愛、この〈愛〉と〈死〉とが〈孝〉の上に重なりあっているのである。もはや、ここでは〈愛〉と〈孝〉と〈死〉とは、一体化されているのである。

その〈孝〉とは、もとより生きてある親に対するまごころの愛であり、のみならず、死した親を葬る悲しい愛であり、死せる親と再会する敬《つつ》しみぶかい愛である。この悲しみの気持ち、敬しみの気持ちに溢《あふ》れた葬礼、そして祭礼こそ、礼のほんとうの姿である。孝とは、「〔親の〕生《せい》〔存しているとき〕には、これに事《つか》うるに礼をもってし、〔親の〕死には、これを葬るに礼をもってし、〔現世への親の再生と再会とを願って〕これを祭るに礼をもってす」(前出)るものであった。

「死生〔には、運〕命あり」(〈顔淵《がんえん》〉・弟子の子夏《しか》のことば)と言う。しかし、右のような孝の行為を通じて、自分の霊魂は、子孫が祭祀《さいし》し自分を想い起こしてくれることによって再生でき、一方、自分の生命は子孫の中に生きつづけ、血の鎖となって、永遠を生きつづけることが可能である。孔子は、死の自覚を通じて、いたずらに死を悲しむだけでなく、逆に確信をもって、永遠の〈生〉の大いなる宣言を行なったのであった。これこそ、中国的解脱《げだつ》であり、儒教が現実的即物的中国人の心をとらえた根本理由であった。

偶然にも、現代生物学の生命論すなわち遺伝子が身体という〈物〉を取り換え取り換えして、そこに移りつつ生き続けてゆくことと同じ意味である。生命論的には、己れの後継者を産出すれば、〈己れ〉にはもう生物としての意味がなく、静かに死滅するのが生命の本質である。〈生命の連続〉——儒教と現代生命科学との不思議な一致がある。

いま、孔子は、死を迎えつつある。中国的解脱の安らいだ覚悟のもとに、〈死の世界〉に、向かいつつある。子の伯魚《はくぎょ》はもうこの世にいない。しかし、孫の子思《しし》がいる。孫は祖父の化身である。愛した弟子の子路《しろ》や顔淵はすでに世を去っていた。しかし、心強いことに、もう一人の高弟、子貢《しこう》がいる。そして、年若い俊才がたくさんいる。わけても、子夏・曾子《そうし》の二人は頼もしい。後年、子夏は、礼の精神の内、〈敬〉を重視し、二百年後、その流れから荀子《じゅんし》（性悪説の思想家）が登場する。曾子は、礼の精神の内、〈愛〉を重視し、百年後、その流れから孟子（性善説の思想家）が登場することになる。孔子に思い残すことはなかった。

記録を繙《ひもと》くと、孔子の最後は伝説的である。ある朝早く、孔子は杖《つえ》をつき、子貢を伴い、門のあたりを歩きながら歌ったという。孔子は美声である。「〔あの霊山の〕泰山《たいざん》〔が〕、それ頽《くず》れんか。……〔家の〕梁木《りょうぼく》〔が〕、それ壊《こぼ》たれんか。哲人、それ萎《や》（病）まんか」と（『礼記』檀弓《だんぐう》上）。こう歌うと悲しくて、「涕《なんだ》、下《くだ》る」〈世家〉のであった。そして家に入り、子貢に、自分の葬儀の夢を見たことを話した。これは死を予知していたことを示す。そしてそのまま病の床につき、七日たって亡くなったという。

あるいは、有名な「獲麟《かくりん》」伝説がある。すなわち、死の二年前、魯《ろ》国《こく》の或るところで、珍しい動物が捕らえられた。孔子は、それを麟《りん》とした。しかし、麟は平和な世の中においてこそ現わるべきものであるから、その出現を孔子はかえって不吉とした。別説では、麟が死体で現われたとする。つまり、無道の世を象徴する死せる麟の出現を嘆いたわけで、このあと、孔子は『春秋《しゅんじゅう》』という書物を作ることに没頭し（これは伝説）、やがて世を去ったという。孔子の出生伝説とあわせて、死没に伝説があるのは、別に不思議でない。

いずれにしても、孔子の死の床のそばに近くにいたのが、高弟の子貢であったことはまちがいないようである。この子貢は、孔子の没後、他の弟子たちといっしょに、自分の親の葬儀なみに、孔子の墓のそばで、三年の喪（ただし心の中で喪に服する心喪《しんそう》）に服したが、さらにまた、三年の心喪に服した。あわせて六年（実質は満四年）である。

さらにこういう記録がある。孔子没後、弟子たちが、偉大な師に対してどういう喪服を着、どういう葬儀をするのかと迷っていたとき、子貢は、こう言っている。「昔、夫子（先生）の顔淵に〔対して〕喪《も》するとき、〔自分の〕子に喪するがごとくし、〔ただし喪〕服なし〔しかし心からの弔いのようすをなさり、心の中で喪に服された〕。〔先生は〕子路に喪するときもまたしかり。〔諸君よ、私は〕請《こ》う、夫子に喪するに〔は〕、〔自分の〕父に〔対して心から〕喪するがごとくにして、〔ただし特別に喪〕服〔を着ることの必要は〕なからん〔しかし、弔いの気持ちで、心喪しよう〕」と（『礼記』檀弓上）。生き残った最高弟として子貢は孔子に対して、親以上の気持ちを抱いていたのであろう。

孔子がどういう病気であったのか、それを伝える史料はない。しかし、体力のあった孔子も、『論語』に二度見えるように、かなり重い病にかかったことがあるようである。かつて弟子の子路が孔子の病気を治すために「禱《いの》らんことを請う」たところ、孔子は、「丘《きゅう》（私）の禱ることや久し」〈述而《じゅつじ》〉と答えている。この句を、『論語』注解の多くは、孔子が天地の神々に祈ったのであり、現世利益的な祈禱《きとう》などをしなかったという意味にとっているが、それは不自然である。私は、文字どおり、孔子は、現世利益的に病気平癒《へいゆ》の祈禱をしていたと解釈する。

孔子の最後は、いわゆる、長期の床にふせった病気によるものではなかったようだ。死の直前まで、いろいろとしっかりしたことばが残っているし、「七日」（前記）ほど臥《ふ》せって亡くなったという記録が象徴するように、急に亡くなったと言える。

亡くなった歳《とし》については、三説ある。七十二歳、七十三歳、そして、七十四歳である。これは、出生の歳をいつとするかということとも関係し、定説はない。また、亡くなった日についても、四月十一日、四月十八日、五月十二日と説が分かれる。これも、どういう暦に拠《よ》るのかということと関係し、決定は困難である。本書においては、私は、だいたい『史記』に従って孔子の生涯をたどってきた。そこからすれば、ただこう記しておこう、孔子は、子貢ら多くの弟子に見守られつつ、七十三歳の夏の初め、四月（旧暦）己丑《きちゅう》の日、世を去ったと。

国老の死——葬儀は、国葬である。孔子の祖国である魯国の国君の哀公《あいこう》は、この偉大な国老に対してみずからつぎのような弔辞を捧《ささ》げた。

旻天《びんてん》（大空）〔は〕〔われわれを〕弔《あわれ》まず〔無情である〕。まさに一老《いちろう》（孔子）を遺《のこ》さんとせず。余一人《われいちにん》を屏《たす》け、もって位に在らしめず。〔寂《さび》しく〕煢々《けいけい》として、余《われ》、疚《やまい》に在り〔という気持ちである〕。嗚呼《ああ》、哀《かな》しいかな。尼父《じほ》（孔子）よ、〔われわれはあなたを失い、今もはや〕自ら律する〔手本が〕なし〈世家〉。

＊「まさに……在らしめず」の二文の意味には諸説がある。ここでは、二文それぞれに否定語があるとした。

孔子亡きあと、孔子学団の最高責任者は、子貢である。最高弟として、師を想《おも》う気持ちは、最も強い。子貢は、哀公のこの弔辞を聞き、怒りを抑えることができなかった。

このような弔辞を捧げるぐらいであるならば、生前、なぜ先生を宰相の地位につけ、腕を存分にふるわさせなかったのか、この弔辞は、そらぞらしいではないか、と。

だれに向かってか、はっきりしないが、おそらくは、葬儀のあと、一門の人々に対してであろう、子貢はこう言い放った。ああいう君主は、政治力がなく、魯《ろ》で安らかに没することはできない（その最期を全《まっと》うできない）だろう。あの君《きみ》は、孔先生の「生〔存中〕には、用うること能《あた》わず、〔先生が〕死してこれに〔残念だと〕誄《るい》す〔弔辞を述べるだけである〕。〔そういうごまかしは〕礼にあらざるなり。〔しかも、天子の称号である〕余一人《われいちにん》〔ということば〕を〔僭《せん》〕称するのは、〔無礼であり、諸侯の分際で〕名〔づけるべきこと〕にあらざるなり」〈世家〉と。

激しい非難のことばである。数十年、孔子と苦労をともにしてきた子貢は、哀公の形式的な弔辞を聞き、痛憤のままに師の無念を独り思うのであった。

孔子の遺体は、魯国の国都の北、泗水《しすい》のほとりに葬られた。その墓域に、孔子を慕う弟子や魯国の人々が集まって来、やがて住みついた者の家が百あまりあったので、孔里《こうり》と名づけられた。彼らの子孫は、世々、この孔子の冢《はか》を祭り、守り、礼楽を伝えていった。冢《ちょう》（墳）は一頃《いっけい》（百畝《ひゃくぼ》）と言う〈世家〉が、これは、墳墓のことではなくて墓域が百畝ということであろう。当時の百畝は約一八二アール、日本の約五千五百坪である。三百年後の漢代中期以後、孔子は国家的尊崇を受け、この冢を中心に歴代しだいにその地域が拡大されてゆき、今も孔林《こうりん》という名前で広大な遺跡として残っている。しかし、これは、漢代以後の全く別の歴史である。

また孔子自身の子孫が引きつづいてその附近に住み、土豪となった。歴代王朝から特別の扱いを受け、その事務局や住居がある地域を孔府という。さらにまた、孔子の神主《しんしゅ》（呼びもどした魂《こん》・魄《ぱく》を依《よ》りつかせる板。二七九・二八〇ページ参照。仏教はこれを取り入れて位《い》牌《はい》とする）を祭る建物を孔廟《こうびょう》と言い、孔府の中にある。この孔府を中心にして現在の曲阜《きょくふ》市が成り立っている。曲阜市から真北にすこし離れて広大な孔林がある。

孔子の子孫は、孫の子思《しし》以後、後継者がつづき、約二千五百年後、私が台湾に留学していた昭和四十六年（一九七一年）ころであったが、第七十七代目の正系の当主は、大陸から台湾に移った故孔徳成《こうとくせい》（元台湾大学教授）であり、台湾に住んでいた。そして、毎年九月二十八日（旧暦八月二十七日で孔子の誕生日にあたり、中華民国政府はこの日を教師節という祝日としている）、孔子を祭る国家的行事（王朝時代、かつて釈奠《せきてん》の礼として行なわれてきた礼。日本では、いまは民間で行なわれている。たとえば、四月第四日曜日、東京の湯島聖堂において）が行なわれるとき、孔徳成は、奉祀官《ほうしかん》（元首である総統の親任官）として、その祭祀《さいし》における重要な役目を毎年つかさどっていた。現在では、正系の第七十九代・孔垂《こうすい》長《ちょう》がその任に当っている。

すなわち、孔子の霊魂を降《おろ》す招魂儀礼を、子孫の孔垂長が確実に行なっている。子孫による孝と再生理論との実践の中で、孔子は、その〈死の世界〉からこの〈生の世界〉に回帰し、確実に今を生きているのである。

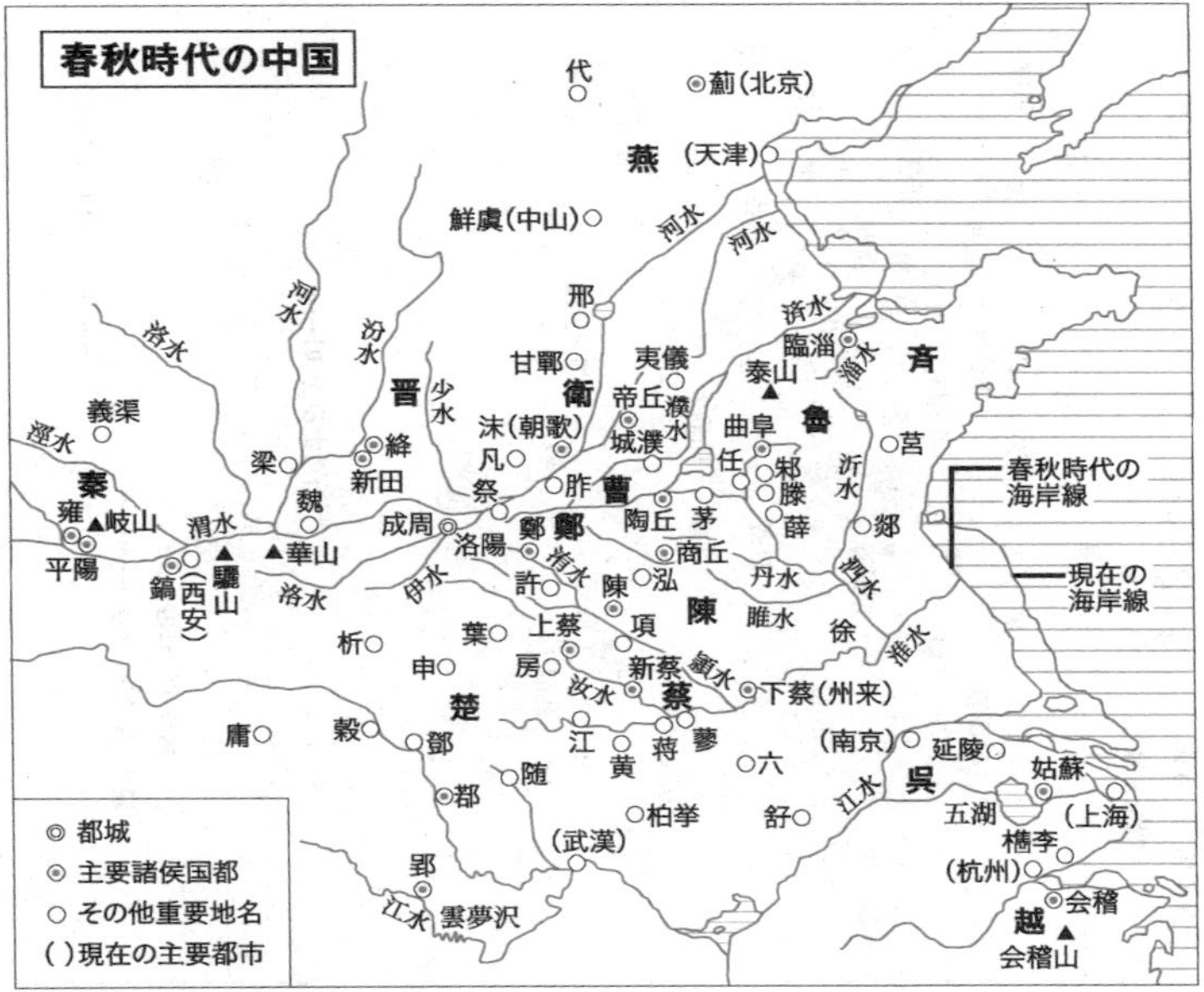
春秋時代の中国
代
薊(北京)
燕
(天津)
鮮虞(中山)
河水
河水
邢
済水
臨淄
淄水
斉
洛水
河水
汾水
晋
少水
甘鄲
衛
夷儀
帝丘
濮水
泰山
魯
曲阜
莒
義渠
涇水
秦
雍
岐山
平陽
梁
絳
新田
沫(朝歌)
凡
城濮
任
邾
滕
薛
沂水
郯
魏
祭
胙
曹
陶丘
茅
渭水
華山
成周
洛陽
鄭
商丘
鎬
(西安)
驪山
洛水
伊水
許
潁水
陳
泓
丹水
泗水
陳
睢水
徐
淮水
析
葉
上蔡
項
申
房
新蔡
汝水
蔡
下蔡(州来)
楚
庸
穀
鄧
江
黄
蒋
蓼
六
(南京)
延陵
姑蘇
吳
随
都
柏挙
舒
江水
五湖
(上海)
(武漢)
檇李
(杭州)
郢
江水
雲夢沢
会稽
越
会稽山
春秋時代の海岸線
現在の海岸線
◎ 都城
◉ 主要諸侯国都
○ その他重要地名
( )現在の主要都市

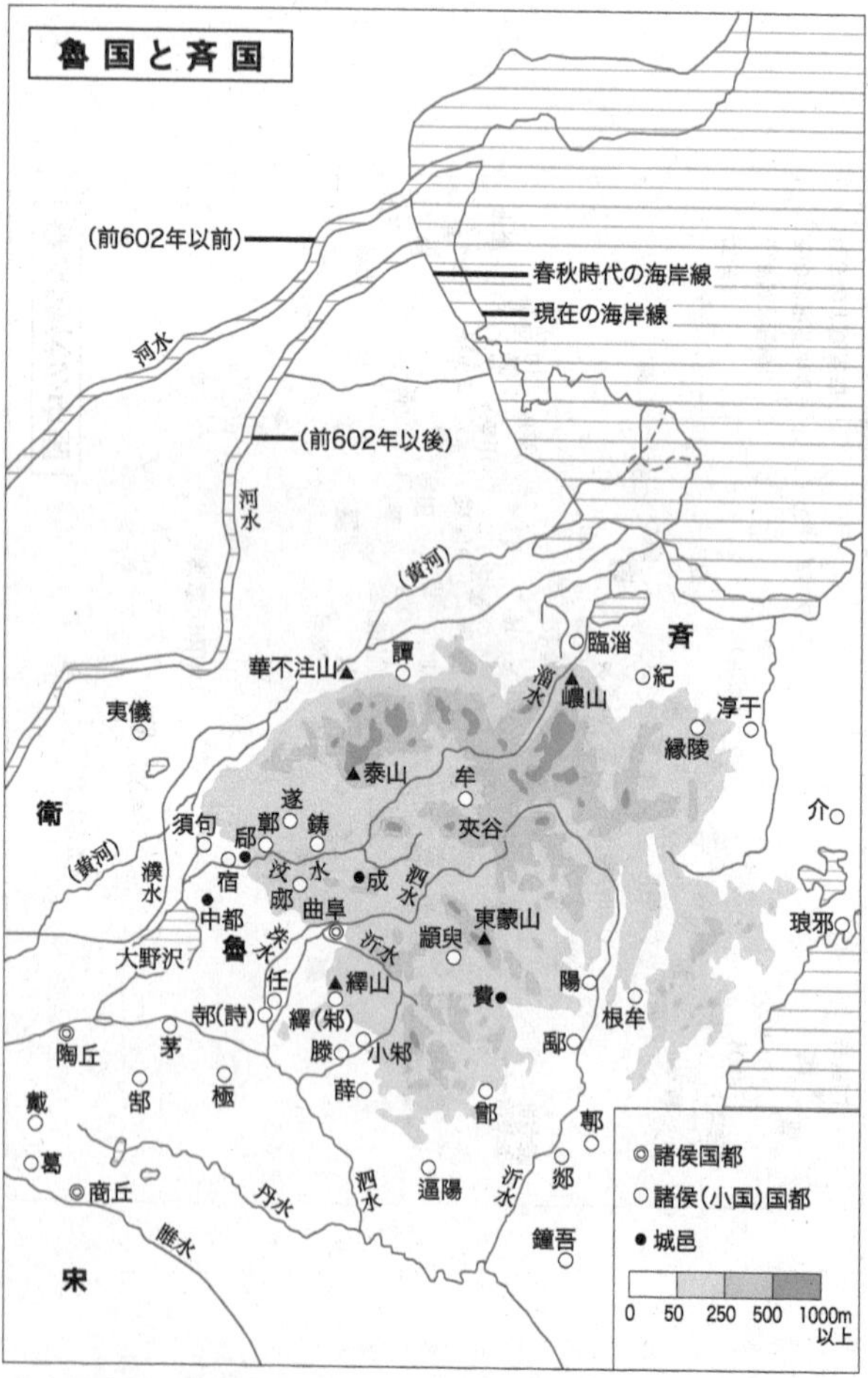
魯国と斉国
（前602年以前）
春秋時代の海岸線
現在の海岸線
河水
（前602年以後）
河水
（黄河）
臨淄
斉
譚
華不注山
淄水
巙山
紀
淳于
夷儀
縁陵
泰山
牟
衛
遂
介
須句
郕
鄣
鋳
夾谷
（黄河）
濮水
宿
汶水
成
泗水
中都
郿
曲阜
東蒙山
琅邪
魯
沂水
顓臾
大野沢
洙水
任
繹山
陽
費
根牟
邿（詩）
繹（邾）
陶丘
茅
滕
小邾
鄅
戴
郜
極
薛
鄫
鄟
葛
郯
商丘
丹水
泗水
偪陽
沂水
睢水
鐘吾
宋
諸侯国都
諸侯（小国）国都
城邑
0
50
250
500
1000m
以上

単行本あとがき

私には、故吉川幸次郎先生（中国文学）から与えられたとしていた三つの宿題があった。その内の二つ（経学《けいがく》がなぜ中国哲学史の中心問題であるのか。中国人はなぜ現実的・即物的であるのか）に答えたものが、昨年（一九八三年）七月に刊行した拙著『中国論理学史研究――経学の基礎的探究』（研文出版）である。残るあとの一つとは、〈中国人の死〉の問題である。

この〈中国人の死〉の問題について、私は卒業論文「『孝経』の成立」を基礎にしつつ、かつて論文「孔子における愛と死と孝と――中国における宗教思想の一前提」（『東方宗教』二四号、昭和三十九年）において述べたが、文章・内容ともに難解であったためか、学界でも読まれないままであった。また、私の主たる関心も、上記の二つの別の宿題に移っていった。しかし、この〈生死の問題〉を含めて、孔子について、いつの日かまとまった形で書きたいと思って、二十年が過ぎた。

図らずも昨年（一九八三年）五月、本書の企画に応じたとき、最初に浮かんだ私の構図は、〈死の世界〉と孔子との関《かか》わり、すなわち、死の哲学者、孔子に代表されるところの、死に対する中国人のありかたを描くこと、そして私の理解する儒教の意味を示すことであった。私の具体的考えは、卒業論文以来、微動だにしていなかった。

その上、ちょうど吉川先生に対する二つの宿題の答案を書いた前記拙著の刊行を目前にしており、この際、残っている宿題〈中国人の死〉についても書き上げ、答案をすべて完了しておこうという気持ちもあった。もちろん、伝記である以上、〈中国人の死〉だけを書くわけにはゆかない。けれども、卒業論文以来、私がこだわりつづけてきた問題、すなわち、「孔子は死を語らなかった」「儒教は宗教でない」とする通説に対する大疑と批判とを、率直に述べるために、この孔子伝はかっこうの場を与えてくれた。

吉川先生は、通説の立場に立っておられる。私はその否定の立場に立って、宿題を孔子伝というオーケストラの形で書き終えることになったが、この孔子伝に対して、今は亡き先生はどうおっしゃられることであろうか。あるいは、このオーケストラをお聞きになって「莞爾《かんじ》として」微笑されることであろうか。

『論語』の訳注と同じく、孔子伝を書くことは、正直言って、たいへん困難な作業であった。すでに、いろいろな角度からあまりにも多く書かれているからである。しかし、先人の作業を読んでみると、その大半は、伝統的な聖人孔子伝であって、孔子が生きていなかった。独立した孔子伝としては、吉川幸次郎先生の『中国の智慧』の人間孔子が生きていた。そして、もう一冊、白川静先生の『孔子伝』の歴史実証主義的孔子が、強い説得力を持っていた。

私としては、書く以上は、やはり私独自の孔子伝を書きたかった。そのため、構想に時間がかかったが、結局、「故《ふる》きを温めて新しきを知れば、もって〔自分の〕師たるべし」〈為政《いせい》〉という『論語』のことばどおり、孔子伝の中に、現代人や現代社会に今も通ずるものがあるという強い思いに至った。つまり、孔子伝の中に、時空を越えて、人間や社会が持っている普遍的な問題を新しく見てゆこうと思ったのである。私の孔子像は、今も現実にそこここに生きている人間としてという意味では、写実的孔子とでも言おうか。私は二十年の空白に思いをこめつつ、八月初旬から書きはじめた。苦しいことであったが、同時に楽しかった。図版や地図では、湯浅邦弘君に協力を得た。感謝してやまない。

このようにして孔子伝を書き終えはしたが、構成や紙幅の関係上、本書についに書きこめなかった材料や問題が残ったのは、残念である。十年後、もう一度、孔子伝を書いてみたいと思う。

昭和五十九年一月三日

孤剣楼　加地伸行

文庫版あとがき

本書の原本は、集英社編「中国の人と思想」シリーズの第一巻『孔子——時を越えて新しく』（昭和五十九年）である。

その執筆の経緯は原本の「あとがき」に記すとおりである。そのときの二本の柱、すなわち㈠中国人の死と儒教と、㈡写実的孔子伝と、この二つの狙《ねら》いは、その後も私の中で深化していった。

その結果、㈠については『儒教とは何か』（中央公論社・中公新書・一九九〇年）、㈡については『孔子画伝』（集英社・一九九一年）として結実しそれぞれ刊行した。

『孔子画伝』は、古くから中国・朝鮮半島・日本においていろいろ刊行された『聖蹟図《せいせきず》』という画伝に基づいたものである。ただし、同時に孔子伝を絵とともに述べている。その際、主として『論語』のことばの意味を掘りさげつつ、写実を第一とした。その原稿の母胎となったものは、「一千字論語」と題して毎日新聞（大阪版）に、昭和六十三年七月から平成元年八月にかけて連載（二十五回）した文章である。この『孔子画伝』を本書と併せて読んでいただければ幸いである。

文庫版に収めるに際して、原本に補訂を加えた。誤まりを正すとともに、より読みやすくするためである。ただし、大幅な補訂箇所はない。また、地図を除いて、写真や絵は省略することにした。

原本の「あとがき」に、私はこう記している。「十年後、もう一度、孔子伝を書いてみたいと思う」と。それから七年余の月日が経った。書きたいという私の気持ちは変わらない。しかし、次に書くときは、長大な孔子伝にしたいと思う。そのときに核となるものは、やはり本書であろう。私の孔子像の骨格は本書に尽きている。

本書の刊行において、集英社の内藤悦正氏、南成子氏には多大のお力添えを得た。記して感謝の意を表し申しあげる。

平成三年四月十日

孤剣楼　加地伸行

角川ソフィア文庫版あとがき

本書を書いたのは、今からちょうど三十二年前のことである。そのときの「あとがき」に材料が書き残ったのが残念なので、「十年後、もう一度、孔子伝を書いてみたいと思う」と記した。

その後、私は儒教や『論語』を中心にして、さまざまな本を書いてきたが、孔子伝については稿を起さないまま、年月を経た。

このたび、角川ソフィア文庫編集部の大林哲也氏の求めに応じて、旧版の集英社文庫本を底本として、修補を加え、今回、刊行することを得た。それは、〈もう一度の孔子伝〉でもある。というのは、最初の集英社版『孔子——時を越えて新しく』刊行以後、私は儒教や『論語』について思考を深め、独自の学説を立てるに至った。その業績を踏んで旧版に修補を加えたのが今回の本書であるから、私としては〈もう一度の孔子伝〉となったと思う。

もっとも、依然として残った材料はあるが、その大半は孔子についての異聞や弟子たちについての記録である。これらには、確実な史料とは言えないものもあるので、これらの材料を使うとすれば、むしろ『孔子伝異聞』とか、『孔子外伝』といった書名を冠して、別本にしたほうがいいかもしれない。もっとも、そうした本を書ける時間と体力とがあるかどうか、八十歳の高齢の私は、いささか自信が持てない。しかし、未練はある、恥ずかしながら。

六十年前、儒教研究を志し、卒業論文の対象として儒教における重要文献『孝経《こうきょう》』を選んで以来の年月は、独り荒野に鍬《くわ》を打ち入れ耕やすような、孤独な日々であった。しかし、ついに儒教の本質について独自の学説を打ち立てることができた。あえて言えば、これからの儒教研究は、私の学説に基づかなければならなくなるであろうと、確信を抱いている。

修補を加えた本書は、もちろん、私の学説を底に敷いているので、本書を通じて、私の学説の中心点をお伝えすることもできる。

一方、三十二年前、本書を執筆したときの大方針は、リアリズムとしての孔子伝であった。世に多くの孔子伝があるが、リアリズムタッチのものは少ない。しかも、その多くは孔子賛歌や孔子を背にしてのお説教である。そのため、私は、それら諸本を読後、いつも物足りなさを覚えていた。その己れの感じた物足りなさを補うために、私はリアリズムタッチの孔子伝を書いたのである。その想い出深い同書をここに復活できたことは、非常に嬉《うれ》しい。旧刊の書名『孔子――時を越えて新しく』すなわち『孔子――今も新しく』、それは今も私の心情と重なっている。

日本では、満八十歳を傘寿《さんじゅ》と称する（「傘」の略体字である「仐」字の形が「八十」なので）。己を顧りみれば、馬齢を重ねてと言うべきであるが、日本人として、傘寿を自祝しての本書とすることを許されたい。内容・刊行について、大いなるご協力をしてくださった大林哲也氏に深甚の感謝の意を表し申しあげる。

平成二十八年四月十日

孤剣楼　加地伸行

本書は一九九一年七月に集英社文庫として刊行されました。

孔子《こうし》

加地伸行《かぢのぶゆき》

平成28年 4月25日 初版発行
令和7年 1月10日 6版発行

発行者●山下直久

発行●株式会社KADOKAWA
〒102-8177 東京都千代田区富士見2-13-3
電話 0570-002-301(ナビダイヤル)

角川文庫 19728

印刷所●株式会社KADOKAWA
製本所●株式会社KADOKAWA

表紙画●和田三造

●お問い合わせ
https://www.kadokawa.co.jp/ (「お問い合わせ」へお進みください)
※内容によっては、お答えできない場合があります。
※サポートは日本国内のみとさせていただきます。
※Japanese text only

ISBN978-4-04-400045-5 C0123

角川文庫発刊に際して

角　川　源　義

第二次世界大戦の敗北は、軍事力の敗北であった以上に、私たちの若い文化力の敗退であった。私たちの文化が戦争に対して如何に無力であり、単なるあだ花に過ぎなかったかを、私たちは身を以て体験し痛感した。西洋近代文化の摂取にとって、明治以後八十年の歳月は決して短かすぎたとは言えない。にもかかわらず、近代文化の伝統を確立し、自由な批判と柔軟な良識に富む文化層として自らを形成することに私たちは失敗して来た。そしてこれは、各層への文化の普及滲透を任務とする出版人の責任でもあった。

一九四五年以来、私たちは再び振出しに戻り、第一歩から踏み出すことを余儀なくされた。これは大きな不幸ではあるが、反面、これまでの混沌・未熟・歪曲の中にあった我が国の文化に秩序と確たる基礎を齎らすためには絶好の機会でもある。角川書店は、このような祖国の文化的危機にあたり、微力をも顧みず再建の礎石たるべき抱負と決意とをもって出発したが、ここに創立以来の念願を果すべく角川文庫を発刊する。これまで刊行されたあらゆる全集叢書文庫類の長所と短所とを検討し、古今東西の不朽の典籍を、良心的編集のもとに、廉価に、そして書架にふさわしい美本として、多くのひとびとに提供しようとする。しかし私たちは徒らに百科全書的な知識のジレッタントを作ることを目的とせず、あくまで祖国の文化に秩序と再建への道を示し、この文庫を角川書店の栄ある事業として、今後永久に継続発展せしめ、学芸と教養との殿堂として大成せんことを期したい。多くの読書子の愛情ある忠言と支持とによって、この希望と抱負とを完遂せしめられんことを願う。

一九四九年五月三日

角川ソフィア文庫ベストセラー

論語
ビギナーズ・クラシックス 中国の古典
加地伸行

孔子が残した言葉には、いつの時代にも共通する「人としての生きかた」の基本理念が凝縮され、現代人にも多くの知恵と勇気を与えてくれる。中学生から読める論語入門！はじめて中国古典にふれる人に最適。

老子・荘子
ビギナーズ・クラシックス 中国の古典
野村茂夫

老荘思想は、儒教と並ぶもう一つの中国思想。「上善は水のごとし」「大器晩成」「胡蝶の夢」など、人生を豊かにする親しみやすい言葉と、ユーモアに満ちた寓話を楽しみながら、無為自然に生きる知恵を学ぶ。

韓非子
ビギナーズ・クラシックス 中国の古典
西川靖二

「矛盾」「株を守る」などのエピソードを用いて法家の思想を説いた韓非。冷静ですぐれた政治思想と鋭い人間分析、君主の君主による君主のための支配を理想とする君主論は、現代のリーダーたちにも魅力たっぷり。

陶淵明
ビギナーズ・クラシックス 中国の古典
釜谷武志

自然と酒を愛し、日常生活の喜びや苦しみをこまやかに描く一方、「死」に対して揺れ動く自分の心を詠んだ田園詩人。「帰去来辞」や「桃花源記」ほかひとつ一つの詩を丁寧に味わい、詩人の心にふれる。

李白
ビギナーズ・クラシックス 中国の古典
筧久美子

大酒を飲みながら月を愛で、鳥と遊び、自由きままに旅を続けた李白。あけっぴろげで痛快な詩は、音読すれば耳にも心地よく、多くの民衆に愛されてきた。豪快奔放に生きた詩仙・李白の、浪漫の世界に遊ぶ。

角川ソフィア文庫ベストセラー

杜甫
ビギナーズ・クラシックス　中国の古典
黒川洋一

若くから各地を放浪し、現実社会を見つめ続けた杜甫。日本人に愛され、文学にも大きな影響を与え続けた「詩聖」の詩から、「兵庫行」「石壕吏」などの長編を主にたどり、情熱と繊細さに溢れた真の魅力に迫る。

孫子・三十六計
ビギナーズ・クラシックス　中国の古典
湯浅邦弘

中国最高の兵法書『孫子』と、その要点となる三六通りの戦術をまとめた『三十六計』。語り継がれてきた名言は、ビジネスや対人関係の手引として、実際の社会や人生に役立つこと必至。古典の英知を知る書。

易経
ビギナーズ・クラシックス　中国の古典
三浦國雄

陽と陰の二つの記号で六四通りの配列を作る易は、「主体的に読み解き未来を予測する思索的な道具」として活用されてきた。中国三〇〇〇年の知恵『易経』をコンパクトにまとめ、訳と語釈、占例をつけた決定版。

唐詩選
ビギナーズ・クラシックス　中国の古典
深澤一幸

漢詩の入門書として最も親しまれてきた『唐詩選』。李白・杜甫・王維・白居易をはじめ、朗読するだけで風景が浮かんでくる感動的な詩の世界を楽しむ。初心者にもやさしい解説とすらすら読めるふりがな付き。

史記
ビギナーズ・クラシックス　中国の古典
福島正

司馬遷が書いた全一三〇巻におよぶ中国最初の正史が一冊でわかる入門書。「鴻門の会」「四面楚歌」で有名な項羽と劉邦の戦いや、悲劇的な英雄の生涯など、強烈な個性をもった人物たちの名場面を精選して収録。

角川ソフィア文庫ベストセラー

蒙求
ビギナーズ・クラシックス 中国の古典
今鷹 眞

「蛍火以照書」から「蛍の光、窓の雪」の歌が生まれ、「漱石枕流」は夏目漱石のペンネームの由来になった。礼節や忠義など不変の教養逸話も多く、日本でも多く読まれた子供向け歴史故実書から三一編を厳選。

白楽天
ビギナーズ・クラシックス 中国の古典
下定雅弘

日本文化に大きな影響を及ぼした白楽天。炭売り老人への憐憫や左遷地で見た雪景色を詠んだ代表作ほか、家族、四季の風物、酒、音楽などを題材とした情愛濃やかな詩を味わう。大詩人の詩と生涯を知る入門書。

十八史略
ビギナーズ・クラシックス 中国の古典
竹内弘行

中国の太古から南宋末までを簡潔に記した歴史書から、注目の人間ドラマをピックアップ。伝説あり、暴君あり、国を揺るがす美女の登場あり。日本人が好んで読んできた中国史の大筋が、わかった気になる入門書！

春秋左氏伝
ビギナーズ・クラシックス 中国の古典
安本 博

古代魯国史『春秋』の注釈書ながら、巧みな文章で人々を魅了し続けてきた『左氏伝』。「力のみで人を治めることはできない」「一端発した言葉に責任を持つ」など、生き方の指南本としても読める！

詩経・楚辞
ビギナーズ・クラシックス 中国の古典
牧角悦子

結婚して子供をたくさん産むことが最大の幸福であった古代の人々が、その喜びや悲しみをうたい、神々への祈りの歌として長く愛読してきた『詩経』と『楚辞』。中国最古の詩集を楽しむ一番やさしい入門書。

角川ソフィア文庫ベストセラー